西安外国语大学资助立项教材

КУРС РУССКОГО ЯЗЫКА ПО ВЕЛИКОМУ ШЁЛКОВОМУ ПУТИ
ДОРОГА В ЦЕНТРАЛЬНУЮ АЗИЮ

俄语丝路教程：
走进中亚

主编 徐 莉
编者 林 艳 安新奎

北京大学出版社
PEKING UNIVERSITY PRESS

图书在版编目（CIP）数据

俄语丝路教程：走进中亚 / 徐莉主编． — 北京：北京大学出版社，2019.6
（新丝路·文化）
ISBN 978-7-301-30540-9

Ⅰ．①俄⋯　Ⅱ．①徐⋯　Ⅲ．①俄语—高等学校—教材②中亚—概况　Ⅳ．① H359.39

中国版本图书馆 CIP 数据核字（2019）第 099946 号

书　　名	俄语丝路教程：走进中亚 EYU SILU JIAOCHENG：ZOUJIN ZHONGYA
著作责任者	徐　莉　主编
责任编辑	李　哲
标准书号	ISBN 978-7-301-30540-9
出版发行	北京大学出版社
地　　址	北京市海淀区成府路 205 号　100871
网　　址	http://www.pup.cn　新浪微博：@北京大学出版社
电子信箱	pup_russian@163.com
电　　话	邮购部 010-62752015　发行部 010-62750672　编辑部 010-62759634
印刷者	北京鑫海金澳胶印有限公司
经销者	新华书店 787 毫米 ×1092 毫米　16 开本　15.75 印张　380 千字 2019 年 6 月第 1 版　2019 年 6 月第 1 次印刷
定　　价	55.00 元

未经许可，不得以任何方式复制或抄袭本书之部分或全部内容。
版权所有，侵权必究
举报电话：010-62752024　电子信箱：fd@pup.pku.edu.cn
图书如有印装质量问题，请与出版部联系，电话：010-62756370

前 言

本教材供高校俄语专业提高阶段学生以及对丝绸之路沿线国家感兴趣的俄语学习者使用。

随着"一带一路"倡议的提出及其实践的深化，中国与丝路沿线俄语国家的交流与合作不断加强，区域间合作领域持续拓展，社会对熟悉丝路沿线国家文化的外语人才需求逐年增加。在"一带一路"倡议带动下，俄语专业毕业生就业方向已经从21世纪初单一的国家俄罗斯，扩展到丝路沿线更多国家，而中亚则成为了丝路沿线向西延伸的桥头堡。

中亚五国与俄罗斯在政治、经济、文化等领域有着千丝万缕的联系。虽然该地区各国主体民族语言正在不断地去中心化，但在一百多个民族大家庭聚集区，俄语在一定程度上仍是族际交流的通用语言。因此，培养既了解丝路国情文化知识，又具备高级俄语输出能力的人才迫在眉睫。

本教材体现"大俄语"的专业发展趋势，突出俄语专题言语能力和丝路国家研究的一体化培养特色，便于学生借助俄语学习来了解丝路沿线国家的概况及文化。

本书的"中亚"指哈萨克斯坦、吉尔吉斯斯坦、塔吉克斯坦、土库曼斯坦、乌兹别克斯坦五个地处中亚的独联体国家。

教材共七课。第一课至第五课为国别专题概况，按照该国名称的俄语字母顺序排列。每课内容分为10小节：1.课前热身；2.国旗与国徽；3.地理；4.旅游景点；5.历史；6.文化；7.传统与文化遗产；8.美食；9.经济；10.国际关系；课后附有关于主体民族语言的小知识。第六课"中国元素"和第七课"中亚与丝绸之路"与前五课的结构略有不同。教材课程之后是附录和参考文献。

附录分为四部分：1.课后习题答案；2.测试题两套；3.测试题答案；4.全书词汇表。其中第一套综合试题以俄语形式考查学生对国情总体概况及细节知识点的俄语熟悉程度；第二套试题为汉语，特别考查学生汉语知识点的掌握程度和综述中亚某领域的能力。

教学课时安排建议：平均每课讲授4学时，全书共需28学时左右。一学期按照15个教学周，每周2学时计算，可在一学期30个学时内完成授课内容。

本教材对应课程既是一门国情知识课，也是一门言语实践课。通过一学期的课程学习，学生可初步了解中亚五国国家标志、地理、历史、文化、民俗、国际关系等特点，可以准确辨别五个国家各自的国情特色，如国旗、杰出人物、民俗、货币、物产、中国元素等，掌握各个专题的主题词汇、常用句型表达，快速辨认该国专属的俄语词汇，能够简单讲解中亚某个国家或区域某个领域的概况，从而提升跨文化交际的专题延伸能力，通过国情概况知识积累及语言能力积累，为今后深入学习和工作发展奠定基础。

  本书有关吉尔吉斯斯坦、塔吉克斯坦、土库曼斯坦、乌兹别克斯坦四个国家的章节及附录、全书译文由徐莉撰写并完成，哈萨克斯坦相关章节由徐莉、林艳、安新奎共同完成，全书俄语部分由西安外国语大学哈萨克斯坦专家莱拉·阿赫迈德让诺娃审定。

  编写组全体人员特别感谢西安外国语大学对本教材的出版资助和北京大学出版社的大力支持！在此对赵红教授、李喜长教授、责任编辑李哲先生及其他教师的宝贵建议表示诚挚的谢意！向卢婷、栾博文同学对教材后期整理及校对所付出的努力一并表示感谢！

  教材编写时间仓促，难免有疏漏和不妥之处，敬请读者提出宝贵建议，以期今后不断完善。

编者
2018 年 8 月

ОГЛАВЛЕНИЕ

目 录

УРОК 1. КАЗАХСТАН　哈萨克斯坦 / 1

    1.1   Разминка перед уроком / 1

    1.2   Флаг и герб Казахстана / 2

    1.3   География Казахстана / 4

    1.4   Туристические места Казахстана / 7

    1.5   История Казахстана / 22

    1.6   Культура Казахстана / 25

    1.7   Традиции и культурное наследие Казахстана / 30

    1.8   Казахская кухня / 33

    1.9   Экономика Казахстана / 35

    1.10   Международные отношения / 38

    Узнаем больше! / 40

    Казахский язык / 40

    Учимся говорить по-казахски / 41

УРОК 2. КЫРГЫЗСТАН　吉尔吉斯斯坦 / 43

    2.1   Разминка перед уроком / 43

    2.2   Флаг и герб Кыргызстана / 44

    2.3   География Кыргызстана / 46

    2.4   Туристические места Кыргызстана / 48

    2.5   История Кыргызстана / 57

    2.6   Культура Кыргызстана / 61

    2.7   Традиции и культурное наследие Кыргызстана / 64

    2.8   Киргизская кухня / 67

    2.9   Экономика Кыргызстана / 69

    2.10   Международные отношения / 71

    Узнаем больше! / 73

    Киргизский язык / 73

Учимся говорить по-киргизски / 74

УРОК 3. ТАДЖИКИСТАН 塔吉克斯坦 / 76

    3.1 Разминка перед уроком / 76
    3.2 Флаг и герб Таджикистана / 77
    3.3 География Таджикистана / 79
    3.4 Туристические места Таджикистана / 81
    3.5 История Таджикистана / 92
    3.6 Культура Таджикистана / 96
    3.7 Традиции и культурное наследие Таджикистана / 99
    3.8 Таджикская кухня / 103
    3.9 Экономика Таджикистана / 104
    3.10 Международные отношения / 107
    Узнаем больше! / 108
    Таджикский язык / 109
    Учимся говорить по-таджикски / 110

УРОК 4. ТУРКМЕНИСТАН 土库曼斯坦 / 111

    4.1 Разминка перед уроком / 111
    4.2 Флаг и герб Туркменистана / 112
    4.3 География Туркменистана / 114
    4.4 Туристические места Туркменистана / 116
    4.5 История Туркменистана / 129
    4.6 Культура Туркменистана / 133
    4.7 Традиции и культурное наследие Туркменистана / 136
    4.8 Туркменская кухня / 140
    4.9 Экономика Туркменистана / 142
    4.10 Международные отношения / 144
    Узнаем больше! / 145
    Туркменский язык / 146
    Учимся говорить по-туркменски / 147

УРОК 5. УЗБЕКИСТАН 乌兹别克斯坦 / 148

    5.1 Разминка перед уроком / 148
    5.2 Флаг и герб Узбекистана / 149

ОГЛАВЛЕНИЕ

5.3 География Узбекистана / 151
5.4 Туристические места Узбекистана / 153
5.5 История Узбекистана / 167
5.6 Культура Узбекистана / 171
5.7 Традиции и культурное наследие Узбекистана / 174
5.8 Узбекская кухня / 178
5.9 Экономика Узбекистана / 180
5.10 Международные отношения / 182

Узнаем больше! / 183

Узбекский язык / 184

Учимся говорить по-узбекски / 184

УРОК 6. КИТАЙСКИЕ ЭЛЕМЕНТЫ 中国元素 / 186

6.1 Разминка перед уроком / 186
6.2 Родина китайского поэта Ли Бо / 186
6.3 Дунгане в Центральной Азии / 188
6.4 Китайские туркмены – салары / 192
6.5 Памятники китайцам / 194

УРОК 7. ЦЕНТРАЛЬНАЯ АЗИЯ И ВЕЛИКИЙ ШЁЛКОВЫЙ ПУТЬ
中亚与丝绸之路 / 198

7.1 Центральная Азия / 199
7.2 Великий шёлковый путь / 200

ПРИЛОЖЕНИЕ 1 附录一 / 205

Ключи к заданиям / 205
Урок 1   Казахстан / 205
Урок 2   Кыргызстан / 207
Урок 3   Таджикистан / 210
Урок 4   Туркменистан / 212
Урок 5   Узбекистан / 215
Урок 6   Китайские элементы / 218
Урок 7   Центральная азия и великий шёлковый путь / 218

ПРИЛОЖЕНИЕ 2　附录二 / 219

　　Экзаменационный билет / 219
　　　　(1) / 219
　　　　(2) / 226

ПРИЛОЖЕНИЕ 3　附录三 / 229

　　Ключи к экзаменационному билету / 229
　　　　(1) / 229
　　　　(2) / 230

ПРИЛОЖЕНИЕ 4　附录四 / 233

　　СЛОВАРЬ / 233

参考文献 / 242

КАЗАХСТАН

第一课 哈萨克斯坦

1.1 Разминка перед уроком
课前热身

国情知识提示牌：

1. **哈萨克斯坦**：中亚国家之一，经济实力排名暂列中亚第一位；
2. **民族**：据不完全统计约有140个民族，哈萨克族为主；
3. **"哈萨克"的含义**：自由，无拘无束；
4. **主体民族语言**：哈萨克语；俄语；
5. **主要宗教**：伊斯兰教；东正教；
6. **文化标志**：哈萨克诗人阿拜；哈萨克大汗阿布莱汗；哈萨克思想家法拉比；
7. **国家标签**：中亚经济"领头羊"；中亚石油蕴藏量第一；中亚面积第一；横跨欧亚大陆的中亚国家；冬不拉的摇篮；
8. **丝路亮点**：怛罗斯古城；奥特拉尔古城；丝绸之路天山廊道阿拉木图州的卡亚雷克、江布尔州的阿克托别等遗址。

Задание 1. 请回答下列问题：

1) 俄语是哈萨克斯坦的官方语言吗？
2) 根据国徽与国旗，你能猜出哈萨克斯坦人民对什么最崇拜？
3) 是否能简要介绍哈萨克斯坦的地貌特征？
4) 哈萨克斯坦哪个城市古称怛罗斯？怛罗斯战役发生在中国哪个朝代？
5) 俄罗斯的常用航天发射场位于哪里？
6) 哈萨克斯坦的旅游名胜主要集中在哪些城市和地区？
7) 生活在哈萨克斯坦境内的中国回族后裔被称作什么族？你了解中国的哈萨克族吗？
8) 哈萨克斯坦货币是什么？与中国的汇率比值大概是多少？

Задание 2. Завершите начатые фразы.

1) Президент государства – _____.
2) Казахстан – страна, не имеющая выхода к _____.
3) В административно-территориальном отношении страна делится на _____ областей.
4) Праздник весеннего равноденствия в Казахстане – _____, который отмечается 21 – 23 марта. 16 декабря – День _____ Казахстана.
5) Население Казахстана составляет _____.
6) Представителя мужского пола казахского этноса называют _____, а представительницу женского пола – _____.

1.2 Флаг и герб Казахстана
哈萨克斯坦国旗与国徽

Задание 3. Прочитайте текст, найдите флаг и герб Казахстана в следующих картинках.

А   Б   В   Г

Гербы:

A   Б   В   Г

Государственный флаг независимого Казахстана был официально принят в 1992 году. Флаг республики представляет собой прямоугольное полотнище небесно-голубого цвета с изображением в центре солнца с лучами. Под солнцем – парящий орел (беркут). У древка – вертикальная полоса с национальным орнаментом. Изображение солнца, его лучей, орла и национального орнамента – цвета золота.

Небесно-голубой цвет имеет глубокое символическое значение в тюркской культуре. Древние тюрки всегда почитали небо своим богом-отцом, а их небесно-голубое знамя символизировало преданность отцу-прародителю. На государственном флаге Казахстана он символизирует чистое небо, мир и благополучие, а одноцветие фона – единство страны. Лучи солнца на флаге страны имеют форму зерна – символа достатка и благополучия. Парящий под солнцем беркут олицетворяет собой силу государства, его суверенитет и независимость, стремление к высоким целям и устойчивому будущему. Национальный орнамент символизирует культуру и традиции народа Казахстана.

Герб суверенного Казахстана был официально принят в 1992 году. Герб – один из главных символов государства. Государственный герб Республики Казахстан имеет форму круга.

1992年，哈萨克斯坦独立后首次确定了本国国旗。国旗呈长方形，旗底色为天蓝色，旗面中心一轮太阳光芒四射，下方一只雄鹰展翅飞翔，旗杆一侧的垂直竖带上印有哈萨克民族花纹。太阳、光芒、雄鹰和花纹均为金色。

天蓝色在突厥文化中具有特殊的意义。古突厥人尊天为父神，天蓝色表达了对祖先的敬仰与忠诚。天蓝色国旗象征晴朗的天空、和平与如意，统一的背景色表示国家的统一。太阳光芒与小麦形似，寓意生活富足吉祥。雄鹰表示国家强大和独立，对目标与未来有更高追求。旗上的民族花纹代表哈萨克斯坦传统与文化。

1992年，哈萨克斯坦独立后确定了国徽。国徽是国家的象征之一。国徽呈圆形，徽章背景为蓝色，圆

Центральным геральдическим элементом в государственном гербе является изображение шанырака (верхняя сводчатая часть юрты) на голубом фоне, от которого во все стороны в виде солнечных лучей расходятся уыки (опоры). Справа и слева от шанырака расположены изображения мифических крылатых коней. В верхней части находится объемная пятиконечная звезда, а в нижней части надпись «Қазақстан». Изображение звезды, шанырака, уыков, мифических коней, а также надпись «Қазақстан» – выполнены в цвете золота.

В Государственном гербе республики образ шанырака – это символ общего дома и единой Родины для всех народов, проживающих в стране. Образ коня с незапамятных времен олицетворяет такие понятия, как храбрость, верность и силу. Золотые крылья скакунов напоминают также золотые колосья и олицетворяют собой трудолюбие казахстанцев и материальное благополучие страны. Изображение звезды отражает желание казахстанцев созидать страну, открытую для сотрудничества и партнерства со всеми народами мира. Небесно-голубой цвет флага гармонирует с цветом золота и символизирует чистое небо, мир и благополучие.

顶毛毡帐篷位于国徽中心，帐篷支柱如光芒般向四周延伸。左右两边是民间传说中的飞马，一颗五角星位于国徽上端，下端刻着哈语"哈萨克斯坦"一词的金色字样。

帐篷圆顶寓意国家统一和各族人民共同的家园。国徽上的飞马自古以来是勇敢、忠诚和力量的化身。飞马双翼形似金色麦穗，象征哈萨克斯坦人民的勤劳与国家的富足。五角星说明哈萨克斯坦人民愿意敞开胸怀同世界人民一起携手合作。国徽基本色为金色和天蓝色。两种颜色搭配和谐，代表纯洁的天空、和平与吉祥。

1.3 География Казахстана
哈萨克斯坦地理

Задание 4. С какой провинцией Китая можно сравнить Казахстан по площади?

A. С Синьцзян-Уйгурским автономным районом (1660 тыс. км²)

Б. С Тибетским автономным районом (1228 тыс. км²)

В. С Внутренней Монголией (1183 тыс. км²)

Г. С Синьцзяном и Внутренней Монголией

Задание 5. Прочитайте текст и заполните пропущенные слова, покажите на карте соседние страны.

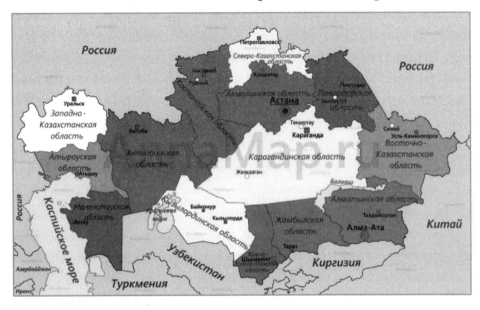

Казахстан расположен на стыке двух континентов – Европы и Азии. Большей частью своей территории лежит в центральной части Азии и лишь небольшая ее часть (правый берег реки Урал) расположена в Европе. Площадь Казахстана – 2724,9 тыс. км². По площади Казахстан занимает 9-е место в мире, уступая России, Китаю, США, Аргентине, Бразилии, Канаде, Индии и Австралии; и второе место по территории среди государств СНГ. На востоке, севере и северо-западе Казахстан граничит с _____, на юге – с _____, _____ и _____, а на юго-востоке – с _____. Общая протяженность границ Казахстана составляет почти 12,2 тыс. км, в том числе 600 км по Каспийскому морю.

哈萨克斯坦地处亚欧大陆交界，大部分国土位于亚洲，小部分（乌拉尔河右岸地区）位于欧洲。该国国土面积为272.49万平方公里，在俄罗斯、中国、美国、阿根廷、巴西、加拿大、印度和澳大利亚之后，居世界第九位、独联体国家第二位。哈萨克斯坦东、北、西北与俄罗斯接壤，南与土库曼斯坦、乌兹别克斯坦、吉尔吉斯斯坦相邻，东南与中国毗邻。哈萨克斯坦国境线长12200公里，其中有600公里位于里海。

Казахстан является самой большой континентальной страной в мире. Более четверти территории Казахстана занимают степи, половину – пустыни и полупустыни, остальную четверть – горы, озёра и реки. На юге и юго-востоке Казахстана пески подходят к горам Тянь-шаньской горной системы, растянувшейся на 2400 км, из которых значительная часть находится на территории Казахстана. Это – хребты Джунгарский Алатау, Заилийский Алатау, и Таласский Алатау. Самая высокая точка этих хребтов – пик Хан-Тенгри, достигающий 6995 м над уровнем моря. К востоку Казахстана примыкает южный Алтай. Вся горная система Казахстана богата минеральными источниками.

Многочисленные ледники гор дают начало большинству рек Казахстана. В Казахстане имеются обширные водоёмы и множество рек. Земли страны омывает Каспийское море, являющееся самым большим озером на Земном шаре и названное морем за свою величину. Крупнейшие реки Казахстана – Иртыш (общая протяженность которого равна 4248 км, из них 1700 км приходится на территорию республики) Ишим, Урал, Сырдарья, Или, Чу, Тобол и Нура.

Казахстан расположен между двумя различными по своей природе регионами Евразии – Сибирью и Центральной Азией, скрещиваются влияния воздушных масс холодного севера и знойного юга. Вот почему основными свойствами климата Казахстана являются его резкая континентальность и неравномерное распределение природных осадков. По его огромной территории весна в отдельные годы движется с юга на север 1,5 – 2 месяца. Когда на

哈萨克斯坦是世界最大的内陆国，境内四分之一是草原，一半面积被沙漠和半沙漠覆盖，其余四分之一则是山川、湖泊与河流。南部、东南部与天山山脉相连，绵延2400公里。天山山脉大部分位于哈萨克斯坦境内，主要高山有准噶尔阿拉套山、外伊犁阿拉套山、塔拉斯阿拉套山。最高峰位于中哈交界处的汗腾格里峰海拔6995米。哈萨克斯坦东部坐落着南阿尔泰山。哈萨克斯坦群山密集，矿产资源十分丰富。

众多冰川是哈萨克斯坦河流的源泉。境内水资源丰富，河流众多。里海属于世界最大的内陆湖，因面积巨大而被称作"海"。哈国境内主要河流有额尔齐斯河（其总长4248公里，在哈境内1700公里），其次为伊希姆河、乌拉尔河、锡尔河、伊犁河、楚河、托博尔河、努拉河。

哈萨克斯坦地处自然条件差异巨大的西伯利亚与中亚之间，寒冷的北方与炎热的南方相连接，形成了哈萨克斯坦特有的典型大陆性气候并出现了降水极为不均的现象。广袤的哈萨克斯坦大地上，春季由南向北逐渐过渡，有时需要持续一个半月至两个月。当南方开始春

юге идет весенний сев, на севере земля бывает все еще скованной льдом и зачастую бушуют снежные метели.

Республика Казахстан административно разделена на 14 областей и 3 города республиканского значения. Кроме того, имеется город с особым статусом, Байконур, который до 2050 года арендуется Российской Федерацией.

播时，北方仍然冰雪覆盖，风雪凛冽。

哈萨克斯坦行政区划分为14个州和3个直辖市。此外，拜科努尔作为特殊城市，已经租赁给俄罗斯使用至2050年。

1.4 Туристические места Казахстана
哈萨克斯坦旅游景点

Задание 6. Прочитайте текст и вставьте пропущенные слова.

1) Столица Казахстана – город _____ . (2019)
2) Город _____ входит в тройку крупнейших городов и является транспортным узлом, который соединяет город со столицей Кыргызстана, Узбекистана.
3) Самый древний город _____ находится на юге Казахстана, рядом с границей Кыргызстана.
4) В окрестностях от города _____ находится городище Отрар. Здесь родился известный учёный Фараби.
5) Все достопримечательности города _____ связаны с космическими ракетами, космонавтами и ракетостроением.
6) До 1997 года город _____ был столицей Казахстана. Теперь он стал самым крупным культурным и деловым центром страны.
7) _____ область граничит с двумя странами: Россией и Китаем.
8) Озеро _____ уникально тем, что половина озера пресная, а половина солёная.

(1) Нур-Султан

Город Нур-Султан (Астана́) – столица Республики Казахстан (с 10 декабря 1997 года). По данным на 1 июня 2018 г численность населения Нур-Султана составляет более миллиона человек. Город расположен на северо-востоке страны на берегах реки Ишим. Бывшее название города «Астана» – в переводе с казахского языка как раз означает «столица».

История основания и развития Нур-Султана очень тесно связана с историей всего государства. В 1832 году на правом берегу реки Ишим было возведено военное укрепление Акмолинск. Оно было построено для защиты южных границ казахских степей от джунгар, многократно беспокоивших местное население. В течение более чем ста лет город несколько раз менял своё название: Целиноград, Акмола. В 1998 году город приобрел имя Астана, когда сюда была

（1）努尔苏丹

1997年12月10日起，努尔苏丹（阿斯塔纳）市成为哈萨克斯坦新首都。据2018年6月1日统计，新都人口已达近100万。该市位于东北部的伊希姆河畔。哈萨克语"阿斯塔纳"是该市以前的名字，恰好是"首都"之意。

努尔苏丹的建立和发展与哈萨克斯坦历史紧密相关。1832年，伊希姆河右岸的居民为了抵御准噶尔部落对当地的骚扰和对哈萨克南部草原的进犯，筑起了军事要塞阿克莫棱斯克。在后来一百多年里，城市几易其名，如"处女城""阿克莫拉"（"阿克莫棱斯克"的哈语发音）。

перенесена столица из Алматы. В 2019 году Астана переименована в Нур-Султан. История Нур-Султана – это и история становления нового Казахстана. Сегодня Нур-Султан является одной из самых молодых столиц в мире.

Байтерек. По преданиям казахского народа, на берегу Мировой реки растёт Дерево Жизни, которое называется Байтерек. К этому дереву летит Самрук – священная птица счастья, чтобы снести в гнезде на его вершине золотое яйцо. Яйцо символизирует Солнце, дарующее жизнь и надежду. Но внизу, между корней, прячется Айдахар – злой дракон, желающий съесть яйцо. Теперь Байтерек из фольклорного символа превратился в прекрасную башню, напоминающую о борьбе добра и зла.

В 2002 году в самом центре столицы Казахстана открылось монументальное строение Байтерека. Он ознаменовал новый этап в жизни народа, и стал символом не только Нур-Султана, но и всей страны. Верх 105-иметровой высотки венчает вращающийся позолоченный шар диаметром 22 метра. Высота Байтерека составляет 97 метров, что символизирует собой 1997 год – год провозглашения Астаны новой столицей государства и соответственно новую точку отсчёта в истории страны. Внутри башни проходит

1998 年，哈萨克斯坦首都从阿拉木图迁至该市而更名为阿斯塔纳，2019 年再度更名为努尔苏丹。努尔苏丹的历史是新哈萨克斯坦历史。今天的努尔苏丹是全世界最年轻的首都之一。

拜捷列克。哈萨克流传着这样一个民间神话。"世界大河"之畔生长着一棵叫做"拜捷列克"的生命之树。幸福神鸟萨姆鲁克飞到这里，在树顶上诞下一枚金蛋。金蛋寓意太阳，赋予人类生命和希望。神话中的树下却隐藏着垂涎金蛋的恶龙阿依达哈儿。今天，拜捷列克从民间传说的大树化身为美丽的现代化高塔，象征善与恶的较量。

2002 年，位于首都市中心的拜捷列克高塔建成揭幕。它同时开启了哈萨克斯坦人民生活的新阶段，成为努尔苏丹及全国地标性建筑。拜捷列克塔顶高 105 米，最高处有一个直径为 22 米的旋转金球。塔高 97 米，寓意阿斯塔纳被宣布为新首都的时间——1997 年，以

лифт, который может поднять посетителей на высоту 86 метров, где находится панорамный зал с прекрасным видом на Нур-Султан. К тому же в зале разместились деревянный глобус с 17 лепестками, и оттиск ладони Нурсултана Назарбаева – Первого Президента Казахстана.

Ак-Орда. Одной из интереснейших достопримечательностей Нур-Султана является президентская резиденция «**Ак-Орда**». Также как в Белом доме в Вашингтоне и Букингемском дворце в Лондоне, здесь организуются экскурсии для всех желающих. Дворец Президента, возведенный в 2003 году, через некоторое время по инициативе главы Казахстана стал открытым государственным объектом, чтобы любой мог посмотреть, где принимаются важнейшие решения в жизни страны. Ак-Орда – это большое четырехэтажное здание, где каждый зал имеет свое назначение и где по коридорам ходили главы многих государств мира. Ак-Орда – один из символов современного Казахстана.

Хан-Шатыр. В Нур-Султане Хан-Шатыр – это еще одна яркая достопримечательность в современной архитектуре Астаны. К тому же, это самый крупный шатер в мире: высота по шпилю составляет 150 метров, а общая площадь – 127 тысяч кв.м. В 2010 году, Хан-Шатыр построен. Специальное химическое покрытие полотна способствует сохранению особого микроклимата. Благодаря этим и другим технологиям Хан-Шатыр вошел в десятку эко-зданий мира.

Под куполом шатра разместились самые

此纪念哈萨克斯坦历史新纪元。高塔内设有电梯，游人可登至86米处纵览首都全貌。金球大厅内有以17片花瓣为底座的木质地球仪。厅内还摆放着哈萨克斯坦第一位总统努尔苏丹·纳扎尔巴耶夫的手模。

阿克奥尔达。努尔苏丹还有一处值得游览的景点——"阿克奥尔达"总统府。它同华盛顿白宫、伦敦白金汉宫一样对游客开放。总统府建于2003年，哈萨克斯坦总统提议将官邸作为国家级景点，向老百姓展示国家重要决定是如何在这里做出的。阿克奥尔达是一栋四层建筑，每个大厅都有各自的功能，走廊里曾留下多国元首的身影。阿克奥尔达是现代哈萨克斯坦的象征之一。

"沙特尔汗"购物中心。努尔苏丹市沙特尔汗购物中心是现代化建筑的一颗耀眼明珠。它因帐篷状的外观，可以称得上是世界最高帐篷。从塔针最高点算起帐篷总高150米，总面积12.7万平方米。2010年，购物中心建成。其外墙采用了特制化工材料建成，能够保持室内恒温。因此，"沙特尔汗"购物中心被列入世界十大环保建筑之一。

帐篷内各种商业娱乐

разные торгово-развлекательные заведения: фирменные магазины и бутики, супермаркет, офисы компаний, кафе и рестораны, игровые площадки и семейные парки, кинотеатры и аквапарк. В аквапарке поддерживается тропический климат с температурой 35 градусов по Цельсию. Кроме всего этого, по всему шатру можно прокатиться на настоящих американских горках, которые охватывают большую часть Хан-Шатыра.

Дворец Мира и Согласия (2006 г.) – «Восьмое чудо света» Нур-Султана. Он имеет форму правильной четырехгранной пирамиды. **Мечеть Хазрет Султан** – крупнейшая мечеть Центральной Азии. В Казахстане открыли туристическую зону **«ЭКСПО-2017»**. Основной достопримечательностью стал национальный павильон «Нур Алем».

Нур-Султан – это город, где проявились все возможности современной архитектуры. Нур-

场所荟萃：名牌商店、精品屋、超市、公司、咖啡馆、餐厅、游戏场所、公园、影院和水族馆。其中水族馆常年保持35摄氏度热带温度。除此之外，在帐篷内还有大型过山车，游客乘坐过山车可穿过"沙特尔汗"大帐内的大部分地方。

和平和睦宫建于2006年，号称努尔苏丹的"世界第八大奇迹"，形似四方形金字塔。哈兹列特·苏丹清真寺目前是中亚最大的清真寺。2017世博园区在努尔苏丹作为旅游点对外开放，首要展馆是哈萨克斯坦国家馆"努尔·阿列姆"。

努尔苏丹作为一座尽显现代化建筑风格的城市，

Султан по праву считается лицом государства, вставшего на путь возрождения и развития.

(2) Алматы

Алматы́ (раньше Алма́-Ата́) – южная столица Казахстана. В 1997 году Указом Президента Республики Казахстан Нурсултана Назарбаева столица страны была перенесена из Алматы в Астану. Теперь Алматы – крупнейший мегаполис Казахстана, научно-образовательный, культурный, исторический, финансово-экономический, банковский и производственный центр страны.

Город Алматы расположен на юго-востоке Казахстана, у подножья самого северного хребта Тянь-Шаня – Заилийского Алатау. К периоду X-XI вв. Алматы играл важную роль, как в местной, так и международной торговле по Великому Шелковому пути. В течение последних двухсот лет город был несколько раз переименован: Заилийское, Верный, Алма-Ата и Алматы.

Алматы – яблочный город. Алматы – родина знаменитого сорта яблок «алматинский апорт». Он всегда считался городом-садом. Более восьми тысяч гектаров городской территории занимают сады и парки, скверы и бульвары.

Современный Алматы – признанный мировой спортивный центр. Международного признания заслужило проведение в Алматы многих престижных соревнований мирового уровня.

В городе есть много интересных мест, где стоит побывать.

Парк им. 28-ми гвардейцев-панфиловцев. Это самый популярный парк отдыха в Алматы. Он находится в самом сердце города. Парк известен Мемориалом Славы, включающим

充分展示了哈萨克斯坦发展的辉煌历程。

（2）阿拉木图

阿拉木图是哈萨克斯坦南方之都。1997年，哈萨克斯坦总统努尔苏丹·纳扎尔巴耶夫签署命令，将首都由阿拉木图迁至阿斯塔纳。现在，阿拉木图仍是哈萨克斯坦最大的城市，也是科教、文化、历史、经济、金融和产业中心。

阿拉木图地处哈萨克斯坦东南部，位于天山以北的外伊犁阿拉套山麓。10—11世纪以前，阿拉木图是丝绸之路地区的国际贸易中心。最近200年间城市几次更名：外伊犁镇、忠实城、阿拉木图。

阿拉木图素有"苹果城"的美誉，这里是著名的阿拉木图阿波尔特苹果原产地。阿拉木图也是花园城市，市内有8000多公顷公园、街心花园和林荫道。

现今的阿拉木图还是世界体育中心，举办过各种世界性赛事。

阿拉木图市还有多处旅游名胜。

"28名潘菲洛夫近卫军卫兵"公园是阿拉木图最受欢迎的一处市中心休闲场所，因荣誉纪念碑群而得名。

в себя памятник, вечный огонь, площадь и Аллею Памяти, где установлено 28 гранитных памятников с именами 28 героев-панфиловцев, погибших в битве за Москву в период Второй мировой войны. На территории парка находится одно из красивейших деревянных строений в мире – Свято-Вознесенский кафедральный собор.

Площадь Республики. Это центр города Алматы. Главным памятником площади Республики является Монумент Независимости. Этот памятник, как и Байтерек в Нур-Султане, служит символом современного Казахстана. Центром композиции Монумента Независимости выступает 28-метровая стела, увенчанная фигурой легендарного «Золотого человека», который управляет крылатым барсом.

Помимо красивых мест в городе, окраины Алматы богаты не менее живописными пейзажами. В окрестностях Алматы начинается Иле-Алатауский национальный парк. А живописная долина Медео расположена примерно в 15 км выше Алматы. Одно из таких мест – огромный каток, один из крупнейших

园内有英雄纪念碑、无名火、广场、英雄之路和花岗岩群雕。群雕上刻有28位潘菲洛夫近卫军卫兵的名字。第二次世界大战期间，他们为保卫莫斯科而英勇献身。公园内东正教升天大教堂则是世界最美的木质建筑之一。

共和国广场位于阿拉木图市中心。广场标志是独立碑，同努尔苏丹的拜捷列克塔一样，都是哈萨克斯坦的象征。独立碑柱高28米，最高处有一座金武士雕像，具有传奇色彩的金武士驾驭着一只腾空飞跃的雪豹。

除了市内名胜之外，郊外也有一些地方风景如画，如伊犁阿拉套国家公园。这里景色优美的河谷麦迪奥地势高于阿市，距市中心15公里。这里有一座滑雪场也叫麦迪奥，是世界最大的滑

в мире. Он так и называется Медео. И в конце горного ущелья находится лыжный курорт Чимбулак. Он расположен на высоте 2200 м над уровнем моря. Чимбулак – один из главных горнолыжных курортов Центральной Азии. Большое Алматинское озеро расположено в 28,5 км к югу от Алматы, в высокогорном ущелье реки, на высоте 2511 метров над уровнем моря. Большое Алматинское озеро питается водами тающих горных ледников. Озеро, глубиной в 40 м, в длину достигает 1,6 км и почти один километр в ширину.

雪场之一。山间峡谷深处有一处名为奇姆布拉克的疗养区，海拔2200米，是中亚著名高山疗养地之一。大阿拉木图湖位于阿拉木图向南28.5公里，地处高山峡谷之间，海拔2511米，湖深40米，南北长1.6公里，东西宽1公里，大湖水源来自冰山融化的雪水。

(3) Шымкент

Шымке́нт (или Чимкент) имеет статус республиканского значения и является самостоятельной территориально-административной единицей, не входящей в состав окружающей его области. Шымкент – третий по значимости город, численность населения – миллион человек. Он находится на юге Казахстана, расположенный относительно недалеко от границ с Узбекистаном и Кыргызстаном.

Шымкент возник на пересечении караванных дорог одного из отрезков Великого шелкового пути и входит в состав древнейших городов Центральной Азии, имеет богатую историю и культуру. До 1992 года город назывался на

（3）希姆肯特

直辖市希姆肯特（或奇姆肯特）属于国家独立管辖的行政单位。希姆肯特是哈萨克斯坦第三大城市，人口100万，位于哈萨克斯坦南部，与乌兹别克斯坦相邻。

希姆肯特地处丝绸之路分支交汇点，拥有悠久的历史和丰富的文化底蕴，是中亚最古老的城市之一。1992年前，城市名的俄语

русском языке – Чимкент. Созвучное название Шымкента раскрывает его этимологию как «Зелёный город». В 2011 году Шымкент был признан «Лучшим городом среди стран СНГ» по оценке Международной ассамблеи столиц и крупных городов.

Город и его окрестности не лишены различных исторических и архитектурных достопримечательностей. В 160-170 километрах от Шымкента находится известное городище Отрар (Фараб). Город Отрар в 12-м веке был крупным торговым, экономическим и культурным центром на Шёлковом пути. Здесь и родился Фараби, в 872 году (по другим данным – в 870).

По мнению казахских учёных, вклад Фараби в культуру и науку своего времени был чрезвычайно многосторонним и плодотворным. Логика и медицина, космология и анатомия, астрономия и теория музыки, философия и юриспруденция, математика и акустика – вот всеобъемлющий круг его интересов, те отрасли знания, которые он охватил своим проницательным умом. Фараби был учёным-энциклопедистом, как великие древнегреческие философы. Учёный Фараби известен, как «Аристотель Востока», «Второй Учитель», «Платон Азии».

(4) Тараз

Тара́з – административный центр Жамбылской области. Он расположен в южной части республики, на равнине в долине реки Таласа, у самой границы Кыргызстана.

Тараз – древнейший город в Казахстане. К XII веку Тараз стал экономическим, культурным и политическим центром средневекового государства Караханидов. Это был один из пунктов северной ветви Великого шелкового пути. Китайский буддийский монах Сюаньцзан, проезжавший через Тараз в эпоху Тан, сообщал, что прибыл в город Та-ло-се и купцы из разных стран живут в этом городе вперемешку. В 751 году вблизи города состоялась битва на Таласе, в которой армией Танского Китая во главе с Гао Сяньчжи воевала с арабской конницей во главе с Зиядом ибн-Салихом Аббасидского халифата. Танская армия потерпела поражение. На момент нашествия войск Чингисхана в 1220 году Тараз достиг значительного расцвета. Монголы уничтожили город практически до основания. Новый этап развития Тараза начался с его вхождения в Кокандское ханство. А в начале XIX столетия, на месте древнего Тараза вновь разросся город, который назвали Аулие-Ата – «святой старец». В советскую эпоху короткое время Тараз носил имя коммунистического руководителя Казахстана, став городом Мирзоян. Затем почти на шестьдесят лет Тараз получил имя казахского поэта и акына Джамбула Джабаева. Историческое название городу вернули в 1997 году.

За минувшие годы город украсился не только скульптурами выдающихся исторических деятелей казахского народа, но и образцами уличной скульптуры. Одним из таких произведений уличного искусства может быть названа скульптурная композиция, посвященная героям кинофильма "Джентльмены удачи".

В древнем и молодом городе Тараз есть на что посмотреть. Прекрасно сохранились караван-сараи и ремесленные мастерские, склады и лавки торговцев. В самом Таразе есть два мавзолея, напоминающие о богатом древнем

喇汗王朝经济、文化和政治中心。塔拉兹是丝绸之路北线的途经点。中国唐朝僧人玄奘也曾途经塔拉兹市。据记载,他路经怛罗斯城时,世界各地的商人云集在此。公元751年,塔拉兹城附近曾经发生了怛罗斯战役,唐朝将领高仙芝率领的军队与济雅德的阿拉伯骑兵发生大战,唐军大败。1220年,成吉思汗军队入侵,彻底摧毁了这座繁华的城市。在并入浩罕王国之后,塔拉兹开始重建。19世纪初,在这片古老的土地上塔拉兹重新焕发生机,被取名奥里阿塔——"神圣的老人"。苏联时期,为纪念共产主义领袖米尔佐扬,城市短期更名。后来,有60年时间该市以哈萨克诗人、阿肯诗人江布尔·贾巴耶夫的名字命名。1997年,城市恢复原名——塔拉兹。

目前,经过多年建设,塔拉兹修建了多座哈萨克杰出历史人物塑像和具有代表性的街雕。最著名的群雕是为纪念电影《幸运先生》在当地拍摄而修建的主人公雕像。

古老而年轻的城市塔拉兹名胜古迹众多。这里完好保留着驼队驿站和手工作坊、仓库及集贸遗址。塔拉兹中心有两座陵墓,见证了

прошлом Тараза. **Мавзолей Аулие-Ата Карахана**. Мавзолей Аулие-Ата Карахана, был построен в XI веке над могилой одного из правителей династии Караханидов. Мавзолей представляет из себя портально-купольную структуру. Стены постройки возведены из кирпича-сырца эпохи Караханидов. В мавзолее сохранилось оригинальное каменное надгробие. **Мавзолей Ша-Мансур**. Он был возведен в XIII веке над могилой одного из наместников монгольского хана.

К концу 2012 года была создана свободная экономическая зона «Химический парк Тараз», что благотворно сказывается на социально-экономическом развитии региона.

塔拉兹历史的悠久和沧桑。喀喇汗时期的奥里阿塔陵墓建于公元 11 世纪，墓主人是喀喇汗王朝一位统治者。陵墓结构呈门户穹顶式，外墙以砖石建造，其中保存有原始墓碑石。另一座建于 13 世纪的沙曼苏尔陵墓是蒙古汗国州长之墓。

2012 年底，"塔拉兹"自由经济区化工园启动，大力促进了该地区社会经济的发展。

(5) Байконур

Космодром Байкону́р и город Байконур вместе образуют комплекс «Байконур». Он находится в юго-западной части Казахстана, посреди пустынной степи, в 2500 км от Москвы и в 1416 км от Нур-Султана. Ближайший крупный город – Кызылорда, находится в 240 км восточнее от космодрома.

Байконур был построен во время СССР. В 1954 году руководство СССР поставило задачу – найти

（5）拜科努尔

拜科努尔航天基地由拜科努尔市和拜科努尔发射场两部分组成。基地位于哈萨克斯坦西南部荒漠，距莫斯科 2500 公里，距努尔苏丹 1416 公里。距离该区域最近的城市即东部的克孜勒奥尔达也有 240 公里。

拜科努尔建于苏联时期。1954 年，苏联要求寻

Курс русского языка по Великому шёлковому пути: Дорога в Центральную Азию

подходящее место для строительства полигона. Необходимо было учесть несколько условий: обширный малонаселенный и неиспользуемый для сельского хозяйства район, наличие железной дороги для доставки грузов и блоков ракет, наличие большого источника питьевой и технической воды, и другие специализированные параметры. Больше всех для строительства космодрома подошел степной район Казахстана у реки Сырдарья, вблизи маленькой деревни Тюратам, мимо которой проходила железная дорога Москва-Ташкент. В 1955 году началось строительство первого и крупнейшего космодрома в мире. На протяжении ряда лет Байконур сохранял лидирующее место в мире по числу пусков. После распада СССР космодром из союзной собственности перешёл в ведение ставшей независимой Республики Казахстан. В настоящее время Байконур имеет особенный статус в Республике Казахстан и до 2050 года находится в аренде у России.

Байконур связан исключительно с космосом, и поэтому все достопримечательности города и космодрома связаны с историей ракетостроения и освоения околоземного пространства. Главные достопримечательности Байконура – это два музея и многочисленные памятники, расположенные на улицах города. Здесь много бюстов известным ракетостроителям и космонавтам, однако самым ярким памятником является макет ракеты «Союз».

(6) Алматинская область и Восточно-Казахстанская область

Алмати́нская область граничит с Синьцзян-Уйгурским автономным районом Китая. Она находится на юго-востоке Казахстана. Долгое время административным центром этой области был город Алматы. В апреле 2001 года областной центр Алматинской области был перенесён из Алма-Аты в Талдыкорган.

Чарынский каньон. В Алматинской области, в 195 км к востоку от Алматы в сторону Китая находится Чарынский каньон. Чарынский каньон – удивительное место, которое туристы все как один называют «вторым Гранд-Каньоном». Этот памятник природы уступает своему североамериканскому собрату лишь размерами, с лихвой компенсируя их самобытной красотой.

Данная достопримечательность является частью Чарынского национального парка, основанного 23 февраля 2004 года. Чарынский каньон получил свое название в честь реки Чарын, протекающей по его дну. Его общая

包括著名的航天建造者碑、宇航员半身雕像，而最吸引人的则是"联盟"号火箭模型。

（6）阿拉木图州及东哈萨克斯坦州

阿拉木图州与中国新疆维吾尔自治区接壤，位于哈萨克斯坦东南部。阿拉木图市曾是州首府。2001年4月阿拉木图州州府从阿拉木图迁至塔尔迪库尔干。

恰伦峡谷。恰伦峡谷位于阿拉木图州，距其东部边境195公里，靠近中国。恰伦峡谷风光令人赞叹。旅游者经常将其喻为第二个科罗拉多大峡谷。这座天然博物馆规模虽不如科罗拉多大峡谷宏伟，但却独具魅力。

恰伦大峡谷是恰伦国家公园的一部分。公园于2004年2月23日开放。大峡谷因恰伦河流经此地而得名。其总长约150公里，谷

протяженность около 150 километров, а высота стен – от 150 до 300 м. Возраст этого древнего памятника природы – более чем двенадцать миллионов лет. Определенно лучшая достопримечательность в Чарынском каньоне – Долина замков. Именно это место протяженностью чуть более 2 километров и шириной всего в 20–80 метров в последние годы стало настоящей «Меккой» для туристов в Казахстане. В древности здесь находился залив огромного моря, располагавшегося от озера Алаколь до Каспия, а позднее старое русло реки Чарын, что повлияло на структуру стен каньона – спрессованные глиной камни, легко меняющие форму под воздействием ветра и воды.

Восточно-Казахстанская область – область в восточной части Казахстана, на границе с Алтайским краем и Республикой Алтай России и Синьцзян-Уйгурским автономным районом Китая. Более 40% всех водных запасов Казахстана сосредоточены в Восточно-Казахстанской области. На территории ВКО протекают около 885 рек длиной более 10 км. В числе наиболее крупных – Чёрный Иртыш, Бухтарма, Курчум.

(7) Озеро Балхаш

Озеро Балха́ш, расположенное на востоке Казахстана, на территории трех областей – это Алматинская, Карагандинская и Жамбыльская. Как крупнейший водоём республики, озеро Балхаш имеет форму бумеранга или полумесяца. Оно протянулось в длину более чем на шестьсот километров, а его максимальная ширина составляет семьдесят километров. Балхаш – единственное на планете бессточное озеро с

深 150—300 米。这一古老的大自然奇迹已经有 1200 万年的历史。恰伦大峡谷最美的地方当属城堡谷，城堡谷峡长超过 2 公里，谷宽仅 20—80 米，是游客必到的哈萨克斯坦旅游"麦加"。历史上，大峡谷所在之处是广阔的海湾，海湾从阿拉克尔湖横跨至里海，随着时间的推移，海湾变成了恰伦河的古老河道。河流冲刷对大峡谷的山体构造产生影响，受到泥沙挤压的山体极易在风沙和流水侵蚀下变形。

东哈萨克斯坦州位于哈萨克斯坦东部，与俄罗斯阿尔泰边疆区及阿尔泰共和国接壤，也与中国新疆相邻。这里集中了哈萨克斯坦超过 40% 的水资源，约 885 条长度超过 10 公里的河流流经此地，最大的河流是额尔齐斯河、布赫达尔玛河、库尔楚姆河。

（7）巴尔喀什湖

巴尔喀什湖地处哈萨克斯坦共和国东部，跨阿拉木图、卡拉干达、江布尔三州。湖泊轮廓形如飞镖或半月，是哈萨克斯坦最大的湖泊，湖长 600 多公里，最宽处达 70 公里。巴尔喀什湖是世界上唯一一个淡水与咸水交汇湖。作为内陆湖，湖

разной по составу водой: западная его часть – пресноводная, а восточная – солёная. Благодаря узкому проливу и полуострову Сарыесик воды озера не смешиваются. Солёные воды Балхаша и его минерализованные сероводородные грязи целебны и благоприятно влияют на здоровье человека.

Климат в районе озера Балхаш пустынный, резко континентальный. В ноябре Балхаш замерзает, и лёд держится на озере до начала апреля.

Ученые считают географическим парадоксом то, что это огромное озеро находится среди пустыни с континентальным климатом и при этом не имеет стока. Земли рядом с озером сильно засолены. Вместе с тем, здесь довольно разнообразная растительность. Еще одна загадочная особенность Балхаша – уникальная способность борьбы с наносами. В реках Семиречья большой уровень глины и песка. Такие условия способствовали бы тому, что котловина Балхаша полностью заполнилась бы наносами за три столетия. Но озеро самостоятельно очищается от этих элементов, отгородившись речными дельтами, сдерживающими поступление наносов. При этом вода очищается до полной прозрачности.

水西淡东咸，极具特色，因受狭窄湖湾和萨雷耶西克湖岛的影响，淡水与咸水互不交融。咸水及湖内的硫磺矿物泥有一定的医疗价值，对人体健康十分有益。

湖水区属于典型的大陆性沙漠气候。11月，巴尔喀什湖开始结冰，4月初，冰层融化。

学者将巴尔喀什湖的一些现象视作地质奇观。巨大的湖水位于沙漠中央，大陆性干旱气候条件下湖水却不外泄干涸。虽然湖岸周围土层盐碱化现象严重，但却生长着各种各样的植物。巴尔喀什湖另一个独特现象是湖底淤泥能自动清洁。七河流域河流携沙量大，正常情况下，流入湖水的泥沙在300年内可填平湖面。而巴尔喀什湖却可以自动清理湖底的淤积层，有效防止泥沙堆积，湖水能不断自洁，一直保持水质清澈。

1.5 История Казахстана

哈萨克斯坦历史

Задание 8. Прочитайте текст и выразите согласие или несогласие по содержанию текста («Да» /«Нет»).

1) В середине 1-го тысячелетия нашей эры на территории современного Казахстана сформировались тюркоязычные племена. _____
2) Жуз — исторически сложившееся объединение казахов. Всего образовалось три жуза: Старший жуз, Средний жуз и Младший жуз. _____
3) В XV веке завершилось формирование казахской нации. _____
4) В 1872 году Казахстан потерял собственную независимость и стала частью Российской империи. _____
5) В 1917 году после большевистской революции Казахстан стал союзной республикой в составе СССР. _____
6) 25 октября 1991 года была провозглашена государственная независимость Республики Казахстан. _____

(1) История Казахстана

Территория Казахстана стала осваиваться человеком миллион лет тому назад. Уже в эпоху бронзового века, четыре тысячелетия тому назад, на территории Казахстана обитали племена. К IX – VIII вв. до н. э. на землю Казахстана пришли саки. Так называли этот народ древние персы, китайцы называли его «сэ», а греки «скифы». Это были кочевники, полукочевники и земледельцы. Но прежде всего они были прекрасными наездниками. Первыми в мире саки научились стрелять из лука на полном скаку. В VI – III вв. до н. э. саки создали свое первое государство, центр которого находился в Семиречье, в юго-восточном Казахстане.

（1）哈萨克斯坦历史

早在 100 万年前，哈萨克斯坦这片土地上就已经有人类活动的遗迹。青铜器时代，公元前 4000 年，这里出现了部落。公元前 9 世纪至公元前 8 世纪萨基人来到这里，这是波斯人对他们的叫法，中国人称其为"塞族人"，希腊人则把他们叫做"斯基泰人"。他们是游牧、半游牧和农耕民族，擅长骑马，是世界上最早学会骑射的民族。公元前 6 世纪至公元前 3 世纪，萨基人在哈萨克斯坦东南部，以七河流域为中心建立了第一个汗国。

Середина I тысячелетия н. э. – важнейший этап в истории казахов и всех тюрков. В это время начинается изменение этнической среды – преобладание переходит к тюркским племенам, центром которых стал Алтай.

На территории Казахстана с VI в до начала XIII в. существовали, последовательно сменяя друг друга вплоть до монгольского нашествия, Западно-Тюркский, Тюргешский, Карлукский каганаты, государства огузов, караханидов, кимеков, кыпчаков. После монгольского нашествия, в начале XIII в. сложились улусы Монгольской империи Джучи и Джагатая. В 1456 году, когда распалась Золотая Орда образовалось Казахское ханство. Процесс образования казахской народности в XV вв. в основном завершился. Этноним «казах» в переводе с древнетюркского языка означает «вольный, независимый».

Казахское государство при хане Касыме (1511 – 1518 гг.) достигло наивысшего расцвета. Границы ханства больше расширились. При Хак-Назаре (1538 – 1580 гг.) в районах кочевок различных групп племен сформировались Старший жуз (Семиречье), Средний жуз (Центральный Казахстан) и Младший жуз (Западный Казахстан). У каждого жуза существовала своя структура, а их ханы со временем стали самостоятельными правителями. Несмотря на это, казахи оставались единым народом. Периоды единства чередовались междоусобными конфликтами.

В XVII - XVIII веках джунгарские кочевые племена разворачивают широкомасштабную войну против казахского ханства. Главные события войны с джунгарами происходят в

公元500年前后是哈萨克人和所有突厥民族最重要的一个时期。此时民族成分发生了变化,突厥人成为当地主要民族,活动区域中心在阿尔泰地区。

从公元6世纪至13世纪初即蒙古人入侵之前,哈萨克斯坦境内先后出现西突厥、突骑施、突厥部落的葛逻禄、乌古斯、喀喇汗、基马克、钦察等汗国。公元13世纪初,这里建立了术赤和察合台汗国。1456年,金帐汗国分裂后形成了哈萨克汗国。公元15世纪,哈萨克民族基本形成。"哈萨克"在突厥语中的意思是"自由、独立"。

哈斯木汗(1511—1518)统治时期,哈萨克汗国达到强盛阶段,疆域不断扩大。哈克·那扎尔汗统治时期(1538—1580),游牧部落合并形成了大玉兹(七河流域)、中玉兹(哈萨克斯坦中部)和小玉兹(哈萨克斯坦西部)三个行政管辖区。每一个玉兹都有自己的内部体系和各自独立的小汗。尽管如此,哈萨克人仍然是一个统一的民族,统一时期也有内部纷争。

17—18世纪,准噶尔游牧部落大举侵犯哈萨克汗国。1723—1727年,哈萨克人与准噶尔游牧部落发生过

1723 – 1727 гг., вошедшие в историю как «Годы великого бедствия». Решающую роль в отражении агрессии джунгар сыграли всеказахские сходы (съезды), где решением наставниками трех жузов предпринимаются меры по созданию народного ополчения, единого фронта обороны и отражения нападения джунгар.

В 1871 году Казахстан потерял собственную независимость. После присоединения Казахстана к России, страны Центральной Азии вошли в состав России.

В промежутке с конца октября 1917 г. и до начала гражданской войны была установлена советская власть в Казахстане. В 1936 Казахская АССР была преобразована в полноправную союзную республику в составе СССР – Казахскую ССР. В 1939 – 1941 гг. Казахстан превращается в крупную базу по производству цветных металлов, добыче угля, нефти, район развитого сельского хозяйства. В 1941 – 1945 гг. предприятия Казахстана переходят на выпуск оборонной продукции. Из западных и центральных районов СССР в Казахстан эвакуируются крупные промышленные объекты и культурные учреждения.

16 декабря 1991 года Казахстан провозгласил свою независимость и стал активным сторонником идеи Содружества Независимых Государств (СНГ).

(2) Казахи

Казахи – тюркский народ, коренное население Казахстана. Также составляют значительную часть населения в смежных с Казахстаном районах Китая, России, Узбекистана, Туркменистана, Кыргызстана. Основными религиями, представленными в Казахстане, являются ислам и христианство (главным

多次大战，历史上称之为"大灾难时期"。全体哈萨克会议最终起了决定性作用，三个玉兹的首领决定成立民兵组织并建立统一防御和进攻战线来击退准噶尔部落。

1871年，哈萨克斯坦失去独立地位，成为俄国领地。随后，中亚也并入俄国版图。

1917年10月末，俄国国内战争开始，哈萨克斯坦建立了苏维埃政权。1936年，哈萨克苏维埃社会主义自治共和国加入苏联，成为哈萨克苏维埃社会主义共和国。1939—1941年，哈萨克斯坦成为苏联重要的有色金属、煤炭、石油开采区和农业区。1941—1945年的卫国战争期间，哈萨克斯坦企业转型生产国防用品，苏联西部和中部地区的大型工厂和文化机构先后撤入哈萨克斯坦。

1991年12月16日，哈萨克斯坦宣布独立并积极响应成立独联体。

（2）哈萨克人

哈萨克人属于突厥民族，是哈萨克斯坦的主体民族。境外哈萨克人主要聚集在与哈萨克斯坦接壤的中国、俄罗斯、乌兹别克斯坦、土库曼斯坦和吉尔吉斯

образом, православие), также присутствуют иудаизм и буддизм.

Антропологически казахи относятся к южносибирской расе, переходной между монголоидной и европеоидной большими расами. Представитель казахской национальности – казах или казашка.

斯坦。哈萨克人主要信仰伊斯兰教、基督教（东正教为主）、犹太教和佛教。

哈萨克人是介于蒙古和欧罗巴人种之间的南西伯利亚人种。

1.6 Культура Казахстана
哈萨克斯坦文化

> **Задание 9.** Переведите подчеркнутые фразы с русского на китайский язык.

(1) Абылай-хан

<u>Абылай-хан (1711—1781) – хан всего Казахского ханства, признанный всеми жузами, сын Коркем Уали-султана, внук Абылай хана Каншера, потомок Барак-хана (в 9-м колене). Он объединил три жуза во имя общей победы над джунгарами.</u>

Настоящее имя – Абильмансур, Абылаем был назван в честь своего деда. Он родился в Туркестане (ныне административный центр Туркестанской области). В 12 лет он потерял отца, убитого во время нашествия хана Джунгарии. Абильмансур стал известен в народе в двадцать лет, войдя в ополчение, организованное Абилмамбетом на борьбу с джунгарами. Он в единоборстве победил джунгарского батыра Шарыша. В сражениях 1730 - 1740 гг. против джунгаров Абылай обрел славу батыра. В 1738 - 1741 годы казахские войска под руководством

（1）阿布莱汗[①]

阿布莱汗的名字是为纪念祖父而取的，其真名是阿布曼苏尔，出生于突厥斯坦（突厥斯坦州州府）。12岁那年，其父亲在与准噶尔人的战役中被杀害。20岁那年，阿布曼苏尔加入阿布勒班必特汗组织的民兵队伍，与准噶尔人作战。他单打独斗战胜了准噶尔尔巴图鲁——夏尔希，从此一战成名。1730—1740 年在与准

[①] 阿布莱汗 (1711—1781)——哈萨克汗国大汗，受到三个玉兹共同拥戴。他是喀尔克姆·乌阿里苏丹的儿子，"嗜血"阿布莱汗之孙，巴拉克汗第九代孙。阿布莱汗率军战胜了准噶尔部落，统一了三个玉兹。

Абылая нанесли сокрушительные удары джунгарским захватчикам. Абылай был взят в плен джунгарами. Через два года он был освобождён.

Будучи дальновидным политическим деятелем, Абылай решил использовать дипломатические пути, чтобы поддержать народ, уставший от тяжелых боев. В августе 1740 года вместе с ханом Среднего жуза Абилмамбетом и 120 старшинами Абылай приехал в Оренбург и дал согласие о принятии Российского подданства. Вместе с тем он не прерывал отношений с Цинской империей в интересах Казахского ханства. Все свои силы Абылай отдавал восстановлению независимости страны. Абылай сумел объединить силы Казахского ханства, превратив его в мощное военное государство. В 1771 году умер Абилмамбет-хан, власть должен был унаследовать один из его младших братьев или сын, однако султаны и главы родов на съезде избрали ханом Абылая. Он распространил свою власть на значительные районы Старшего и Младшего жузов, считая себя ханом всех трёх жузов.

Абылай-хан похоронен на кладбище казахских ханов, в мавзолее Ходжи Ахмеда Ясави, в городе Туркестан.

В Алматы именем Абылай-хана назван Казахский университет международных отношений и мировых языков. После обретения Казахстаном независимости в 1991 году один из главных проспектов Алматы (Коммунистический проспект) был переименован в проспект Абылай-хана. На первой национальной валюте Казахстана на банкноте в 100 тенге (образца

1993 года) помещён его портрет. В 2001 году Абылай-хану была посвящена почтовая марка независимого Казахстана. В 2005 году по мотивам биографии Абылая был снят первый казахстанский блокбастер «Кочевник». В 2008 году в Петропавловске открыт музейный комплекс «Резиденция Абылай-хана» с бронзовым конным памятником хану.

(2) Выдающийся поэт Абай Кунанбаев

Абай Кунанбаев (1845 – 1904), поэт, философ, просветитель и общественный деятель. Это одна из выдающихся личностей Казахстана.

Абай родился в семье известного бая Кунанбая Оскенбаева на территории нынешнего Абайского района Восточно-Казахстанской области. От отца писатель перенял лучшие мужские черты: целеустремленность, смелость, человечность и справедливость.

Имя «Абай» означает «осторожный». Это всего лишь прозвище, которое дала мальчику его бабушка Зере. При рождении будущего поэта нарекли Ибрагимом. Бабушка и мать повлияли на творческие наклонности маленького Ибрагима.

Отец довольно рано отдавал его на воспитание к мулле, заметив, что сын жадно тянулся к знаниям. Затем он продолжил учебу в медресе. Там он постигал грамоту и учился персидскому и арабскому языкам. Будучи совсем юным, Абай оттачивал навыки ораторского искусства. Отец дал возможность развить их на практике. После этого Абай провёл следующие двадцать лет, изучая мировых, восточных и русских классиков. Он постигал искусство слова.

Вместе с тем, он много размышлял над философскими вопросами, такими, как связи человека, общества и закона. Он считал, что все законы и ответственные решения должны приниматься только в интересах народа. Поэт хотел, чтобы народ развивался и шёл в ногу со временем. Главные пути достижения этого Абай видел в труде и образовании. Большое внимание в своей просветительской деятельности Абай уделял именно труду. Он считал, что упорный труд делает человека богатым как духовно, так и материально. С этой мыслью поэт в своих произведениях обращался прежде всего к молодёжи.

Активная творческая жизнь Абая началась в 1886 году, когда ему было уже больше сорока лет. Один из первых стихов того времени – «Лето». В нём он описал красоту казахской степи и жизнь обычных людей. Изданное уже после смерти автора, «Черное слово» стало жемчужиной казахской литературы и утвердило Абая как её первого классика. Проблемы морали и права, Абай Кунанбаев поднял в знаменитом произведении «Слова назидания». Это прозаическая поэма, состоящая из 45 притч. Его произведения стали классикой казахской и мировой литературы. Всего в его творческой копилке около 170 стихов. В них он воспевал родные края, казахский народ, женщину и выступал против невежества и социального неравенства.

习波斯语和阿拉伯语。青少年时代的阿拜已经开始展露自己的演说才华，父亲也给他提供了实践机会。后来的二十年，阿拜学习东方和俄罗斯的文学经典，他的语言造诣也越来越深。

同时，他还研究人类学、社会学和法律关系等问题。阿拜认为，法律和规章制度的制定应以人民利益为出发点，他希望人民的发展与时代同步，而这只有靠劳动和教育才能实现。教育家阿拜特别强调劳动，他认为，勤劳会使人在精神和物质上都变得富有，在其作品中他特别向青年人强调了这一点。

阿拜真正的创作生涯始于1886年，当时他已过不惑之年。他的第一首诗作是《夏天》，诗中描写了哈萨克草原之美以及平常百姓人家的生活画面。阿拜逝后出版的《黑色之词》被誉为哈萨克文学的瑰宝，由此也奠定了阿拜在哈萨克斯坦文坛第一人的地位。《阿拜箴言录》提出了道德和权利的问题。这首诗由45个醒世警句组成，已经成为哈萨克和世界文学的经典著作。阿拜共创作了170多首诗，诗歌主要赞美家乡、人民、妇女，抨击无知和不平等现象。

Множество песен Абая Кунанбаева входит в творческое наследие Казахстана, многие из которых воспринимаются как народные произведения. Даже здесь великий поэт был новатором. Он использовал иные рифмы, мелодии, экспериментировал с размерами и формами художественного слога.

Вклад Абая Кунанбаева, основоположника казахской письменной литературы, в развитие культуры и общности казахского народа сложно переоценить.

Памяти казахского поэта также посвящён ряд почтовых марок, выпущенных в СССР, Казахстане и других странах. В 1993 году изображение Абая было помещено на банкноте Национального банка Республики Казахстан номиналом в 20 тенге. В его честь названы улицы, районы и целые поселения.

Без знаний нос не задирай.
Найди себя, потом играй.
Не надо смеха через край.
Пуста веселость эта.
Пяти вещей ты избегай,
К пяти вещам стремленье знай,
Раз хочешь выйти в люди.
Все сбудется в твоей,
Когда так жить полюбишь.
Узнай же, что бахвальство, ложь,
Лень, сплетни, деньги на кутеж-
Твои враги повсюду.
Мысль, труд, стремлений высота,
Довольство малым, доброта:
Пять дел в которых чудо.

— фрагмент стихов Абая

阿拜·库南巴耶夫的许多歌曲也被列入哈萨克斯坦的文学遗产之中。大多数歌曲已谱写成民歌。他既是伟大诗人，也是歌曲改革家。他采用与之前不同的韵律和乐曲创作诗歌，对其艺术形式和音节进行改革尝试和探索。

作为哈萨克文学奠基人，阿拜·库南巴耶夫对哈萨克人民的文化和社会发展所做出的贡献是无法估量的。

为了纪念伟大诗人，苏联时期、当今的哈萨克斯坦和其他国家都曾经发行过他的邮票。1993年，阿拜像印制到了哈萨克斯坦面值为20坚戈的纸币上。以他的名字命名了街道、区和村庄。

头脑空空不可无礼
保持冷静看清自己
嘲笑他人无穷无尽
一切都是空笑欢喜
既然渴望出人头地
那就避开五种惰性
热爱生活努力勤劳
一切梦想
都会如愿随你
吹牛、说谎、懒惰、
谣言、纸醉金迷
这五种行为随时远离
行善积德、绝无贪念
胸怀大志、勤劳、善思
这五种品行才会创造奇迹

——阿拜诗歌片段

1.7 Традиции и культурное наследие Казахстана
哈萨克斯坦传统与文化遗产

> Задание 10. Какие обычаи и традиции казахского народа вы знаете? Назовите материальные и нематериальные объекты.

(1) Обычаи и традиции казахского народа

Основной чертой казахов является гостеприимство. В казахском обществе существует неофициальный закон глубокой древности. Он гласит – встречай гостя как посланника Бога. Символизирующий гостеприимство дастархан устраивается в обычные дни и по праздникам. Тогда от угощений ломятся столы, а гостям предлагаются самые лучшие блюда. Почетный гость традиционно получает баранью голову, приготовленную определенным образом.

Традиция, в соответствии с которой хозяин дома имеет право попросить гостя спеть песню или сыграть на музыкальном инструменте, называется **Конаккаде**. Конаккаде – испытание гостя искусством, а также залог веселого застолья. Кочевой и полукочевой тип хозяйствования предопределил своеобразие казахских музыкальных инструментов и традиций. В народе

（1）哈萨克民族传统及民俗

哈萨克人传统上热情好客，这是不成文的祖训。他们认为，客人是上天派来的使者，应该受到热情款待。平时或节日他们都会款待宾客，主人为客人准备好佳肴，将烹制好的羊头献给尊贵的客人。

哈萨克人还有一项传统活动——卡纳卡介，即主人请客人唱歌或弹奏乐器。这不仅是对客人艺术天分的考验，也能增添吃饭时的欢乐气氛。游牧及半游牧生活方式对哈萨克人的乐器及其音乐传统产生了很大的影

говорят: «Бог вложил в душу каждого казаха частицу кюя с момента его рождения».

Уважительное отношение к старшим - еще одна положительная черта казахского народа. Традиционно ребенка с «младых ногтей» обучают сдержанности и добропорядочности при общении со взрослыми. Самым основным в жизни каждого казаха является его семья. Каждый уважающий себя человек с детства знает свой род до седьмого колена во всех подробностях.

В Казахстане отмечаются национальные, государственные, профессиональные и другие праздники. Среди всех наиболее важных праздников следует отметить национальный праздник – День независимости Казахстана, который празднуют 16 декабря. **Наурыз** (Навруз) – самый любимый и ожидаемый государственный праздник в году. Это Новый год для казахстанцев. Он символизирует наступление весны, обновление всего живого, изобилие и плодородие. Праздник совпадает с днем весеннего равноденствия. Люди одевают национальные одежды и ходят с дарами и подношениями друг к другу в гости. Народные гуляния в этот день повсюду. Наурыз празднуется три дня – 21, 22, 23 марта. В Казахстане главным образом исповедуется как мусульманство, так и христианство. Эти две религии мирно сосуществуют, потому жители страны сами выбирают свой путь и празднуют, соответственно, мусульманские или православные религиозные праздники.

(2) Всемирное наследие и нематериальное культурное наследие в Казахстане

29 апреля 1994 года республика Казахстан ратифицировала Конвенцию об охране всемирного культурного и природного наследия. И в списке Всемирного наследия ЮНЕСКО в

响。民间常说，哈萨克人天生就会弹奏冬不拉。

尊敬长辈也是哈萨克人民的优良传统。孩子从小就学会在大人面前保持克制和美德。家庭是哈萨克人生活的重要部分，哈萨克人自幼就能牢记七代先辈的名字及其故事。

哈萨克斯坦的节日分为民族节日、国家节日、职业节和其他节日。最重要的民族节日是12月16日独立日。纳乌鲁兹节是一年当中最受欢迎和期待的节日，相当于哈萨克斯坦新年，寓意冬去春来、万象更新、充实富足。人们身着民族服装，互相拜访，互赠礼物。纳乌鲁兹节通常庆祝3天——3月21、22、23日。哈萨克斯坦主要信仰伊斯兰教和基督教，这两种宗教和平共存，不同信仰的人们则选择庆祝不同的宗教节日。

（2）哈萨克斯坦世界遗产及非物质文化遗产

1994年4月29日哈萨克斯坦通过了《保护世界文化和自然遗产公约》。至2017年，哈萨克斯坦被联合国教

Республике Казахстан значатся 5 наименований (на 2017 год).

Среди них 3 объекта включены в список по культурным критериям. Это «**мавзолей Ходжа Ахмеда Яссави**» в Туркестане, «**комплекс петроглифов Тамгалы**» в Алматинской области, также совместный с Китаем и Кыргызстаном объект – «**Великий Шёлковый путь в Чанъань-Тянь-Шанском коридоре**» (городища Каялык, Карамерген, Талгар, Актобе, Акыртас, Кулан, Костобе и Орнек). Два объекта природного наследия: «**Сарыарка**» – Степи и озёра Северного Казахстана, и также совместный с Узбекистаном и Кыргызстаном объект «**Западного Тянь-Шаня**» (Каратауский заповедник, Аксу-Жабаглинский заповедник, Сайрам-Угамский национальный парк).

Нематериальное культурное наследие – это часть культуры, которая существует не в предметах, но в духовно-интеллектуальном пространстве, в повседневной практике.

Объектами нематериальным культурным наследием человечества Казахстана признаны

科文组织列入世界文化和自然遗产名录的项目共5项。

其中3项是文化遗产，分别是位于突厥斯坦州的"霍贾·艾哈迈德·亚萨维陵墓"，阿拉木图州的"泰姆格里考古景观岩刻"，哈、中、吉三国联合项目"丝绸之路长安——天山廊道"（卡亚雷克、卡拉梅尔根、塔尔加尔、阿克托别、阿克尔塔斯、库兰、科斯托别和奥尔内克古城遗址）。另外2项是自然遗产——"萨尔亚尔卡"——哈萨克斯坦北部草原和湖区，哈、乌、吉联合项目"西部天山"（卡拉套自然保护区、阿克苏——扎巴格林自然保护区、萨伊拉姆——乌噶玛国家公园）。

非物质文化遗产属于文化的一种表现形式，它不是以物质形式存在，而是存在于精神文化层面及日常生活中。

哈萨克斯坦传统冬不拉演奏技术、吉尔吉斯斯坦

искусство исполнения традиционного **казахского домбрового кюя** и навыки изготовления кыргызской и казахской юрт. Искусство исполнения домбрового кюя играет важную роль в укреплении социальной сплоченности казахского народа и формирует у него чувство самобытности и единства. Юрта признана символом семьи и традиционного гостеприимства, которые являются неотъемлемой частью самобытности казахского и кыргызского народов. В 2015 году совместная заявка Казахстана с Кыргызстаном "**Айтыс/Айтыш, искусство импровизации**" также была включена в Репрезентативный список.

В список нематериального культурного наследия ЮНЕСКО Казахстана еще были внесены многонациональные номинации «**Наурыз**», «**Охота с ловчими птицами**», «**Традиция изготовления тонкого хлеба: лаваш, катырма, жупка, юфка**» и **национальная борьба «курес»**.

与哈萨克斯坦帐篷制作技术被列入世界非物质文化遗产。冬不拉演奏艺术凝聚了哈萨克人民民心，使人们感受到其独特的民族风情。帐篷象征家庭与好客，是哈萨克和吉尔吉斯人民民族文化中不可或缺的一部分。2015年，哈、吉两国共同申请将即兴说唱表演也列入非遗代表作名录。

列入世界遗产名录的哈萨克斯坦非物质文化遗产还有多国共有的纳乌鲁兹节、猎鹰狩猎、传统煎饼作法（拉瓦什、卡德尔玛、如普卡、油夫卡）和哈族摔跤库列斯。

1.8 Казахская кухня
哈萨克美食

> Задание 11. Каковы главные особенности казахской кухни?

Долгое время в основу казахской гастрономии входило мясо и молоко. Из продуктов земледелия казахи начали готовить пищу позже.

Для приготовления мясных блюд широко используются баранина, говядина, конина, реже верблюжатина. Использование рыбы и морепродуктов традиционно для жителей

长期以来哈萨克美食的主打菜肴以肉和奶为主，谷物和面食在传统饮食中出现得略晚一些。

哈萨克斯坦肉食制作常用羊肉、牛肉、马肉，偶尔也用驼肉。里海、咸海、锡尔河、乌拉尔河、额尔齐

побережья Каспия и Арала, рек Сырдарья, Урал, Иртыш и других водоемов. Среди них особое место занимает наиболее распространенное блюдо – мясо по-казахски, бешбармак. Традиционное мясо-мучное блюдо тюркоязычных народов. «Бешбармак» в переводе с тюркских языков означает «пять пальцев». Во время еды кочевники не использовали столовые приборы и брали мясо руками. Также популярны куырдак, плов по-казахски с большим количеством мяса, сорпа (мясной бульон), ак-сорпа (молочный суп с мясом, или просто мясной суп с куртом). К мясным блюдам также относится и казахский вариант мант из мяса с тыквой, традиционным способом приготовления которых является готовка на пару на особом многослойном деревянном подносе, устанавливаемом на казан с кипящей водой вместо крышки. К основным блюдам нередко относят также и разнообразные варёные колбасы – казы (колбаса из конины,), а также особенная часть конины – жал.

Кроме мясных блюд, существует большое разнообразие молочных блюд и напитков: кумыс, шубат (кислое верблюжье молоко), айран (вид кефира), иримшик (твёрдый сыр из овечьего молока), и др.

В Казахстане популярны виды хлеба. Он здесь существует в двух разновидностях. Первый вариант – это баурсаки, представляющий собой кусочки теста, жарящиеся в кипящем масле. Поскольку баурсаки можно приготовить в

斯河等河河畔地区的哈萨克人还常食用鱼肉和水产品。最有名的哈萨克肉食是"别什巴尔马克"——手抓肉，是传统突厥民族食物，在突厥语中的意思是五个手指。过去，游牧民族吃肉时不使用餐具，而用手抓来食用。常见的肉类菜肴还有奎尔达克（油炸的动物内脏）、哈萨克多肉手抓饭、索尔巴肉汤、阿克—索尔巴牛奶肉汤或咸奶干肉汤。肉类美食还有南瓜肉馅蒸包，传统做法是将包子放在多层的木质笼屉上，下面烧着开水，盖上盖子蒸熟。传统肉菜还有马肠和马脖肉。

除了肉类之外，还有各种各样奶饮品和饮料：马奶、酸骆驼奶、酸奶、羊奶酪等。

在哈萨克斯坦众多饮食当中，面包是最重要的主食，通常分为两种，一种是叫做"包儿沙克"的油炸果子，将面块放在热油里炸制而

казане в условиях похода, то он был всегда более востребованным. Второй вариант – тандырные лепёшки. Они выпекаются на внутренней стороне тандырной печи. Также хлеб у казахов может быть представлен такими изделиями, как шельпек (тоненькая лепёшка), таба-нан и чак-чак.

Из напитков основным является чай. Любой дастархан начинается и заканчивается чаепитием. Чай пьют из широкой пиалы. Чай по-казахски – это крепкий чай со сливками или молоком. Жители Казахстана в целом очень любят чай, пьют по 5-6 стаканов чая в день. Среднее потребление в год – 1,54 кг чая на душу населения.

成。长途跋涉时，油炸果子可以用大锅煎炸，所以这种面食深受喜爱。另一种是馕坑中烤制的馕饼。哈萨克主食还有煎饼、塔巴馕和萨其马。

茶是哈萨克人首选饮品。任何宴请都是以茶开始，以茶结束。哈萨克人用碗喝茶，茶味较浓，茶中加有酸奶油和牛奶。哈萨克人非常喜欢喝茶，每天喝5—6杯，年人均茶叶消耗量约为1.54公斤。

1.9 Экономика Казахстана
哈萨克斯坦经济

> **Задание 12.** Прочитайте текст и перечислите ведущие секторы экономики Казахстана. Назовите национальные денежные единицы и разменную монету.

(1) Экономика Казахстана

Казахстан – крупнейшая экономика в Центральной Азии, вторая экономика постсоветского пространства (после России). С 1 января 2015 года республика – член Евразийского экономического союза. 30 ноября этого же года Казахстан вступил в ВТО.

Казахстан – аграрно-индустриальная страна. Сельское хозяйство является важным сектором экономики страны. По производству зерна Казахстан занимает третье место в СНГ после России и Украины.

（1）哈萨克斯坦经济

哈萨克斯坦是中亚最大的经济体，独联体国家第二大经济体。2015年1月1日哈萨克斯坦成为欧亚经济联盟成员。2015年11月30日哈萨克斯坦加入世界贸易组织。

哈萨克斯坦属于农业和工业国。农业是国家的经济命脉，其粮食产量居独联体第三位，仅次于俄罗斯和乌克兰。

На севере Казахстана выращивается яровая пшеница, овёс, ячмень и другие зерновые культуры, а также подсолнечник, лён-кудряш. Развито овощеводство, бахчеводство. Запад славится посевами кукурузы, овощей, подсолнечника и других сельскохозяйственных культур. На юге республики при искусственном орошении дают высокие урожаи хлопчатник, сахарная свекла, табак, рис. Развито садоводство. Природные условия Казахстана, их многообразие обуславливают значительные потенциальные возможности для развития животноводства. В Казахстане традиционно ещё и занимаются овцеводством, коневодством, верблюдоводством и разведением крупного рогатого скота.

Промышленный сектор Казахстана зиждется на добыче и переработке природных ресурсов, а также на относительно большом машиностроительном секторе.

В структуре казахстанского экспорта: нефть и нефтепродукты, цветные металлы, чёрные металлы, руды, зерновые культуры.

Основной импортируемой продукцией является оборудование, средства транспорта, приборы и автоматы, химическая продукция, топливо минеральное, продовольственные товары, готовые изделия и товары народного потребления.

(2) Национальная валюта Казахстана

Денежной единицей Казахстана является казахстанский тенге́ (KZT). Национальная валюта введена в обращение 15 ноября 1993 года. Ранее 1 казахстанский тенге состоял из 100 тиы́нов, но инфляция привела к тому, что использование разменной монеты в обороте утратило свою актуальность.

哈萨克斯坦北部种植春小麦、燕麦、大麦等农作物以及向日葵和亚麻，蔬菜、瓜类种植业发达。西部以种植玉米、蔬菜、向日葵等农作物为主。南部地区依靠人工灌溉，棉花、甜菜、烟草和大米收成较好，果业十分发达。该国地域条件多样，这也为畜牧业的发展提供了充分保障，传统上哈萨克斯坦以羊、马、骆驼和牛养殖为主。

哈萨克斯坦工业以采掘和加工自然资源为主，机器制造业占有一定的比重。

哈萨克斯坦出口石油、石油产品、有色金属、黑色金属、矿石及农作物。

主要进口产品有设备、交通工具、仪器及自动化装置、化工产品、矿物燃料、食品及人民生活必需品。

（2）哈萨克斯坦货币

哈萨克斯坦坚戈是哈萨克斯坦国家货币（KZT），1993年11月15日开始发行使用。哈萨克辅币100泰因等于1坚戈，因通货膨胀，泰因已经不再流通。

Урок 1　Казахстан

В данное время Национальным Банком Республики Казахстан выпущены и находятся в обращении денежные банкноты номиналом в 200, 500, 1000, 2000, 5000, 10000, 20000 тенге. Так же пребывают в обороте монеты номинальным достоинством 1, 2, 5, 10, 20, 50 и 100 тенге.

Банкноты казахстанских тенге разных номиналов довольно резко между собой отличаются по цвету и размеру. Чем больше номинал купюры, тем больше она по длине и ширине от своей предшественницы в номинальном ряду на 4 и 3 мм соответственно.

Так, на лицевой стороне номиналов изображения располагаются вертикально, а на обратной – горизонтально. На лицевой стороне всех номиналов серии 2006 года монумент Байтерек в Нур-Султане, фрагменты нот государственного гимна, государственный флаг и герб, открытая ладонь руки и наскальное изображение бронзового века. На обратной стороне банкнот казахстанского тенге размещена карта Республики Казахстан. На аверсах банкнот казахстанского тенге всех номиналов серии 2010 – 2014 годов размещены государственный флаг и герб, а также изображение монумента «Қазақ Елі» (казахское государство) и летящего голубя. На реверсах резиденция Президента Казахстана «Ак Орда» в Астане, контур карты Казахстана, надпись и логотип празднования 20-летия независимости.

目前，哈萨克斯坦央行发行的坚戈有200、500、1000、2000、5000、10000、20000面值的纸币。市场还通用面值为1、2、5、10、20、50和100坚戈的硬币。

哈萨克斯坦纸币面值不同，颜色与尺寸也有明显的差异。面值越大，纸币尺寸越大，长宽按照4∶3比例递增。

纸币正面为纵向图案，背面则为横向图案。2006版坚戈正面是努尔苏丹拜捷列克纪念碑、国歌乐段、国旗、国徽、掌印和青铜器时代的岩画。背面则是哈萨克斯坦地图。2010—2014版坚戈正面有国旗、国徽、哈萨克斯坦共和国纪念碑及飞翔的鸽子，背面是地图轮廓、总统官邸和20周年国家独立字样与标志。

1.10 Международные отношения

国际关系

> **Задание 13.** Что вы знаете о двусторонних отношениях между Казахстаном и КНР, Казахстаном и РФ?

Отношения с Китаем. Китай – добрый сосед Казахстана. Дипломатические отношения установлены 3 января 1992 г. В 2011 году Китай и Казахстан приняли решение о развитии всестороннего стратегического партнерства.

Казахи говорят: «Ближний сосед лучше дальнего родственника». Подобное выражение есть и у китайцев. Оно как нельзя лучше отражает близость двух стран в политическом, экономическом, социальном и культурном измерениях. Казахстан является ключевым партнером Китая в Центральной Азии. Экономическое сотрудничество – основа казахстанско-китайских отношений всеобъемлющего стратегического партнерства. Активно развивается сотрудничество и в сфере образования, культуры, энергетики, логистики, сельского хозяйства и в туристической индустрии.

Китай и Казахстан являются членами международных организаций ШОС, СВМДА. Китайская и казахстанская стороны активно продвигают вперед проект «Одного пояса и одного пути», эффективно реализовывают программу двух стран по стыковке строительства экономического пояса Шелкового пути и новой экономической политики Казахстана «Нурлы жол».

与中国的关系。中国是哈萨克斯坦的友好邻邦。1992年1月3日，两国确立外交关系。2011年，中国与哈萨克斯坦确定全面战略伙伴关系。

哈萨克人常说，"远亲不如近邻"，在中国也有这样的谚语。这句话正是两国在政治、经济、社会及文化方面关系的写照。哈萨克斯坦是中国在中亚的重要伙伴，经济合作是两国全面战略伙伴关系的基础，两国还积极发展教育、文化、能源、物流、农业及旅游业合作。

中国与哈萨克斯坦都是上合组织、亚信会议组织成员国。中哈两国全面推进"一带一路"建设，积极实现经济带建设与哈萨克斯坦"光明之路"经济政策的对接。

Отношения с Россией. Дипломатические отношения между Республикой Казахстан и Российской Федерацией установлены 22 октября 1992 года. Между двумя странами очень близкие отношения, которые могут быть образцом межгосударственного сотрудничества двух стран. Казахстанско-российское сотрудничество реализуется в области экономики, образования, культуры, в военной и военно-технической областях, в космической области. Ключевая область экономического взаимодействия – топливно-энергетический комплекс. Развивается сотрудничество в сферах электроэнергетики и атомной энергетики, в нефтегазовой отрасли.

С 2010 года Россия, Казахстан и Белоруссия объединились в Таможенный союз. С 1 января 2012 года действует Единое экономическое пространство. 29 мая 2014 года в Астане подписан Договор о Евразийском экономическом союзе, который вступил в силу 1 января 2015 года. Казахстан и Россия являются членами ОБСЕ, СНГ, ОДКБ, ШОС, СВМДА.

与俄罗斯的关系。1992年10月22日哈萨克斯坦与俄罗斯建立外交关系。两国关系密切，是国家双边合作的典范。哈俄两国在经济、教育、文化、军事及军事技术、航天领域开展合作，经济合作的主要领域是能源，包括电能、核能、石油和天然气等。

2010年，俄罗斯、哈萨克斯坦、白俄罗斯成立了"关税同盟"。2012年1月1日，三国建立了"统一经济空间"。2014年5月29日，三国在阿斯塔纳签署了"欧亚经济联盟"，于2015年1月1日生效。哈萨克斯坦与俄罗斯也都是欧安组织、独联体集体安全条约组织、上合组织和亚信会议成员国。

Узнаем больше! 更多信息！

Казахский язык　哈萨克语

Казахский язык – государственный язык Республики Казахстан. Казахский язык входит в кыпчакскую подгруппу тюркских языков алтайской языковой семьи. Русский язык выступает в качестве официального, используется и для межнационального общения.

В период между 1929 и 1940 гг. использовалась латинская графика. Современный

哈萨克斯坦国家语言是哈萨克语，它属于阿尔泰语系突厥语族克普恰克语组。俄语则是官方语言，也是族际交流语言。

1929年至1940年间，哈萨克斯坦文字以拉丁

КАЗАХСКИЙ АЛФАВИТ НА ЛАТИНИЦЕ

№	Написание	Звук	№	Написание	Звук
1	A a	[а]	17	N' n'	[ң], [нг]
2	A' a'	[ә]	18	O o	[о]
3	B b	[б]	19	O' o'	[ө]
4	D d	[д]	20	P p	[п]
5	E e	[е]	21	Q q	[к]
6	F f	[ф]	22	R r	[р]
7	G g	[г]	23	S s	[с]
8	G' g'	[ғ]	24	S' s'	[ш]
9	H h	[х], [h]	25	C' c'	[ч]
10	I i	[і]	26	T t	[т]
11	I' i'	[и], [й]	27	U u	[ү]
12	J j	[ж]	28	U' u'	[у]
13	K k	[к]	29	V v	[в]
14	L l	[л]	30	Y y	[ы]
15	M m	[м]	31	Y' y'	[у]
16	N n	[н]	32	Z z	[з]

казахский язык, начиная с 1940 года, использует кириллическую графическую систему. Казахский алфавит содержит 42 буквы и основан на кириллическом алфавите (русский алфавит с добавлением 9 букв). В 2012 году приято решение о поэтапном переводе казахского языка в Казахстане на латинский алфавит. В 2017 году новый алфавит был утвержден указом Нурсултана Назарбаева, вместе с переходом на этот алфавит до 2025 года.

Казахский язык распространен ещё в странах СНГ, Монголии, Афганистане, Пакистане и т.д. Всего на казахском языке говорят в мире около 12 млн человек.

字母为基础。1940年后，现代哈萨克语使用基里尔字母（在俄语字母表基础上又增加了9个字母）。2012年，哈萨克斯坦决定分阶段将基里尔字母转换为拉丁字母。2017年，哈萨克斯坦总统努尔苏丹·纳扎尔巴耶夫批准哈萨克语的新字母表生效。2025年前，哈萨克语将全部拉丁化。

哈萨克语还分布在独联体国家以及蒙古、阿富汗、巴基斯坦等国家和地区，全世界有近1200万人讲哈萨克语。

Учимся говорить по-казахски 学说哈萨克语

Казахские слова русскими буквами

по-русски	по-казахски
1) Здравствуйте	Сәлеметсіз бе
2) Спасибо	Рахмет
3) пожалуйста	Өтінемін
4) До свидания	Сау болыңыз
5) хорошо	Жақсы
6) плохо	жаман; нашар
7) Извините	Кешіріңіз
8) Меня зовут ...	Менің есімім ... /Менің атым ...
9) Да	Иә
10) Нет	Жоқ

Курс русского языка по Великому шёлковому пути: Дорога в Центральную Азию

Казахские пословицы　哈萨克谚语
* Долго будешь жить, если родителей уважаешь, если не уважаешь – будешь страдать.
  尊老长寿，不敬吃亏。
* Ключ к счастью – труд.
  打开幸福之门的钥匙是劳动。
* Конь для человека – как крылья, а в хлебе сила человека.
  马增速度，粮添力量。

КЫРГЫЗСТАН

第二课　吉尔吉斯斯坦

2.1　Разминка перед уроком
课前热身

国情知识提示牌：

1. **吉尔吉斯斯坦**：中亚国家之一，经济实力排名暂列中亚第五位；
2. **民族**：据不完全统计有80多个民族，吉尔吉斯族为主；
3. **"吉尔吉斯"的含义**：四十个部落、山里的游牧人、赤红色等；
4. **主体民族语言**：吉尔吉斯语；俄语；
5. **主要宗教**：伊斯兰教；
6. **文化标志**：历史长诗——《玛纳斯》史诗；
7. **国家标签**：中亚山国；中亚瑞士；中亚煤斗；中亚绿洲；中亚明珠（高山湖泊伊塞克湖）；
8. **丝路亮点**：碎叶城的阿克—贝西姆遗址；巴拉沙衮城的布拉纳遗址；楚河州的红河古城。

Задание 1. 请回答下列问题：

1) 俄语是吉尔吉斯斯坦的官方语言吗？
2) 根据国徽与国旗，你能猜出吉尔吉斯斯坦人民对什么最崇拜？
3) 是否能简要介绍吉尔吉斯斯坦的地貌特征？
4) 该国的旅游名胜主要集中在哪些城市和地区？
5) 唐代诗人岑参诗文"侧闻阴山胡儿语，西头热海水如煮"中的热海指的是什么地方？
6) 碎叶城与中国唐朝的哪位著名诗人有关？
7) 吉尔吉斯斯坦境内生活着会讲中国陕甘方言的人，他们在当地被称为什么族？生活在中国的吉尔吉斯人被称作什么族？
8) 吉尔吉斯斯坦货币是什么？与人民币汇率比值大概是多少？

Задание 2. Завершите начатые фразы.

1) Президент государства – _____ .
2) Кыргызстан – страна, не имеющая выхода к _____ .
3) В административно-территориальном отношении страна делится на _____ областей и _____ города республиканского значения.
4) 21 марта – _____ (киргизский Новый год). 31 августа – _____ .
5) Население Кыргызстана составляет _____ .
6) Представителя мужского пола казахского этноса называют _____ , а представительницу женского пола – _____ .

2.2 Флаг и герб Кыргызстана

吉尔吉斯斯坦国旗与国徽

Задание 3. Прочитайте текст, найдите флаг и герб Кыргызстана на следующих картинках.

Флаги:

A　　　　Б　　　　В　　　　Г

Гербы:

A   Б   В   Г

Флаг Кыргызстана был официально утвержден 3 марта 1992 года. В центре флага Кыргызстана, изображено желтое лучезарное солнце. Солнце излучает 40 лучей, обозначающих 40 киргизских племен, проживающие на территории страны. В самом солнце изображен символ юрты, которая, предположительно, является традиционным жилищем коренного населения страны. Если смотреть на солнце слева направо, оно кажется вращающимся против часовой стрелки, если же на него смотреть с другой стороны, оно будет казаться вращающимся по часовой стрелке. Флаг Кыргызстана символизирует храброго киргизского героя по имени Манас.

Герб Кыргызстана утвержден 14 января 1994 года. Государственный герб Кыргызской Республики представляет собой изображение белого сокола с распростертыми крыльями. Сокол помещен в центре синего круга в белом обрамлении. На заднем плане озера – отрог гор Ала-Тоо и восходящее солнце с лучами золотистого цвета. По обе стороны круга помещены стебли хлопчатника и пшеничные колосья. В верхней части круга с надписью «Кыргыз», в нижней части круга с надписью «Республикасы». Светлый оттенок синего цвета символизирует храбрость и щедрость.

1992年3月3日吉尔吉斯斯坦确定了本国的国旗。国旗底色为红色，一轮金色太阳悬于旗面中央，周围40道光芒代表吉尔吉斯斯坦境内40个部落，太阳形似吉尔吉斯族传统民居——帐篷。从左向右看，太阳好像逆时针旋转，从右向左看，太阳似乎又是顺时针旋转。吉尔吉斯斯坦国旗代表了吉尔吉斯民族英雄玛纳斯的精神。

1994年1月14日吉尔吉斯斯坦国徽确定。国徽图案以蓝色为底、白色镶边，图案中央的蓝色湖面上一只白色雄鹰展翅飞翔，图案上方是阿拉套山脉，山峰之上一轮红日光芒四射。图案两侧棉桃与麦穗环绕，国徽顶端刻有"吉尔吉斯"字样，最下端则是"共和国"字样。背景亮蓝的色调则寓意勇敢和慷慨。

2.3 География Кыргызстана
吉尔吉斯斯坦地理

Задание 4. С какой провинцией Китая можно сравнить Кыргызстан по площади?

А. С Синьцзян-Уйгурским автономным районом (1 660 тыс. км²)

Б. С провинцией Сычуань (481 тыс. км²)

В. С провинцией Шэньси (205 тыс. км²)

Г. С провинцией Хайнань (34 тыс.км²)

Задание 5. Прочитайте текст и заполните пропущенные слова, покажите на карте соседние страны.

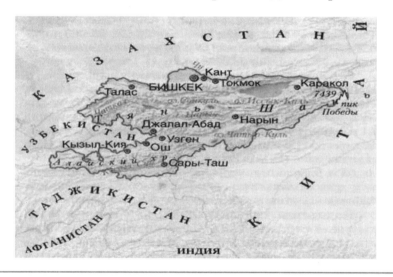

Кыргызстан расположен в Центральной Азии. Общая площадь Кыргызстана – 199 951 квадратный километр. Кыргызстан граничит с _____ на севере, с _____ на западе, с _____ на юго-западе, и с _____ на востоке и юго-востоке. Кыргызстан не имеет выхода к морю.

География Кыргызстана представлена, главным образом, горами – свыше 90% территории страны покрыто горами, включая

吉尔吉斯斯坦地处中亚，总面积 19.99 万平方公里，北连哈萨克斯坦，西邻乌兹别克斯坦，西南与塔吉克斯坦接壤，东、东南与中国毗邻，属于内陆国家。

吉尔吉斯斯坦境内多山，90% 的面积是山地，有阿赖山脉、吉尔吉斯山脉和

Алайский хребет, Киргизский хребет и Тянь-Шань. Большие территории этих гор покрыты ледниками. Несколько равнин и низких долин расположены на севере и на дальнем юго-западе страны, однако свыше 35% территории страны расположено на высоте 3000 метров над уровнем моря и выше. Самая высокая точка Кыргызстана – пик Победы (высота – 7439 метров).

Из других объектов географии Кыргызстана можно выделить реки – десятки рек протекают по территории страны, беря начало, преимущественно, в вершинах гор. Самыми значимыми реками Кыргызстана являются Чу, Карадарья, и Нарын. Также на территории Кыргызстана расположено озеро Иссык-Куль, второе по величине высокогорное озеро в мире.

Климат Кыргызстана можно отнести к континентальному, а иногда и к резко-континентальному, что приводит к весенним снегопадам, и даже заморозкам. Весна начинается где-то в конце февраля, а уже в мае погода приближается к летним показателям. Лето длится с мая по сентябрь, наивысшим температурным показателем считается 44 градуса по Цельсию. В Кыргызстане, как и в других центральноазиатских странах, осень приходит поздно. Снижение температуры наблюдается в конце сентября, и осенняя погода может длиться до декабря. Зима в Кыргызстане различается в зависимости от местности.

В административном отношении территория Кыргызстана делится на 2 города республиканского значения (Бишкек и Ош) и 7 областей (Баткенская область, Джалал-Абадская область, Иссык-Кульская область, Нарынская область, Ошская область, Таласская область, Чуйская область).

天山山脉，且大部分山脉覆盖着冰川。北部和西南部边远地区是平原和低谷，35%的面积在海拔3000米以上。最高峰是胜利峰，高度为7439米。

吉尔吉斯斯坦境内有数十条河流，它们大都发源于高山，最著名的河流有楚河、喀拉河、纳伦河。境内的伊塞克湖是世界第二大高山湖。

吉尔吉斯斯坦属于大陆性或称典型大陆性气候，春天有时也会有降雪和霜冻。2月底春季来临，夏季从5月开始直到9月结束，最高温度可达到摄氏44度。吉尔吉斯斯坦和中亚其他国家一样，入秋较晚，9月底开始降温，各地冬季温度有一定差异。

吉尔吉斯斯坦行政区划分为2个中央直辖市（比什凯克市、奥什市）和7个州（巴特肯州、贾拉拉巴德州、伊塞克湖州、纳伦州、奥什州、塔拉斯州、楚河州）。

2.4 Туристические места Кыргызстана
吉尔吉斯斯坦旅游景点

Задание 6. Прочитайте текст и вставьте пропущенные слова.

1) Столица Кыргызстана – город _____. Бывшее название столицы – _____.

2) Город _____ называется «южной столицей» Кыргызстана, где главная достопримечательность – Сулейман-Тоо.

3) Легендарный герой Манас родился в _____.

4) Самая крупная река в Кыргызстане – _____.

5) Отправной точкой для многих туристических маршрутов по хребтам Тянь-шаня служит город _____.

6) В Кыргызстане второй по населению город – _____, третий – _____.

7) Ли Бо родился в городе Суяб, который находится в _____ области.

8) _____ – самое знаменитое озеро в Кыргызстане.

Задание 7. Назовите киргизские города или места по картинкам.

_____   _____

_____   _____

(1) Бишкек

Бишке́к – столица Кыргызстана, один из крупных городов Центральной Азии. Бишкек расположен в Чуйской долине у северного подножия Кыргызского Ала-Тоо на наклонной равнине, на высоте 700-900 метров над уровнем моря. Здесь проживают представители более 80 национальностей и народностей.

Родоначальницей Бишкека стала крепость Пишпек, возникшая в 1825 году. Это укрепление охраняло караванные пути, протянувшиеся от Ташкента (Узбекистан) через всю Чуйскую долину к озеру Иссык-Куль. В 1926 году он был переименован в честь родившегося здесь революционера и полководца М. В. Фрунзе. В 1991 году городу было возвращено его старое название в новой интерпретации – Бишкек. По мнению экспертов, «бишкек» означает – палочка для взбивания кумыса – национального напитка из кислого молока кобылицы.

Здесь сохранилось много мест, напоминающих о советском периоде истории города. Особенно сильное влияние советской эпохи ощущается в центре, где можно увидеть целый ряд ярких образцов советской архитектуры: Филармония, здание правительства, Исторический музей, Памятник Победы. Наряду с ними можно увидеть в городе современные образцы киргизской архитектуры: Памятник Манасу, Монумент Мужества, памятники акынам, манасчи (сказителям) и местным правителям различных эпох. Интересно, Бишкек – единственный город Центральной Азии, где на Центральной площади сохранен памятник В. И. Ленину.

Бишкек славится как один из самых экологически чистых городов мира, благодаря множеству

（1）比什凯克

吉尔吉斯斯坦首都比什凯克是中亚最大城市之一。比什凯克位于楚河河谷、阿拉套山北坡，海拔700—900米，这里生活着80多个民族。

吉尔吉斯斯坦首都的历史源于1825年当地修建的比什凯克城堡，目的是保护商队从塔什干（乌兹别克斯坦）经楚河河谷至伊塞克湖这一段路程的安全。1926年，城市以当地革命家、一代名将伏龙芝的名字命名。1991年，首都恢复了比什凯克的旧名并赋予其新意。专家认为，"比什凯克"意为马奶搅拌棒，这里的"马奶"一词指发酵奶。

比什凯克保留了许多苏联时期的建筑。特别是在市中心就能感受到苏联时代对该城市的影响，代表性建筑物有音乐厅、政府大楼、历史博物馆、胜利纪念碑。城市还保存有吉尔吉斯民族标志：玛纳斯纪念像、英勇纪念碑、阿肯诗人雕像、玛纳斯奇（说唱师）和当地各个时代领袖的纪念碑。有趣的是，比什凯克是中亚唯一一个在中心广场还保存着列宁纪念碑的城市。

比什凯克作为世界环保城市而远近闻名，绿树成

зеленых парков, сохраняющих тень и прохладу даже в самый разгар жаркого лета.

(2) Ош

Город Ош – является административным центром Ошской области, второй по величине и по численности населения города Кыргызстана. Город Ош получил статус «южной столицы». Ош находится в юго-западной части страны, у северного подножия Кичи-Алайского хребта, вблизи узбекской границы. Само название города, как считают, происходит от слова «хош» («довольно», «хватит»), которое произнес Сулейман, придя на эту землю. Хотя Ошу по самым скромным подсчетам около 2500 лет, от его былого величия сохранилось довольно немного свидетельств.

Главной его достопримечательностью является **Сулейман-Тоо** (гора Сулеймана) или Тахти-Сулейман («престол Сулеймана», то есть библейского царя Соломона), расположенная прямо в центре города. Уже в X веке к этой неприметной на первый взгляд скалистой возвышенности тянутся паломники со всей Азии, ибо с незапамятных времен считается,

что именно здесь пророк Сулейман обращался к богу, а на камнях остались отпечатки его лба и колен. Гора Сулайман-Тоо является одним из мест паломничества центральноазиатских мусульман. Ош представляет собой один из религиозных мусульманских центров Центральной Азии.

К другим достопримечательностям Оша относятся Исторический и Краеведческий музей, Музей местных ремесел, мемориальный комплекс «Вечный огонь» (1976 г.) с мемориалом «Скорбящая мать» (1990 г), Киргизский драмтеатр, художественная галерея «Салтанат», памятники А. Орозбекову, султану Ибраимову и т.д.

(3) Джалал-Абад

Джала́л-Аба́д – экономический и административный центр Джалал-Абадской области, третий по величине город в Кыргызстане с населением в 150 тыс. человек. Он расположен на юго-западе страны. От Джалал-Абада до столицы Кыргыстана – 650 км, а в 60 км расположен город Ош.

В самом начале на месте современного города Джалал-Абад возле целебных источников появилось поселение. С ростом населения появились здесь мастеровые: гончары, ремесленники, развивались кустарные мастерские, которые впоследствии дали начало небольшим перерабатывающим предприятиям. В средневековье, благодаря близости одного из направлений Великого Шелкового пути, Джалал-Абад очень быстро стал известен, как перевалочный пункт и удобное место отдыха. В начале 19 века на месте кишлака была построена кокандская крепость. В 1876 году крепость стала частью Российской империи, которая в 1877 году приобрела статус города. Поэтому Джалал-Абад

苏莱曼向真主祷告，并在石头上留下自己额头和膝盖的印记。苏莱曼山是当代中亚穆斯林朝拜圣地之一，奥什市也是中亚穆斯林宗教中心之一。

此外，奥什还有历史和地方志博物馆、手工业博物馆、"无名火"（1976）和"悲伤的母亲"（1990）纪念碑群组、吉尔吉斯话剧院、"萨尔塔纳特"画廊、奥拉兹别卡夫纪念碑、苏丹伊布拉伊莫夫纪念碑等参观景点。

（3）贾拉拉巴德

贾拉拉巴德是贾拉拉巴德州经济、行政中心，吉尔吉斯斯坦第三大城市，拥有15万人口，距首都650公里，与奥什城相隔60公里。

贾拉拉巴德最初是疗养泉水旁的一个村落，随着人口增加出现了制陶匠、手工工匠作坊，后来，手工业作坊得到发展，直至出现小型加工企业。中世纪时期，贾拉拉巴德紧邻古丝绸之路支线，很快发展为转运站与疗养地。19世纪初，在小村庄的基础上建立了浩罕城堡。1876年，城堡归入俄国管辖。1877年，贾拉拉巴德升级为市。可以看出，贾拉拉巴德是一座十分年轻的城市。1991年，吉尔吉

является достаточно молодым. В 1991 году, с принятием независимости, Джалал-Абад получил статус областного центра.

Сегодняшний Джалал-Абад, вполне современный индустриальный город, с хорошо развитой социальной инфраструктурой. Здешние места знамениты большим количеством лечебных термальных источников. Их воды и грязи использовались для лечения уже во II в. до н. э. Сами источники считались священными. К ним приходило множество паломников.

(4) Нарын

История возникновения города Нары́на уходит в глубь веков. Он был построен недалеко от укрепления, располагавшегося на торговой дороге, ведущей в Кашгар. Основание города приходится на 1868 год, когда на этом месте был образован русский военный гарнизон. Согласно легенде, название города означает название супа из конины. Другие же источники говорят, что слово «Нарын» произошло от монгольского, которое в переводе на русский язык означает «солнечный».

Город Нарын лежит в 200 км от Китайской границы. Поэтому Нарын иногда называют доступом к воротам Китая. Город является

斯斯坦宣布独立后，贾拉拉巴德成为州府。

今天的贾拉拉巴德已经是工业化城市，社会公共设施有一定的发展。城市以大量的疗养温泉而著名。传说公元前2世纪起，温泉水和温泉泥就开始被用于治疗疾病，温泉当时被奉为圣水，众多朝拜者前来祈福。

（4）纳伦

纳伦市历史可以追溯到数个世纪之前。它最初建在通往喀什商路的一个要塞附近。1868年，俄国在当地驻军时开始兴建纳伦。传说，"纳伦"的意思是马肉做的汤；另一种说法认为"纳伦"一词源自蒙古语，译为俄语表示"太阳"之意。

纳伦市与中国边境相距仅200公里，也被称作通往中国的大门。该市作为纳

также областным и районным культурно-административным центром, где располагаются Нарынский государственный университет, краеведческий музей и музыкальный драматический национальный театр «Манас-Рух». Также, Нарын служит отправной точкой для многих туристических маршрутов по хребтам Тянь-Шаня. Отсюда собираются в путь многодневные конные и пешие маршруты.

Первым на очереди претендующим на звание достопримечательности города является **Комплекс Таш-рабат**. Он представляет собой историко-культурную зону, включающую в себя два древнейших памятника: караван-сарай Таш-Рабат и городище Кошой-Коргон. Караван сарай Таш-Рабат является одним из редких хорошо сохранившихся памятников средневековья. Таш-Рабат был сооружен в XV веке на древнем торговом пути из Центральной Азии в Китай и являлся постоялым двором для купцов, послов, путешественников и других странствующих. Это самое крупное сооружение среднеазиатского зодчества той эпохи, возведенное из камня. **Городище Кошой-Коргон** представляет собой остатки существовавшего в 7 – 10 веках на караванном торговом пути города-крепости, в котором находилась ставка тюркских ханов. На десятках гектарах расположилась каменная галерея с десятками тысяч чёрно-белых наскальных рисунков в верховьях урочища Саймалуу-Таш.

Река Нарын – самая крупная река страны, протянувшаяся в длину на 600 км. Река Нарын протекает не только по территории Кыргызстана, но и по территории Узбекистана. При слиянии с рекой Карадарьей, она образует Сырдарью.

Нарын считается самым холодным городом в Кыргызстане. Зима здесь холодная и продолжительная.

伦州、纳伦区文化中心和行政中心，建有纳伦国立大学、地方志博物馆、国家"玛纳斯—鲁赫"音乐话剧剧院。纳伦还是天山游览线路始发站，骑马或徒步旅行就是从这里开始。

纳伦市内最著名的名胜古迹是塔什—拉巴特遗址。它包括两个古遗址历史文化区：塔什—拉巴特商队旅馆和卡少—库尔干古城。塔什—拉巴特是罕见的保存完好的中世纪遗址，建于15世纪。它位于中亚通往中国的商路上，商人、使臣、旅行者和过往客人曾在此地的客店驻足。这是当时中亚最大的中亚石质建筑。卡少—库尔干是公元7—10世纪驼队商路的古城遗址，突厥汗指挥部便设于此，方圆数十公顷的萨伊马鲁—塔什景区上游是成千上万幅黑白色岩画构成的石质画廊。

纳伦河是吉尔吉斯斯坦最大的河流，河长600公里，经吉尔吉斯斯坦、乌兹别克斯坦，在与喀拉河汇合之处形成锡尔河。

纳伦是吉尔吉斯斯坦最严寒的城市，冬季寒冷而漫长，

Средняя температура января -17℃, иногда может доходить до -25°.

(5) Талас

Таласская область – самая маленькая область Республики Кыргызстан, находится в северо-западной части страны. Она занимает Таласскую долину и склоны гор Кыргызского Ала-Тоо. Область граничит на севере и западе с Республикой Казахстан. Тала́с – административный центр Таласской области, маленький, но известный город, расположенный в долине с одноименным названием. Таласская долина отрезана от остальных областей Кыргызстана цепью гор.

Талас известен как **земля Манаса**. Считается, что именно здесь находится место рождения легендарного героя. В нескольких километрах от города расположен мавзолей Манаса. Там же есть музей, посвященный истории создания эпоса «Манас», который был построен к празднованию 1000-летия эпоса, в 1995 году.

Интересно, что Талас – это и река (661 км), протекающая по территории Кыргызстана и Казахстана. На левом берегу реки расположен административный центр Таласской области Кыргызстана Талас, а ниже по течению –

一月平均温度零下17度，最冷可达到零下25度。

（5）塔拉斯

塔拉斯州是吉尔吉斯斯坦最小的州，位于吉尔吉斯斯坦西北部，地处塔拉斯河谷和吉尔吉斯阿拉套山麓，北部、西部与哈萨克斯坦接壤。首府塔拉斯市虽是一座小城，但也是一座名城，位于同名的河谷中。绵延起伏的山峦将塔拉斯河谷与吉尔吉斯斯坦的其他各州隔断。

塔拉斯城因玛纳斯故乡而著名，这里是玛纳斯诞生的地方，城市附近有玛纳斯之墓和纪念《玛纳斯》史诗完成1000年的博物馆，于1995年建成。

塔拉斯河是一条流经吉尔吉斯斯坦和哈萨克斯坦的河流（全长661公里）。左岸是吉尔吉斯斯坦塔拉斯州州府塔拉斯市，而下游

административный центр Жамбылской области Казахстана Тараз.

(6) Чуйская область

Чу́йская область расположена в северной части Кыргызстана. Здесь и находится столица страны Бишкек. Исторические памятники Чуйской области разнообразны. Красноречeнское городище расположено в 38 км севернее города Бишкека и датируется X-XII вв. Здесь можно увидеть руины зороастрийских сооружений.

Историко-культурная зона «Бурана» лежит в 50 км от Бишкека. Она знаменита «Башней Бурана» XI века, высота которой составляет 21 метр. **Городище Ак-Бешим** представляет собой руины города **Суяб**. Суяб – раннесредневековый город Чуйской долины, находившийся на Великом шёлковом пути. Руины – в 6 километрах к юго-западу от города Токмака. Суяб – иранское название реки Чу. В 629 году его посетил и описал Сюаньцзан. Он отметил плодородие почвы, особенно благоприятной для выращивания проса и винограда. С возникновением Западно-тюркского каганата Суяб становится его столицей. В 648 – 719 гг. Суяб служил одной из самых западных крепостей Танской империи. Основная религия – тенгрианство. Благодаря китайцам одной из ветвей религии становится буддизм, до этого сосуществовавший с несторианством и зороастризмом. Кроме того, именно здесь родился великий поэт Ли Бо.

Суяб являлся столицей западного тюркского каганата. Здесь можно увидеть средневековый комплекс христианских церквей, руины древней Чумышской крепости (IX-X вв.), курганные могильники и наскальные рисунки.

则是哈萨克斯坦江布尔州州府塔拉兹市。

（6）楚河州

楚河州地处吉尔吉斯斯坦北部，首都比什凯克也位于此。这里有众多的历史古迹，如距首都北部38公里处有一座10—12世纪的红河古城，古城内还能看到祆教建筑风格的遗址。

布拉纳历史文化区距比什凯克50公里，它以11世纪的布拉纳塔而闻名，塔高21米。**阿克—贝西姆古城**其实就是**碎叶城**遗址。丝绸之路古道上的碎叶城地处楚河河谷，距托克马克城西南6公里，"碎叶"是波斯语"楚河"的发音。公元629年，玄奘曾经途经此地并在书中提到过它，他说，碎叶城土壤肥沃，适合种植黍米和葡萄。随着西突厥汗国的兴起，碎叶城成为汗国首都。648—719年，碎叶城作为唐朝西部边陲重镇，其传统宗教是信仰腾格里神。中国唐朝时期，佛教也逐渐传播至此，与景教、祆教并存。此外，传说碎叶城还是唐朝伟大诗人李白的出生地。

因碎叶城是西突厥国之都，这里还保留着中世纪基督教教堂、古老的楚梅什城堡遗址（9—10世纪）、陵墓、岩画。

(7) Иссык-Куль

Иссы́к-Ку́ль является самым знаменитым высокогорным озером Кыргызстана. Иссык-Куль расположено на северо-востоке страны, в горах Тянь-Шаня на высоте 1607 метров над уровнем моря. Его площадь составляет 6206 кв. км, а максимальная глубина – 702 метра. Впервые это озеро было упомянуто в китайских летописях конца II века до новой эры. В них оно было названо Же-Хай. Это потому, что в переводе с киргизского «Иссык-Куль» означает «Горячее озеро», так как оно никогда не замерзает.

В озеро впадает около 80 рек, и при этом не вытекает ни одно – озеро бессточное. От этого вкус воды в озере солоноватый. Вода прозрачная, особенно в открытых глубоководных частях. Благодаря прозрачности она имеет исключительную синеву, по насыщенности в 3-4 раза превосходящую воды знаменитого Женевского озера в Швейцарии.

Горные хребты ограждают Иссык-Куль от холодных ветров с севера и от пламенного дыхания пустынь Центральной Азии. Озеро Иссык-Куль оказывает смягчающее влияние на климат всего

（7）伊塞克湖

伊塞克湖是吉尔吉斯斯坦最著名的高山湖泊。伊塞克湖（热湖）位于该国东北部天山山脉上，海拔1607米，面积6206平方公里，最深处达702米。中国文献史料首次记载了公元前2世纪末有关伊塞克湖的情况，它被称为"热海"。吉尔吉斯语的"伊塞克"是"热湖"之意，因为湖水从不结冰。

伊塞克湖是内陆湖，将近80条河水注入，却无一条河流出。湖水微咸，水质清澈，深水区更是如此。湖水碧蓝，传说其"蓝度"是瑞士日内瓦湖的3—4倍。

群山阻隔了来自北方的寒风和中亚沙漠的炙热，受其影响，伊塞克湖周围气候温和，既无酷暑也无严寒，

региона: здесь не бывает изнуряющей жары и сильных морозов. По числу солнечных дней Иссык-Куль не уступает и даже превосходит Черноморское побережье.

Это озеро поражает своей красотой. Здесь развит курортный отдых с грязевым и термальным лечением. Вокруг озера тянутся курортные городки и поселки. Городок Каракол интересен своей деревянной православной церковью Святой Троицы, деревянной дунганской мечетью и Музеем Пржевальского. **Н.М.Пржевальский** – русский исследователь, путешественник, который завещал похоронить себя на берегу Иссык-Куля и в честь которого город Каракол некоторое время носил название Пржевальск.

日照天数甚至超过了黑海。

伊塞克湖风光独特，这里泥疗和温泉浴十分流行。湖畔是疗养地和村庄。卡拉科尔市以东正教三圣木质教堂、东干族木质清真寺和普尔热瓦尔斯基博物馆而闻名。**普尔热瓦尔斯基**——俄罗斯探险家、旅行家，生前要求去世后将自己埋葬于伊塞克湖之滨。为了纪念这位探险家，卡拉科尔市曾一度被命名为普尔热瓦尔斯基市。

2.5 История Кыргызстана
吉尔吉斯斯坦历史

Задание 8. Прочитайте текст и выразите согласие или несогласие по содержанию текста («Да» /«Нет»).

1) Самые древние орудия труда были найдены в Центральном Тянь-Шане, и Ферганской долине. _____
2) В середине IX века енисейские киргизы образовали собственное государство – Киргизский каганат. _____
3) В первой половине второго тысячелетия в Притяньшанье появилась киргизская народность. _____
4) В середине 1840-годов киргизский народ принял подданство России. _____
5) В конце августа 1991 года правительство Киргизии провозгласило независимость республики. _____
6) К ноябрю 2017 года в истории Республики Кыргызстан были 4 президента. _____

(1) История Кыргызстана

История Кыргызстана – это история кочевого народа, история зарождения самой киргизской народности. Во взглядах на происхождение киргизов существуют разногласия, в частности спорна связь их этногенеза с древними енисейскими киргизами.

История Киргизии в Центральной Азии. К эпохе палеолита относятся наиболее древние следы обитания человека на территории современной Киргизии, обнаруженные в Центральном Тянь-Шане (близ озера Иссык-Куль) и в Ферганской долине.

В VI – X веках нашей эры племена, вошедшие в дальнейшем в состав киргизов, формировались в тюркоязычной среде Саяно-Алтая, Прииртышья, Восточного Тянь-Шаня.

В середине VIII века киргизские земли захватил племенной союз карлуков. В этот период увеличилось количество городов и других поселений в долинах рек Чу и Талас. Земледельцы стали вести активную торговлю не только с кочевыми племенами, но и с большими караванами, следовавшими через долину реки Чу по Великому Шелковому пути.

История Киргизии на Енисее. В 840 году енисейские киргизы образовали собственное государство – Кыргызский каганат. Потом они начинали осуществлять широкую экспансию на соседние государственные образования, на земли Восточного Туркестана и Прииртышья. Поэтому это время в истории было названо учеными «Периодом киргизского самодержавия». Именно здесь и именно в этот период возникла первая письменность киргизов.

В 1207 году киргизы, жившие между верховьями Енисея (по-киргизски «Эне-сай» –

（1）吉尔吉斯斯坦历史

吉尔吉斯斯坦的历史是游牧民族的历史，也是吉尔吉斯族形成的历史。有关吉尔吉斯族起源的历史有多种观点，其中涉及该族与古代叶尼塞河流域吉尔吉斯人之间的渊源。

中亚吉尔吉斯历史。 旧石器时期吉尔吉斯斯坦境内有人类生活过的最早遗迹，主要分布在天山中部（伊塞克湖附近）和费尔干纳谷地。

公元6—10世纪，突厥语地区萨阳—阿尔泰、额尔齐斯河流域、东部天山地区形成了吉尔吉斯部落。

公元8世纪中叶，卡尔卢克部落联盟占领了吉尔吉斯人生活区，于是楚河和塔拉斯河城镇与村落数量大增。当地农户不仅与游牧部落进行商品买卖，还与丝绸之路商人进行商品交易。

叶尼塞河吉尔吉斯历史。 840年叶尼塞河流域的吉尔吉斯人建立了自己的国家——吉尔吉斯汗国。接着他们向周围邻国——东突厥斯坦地区和额尔齐斯河流域扩张。这段时间史学家称之为"吉尔吉斯专制统治时期"，正是在该时期和该流域出现了吉尔吉斯文字。

1207年居住在叶尼塞河（吉尔吉斯语是"恩聂

«Мать-река») и озером Байкал («Бай кел» – «Богатое озеро»), попадают в зависимость от Чингисхана. После завоевания монголами Средней Азии, часть этих тюркоязычных племен пришла на Центральный и Западный Тянь-Шань. Они послужили основой складывавшейся в Притяньшанье киргизской народности. Родоплеменное деление киргизов удержало наименование различных тюркоязычных и монголоязычных племен, частично вошедших в состав киргизской народности. В середине XVIII века у киргизов сформировались определенные родоплеменные отношения, сохранявшиеся и в XX столетии.

Присоединение киргизских земель к России началось в середине 1850-х годов. В 1855 – 1863 годах царские войска отвоевали территорию Северной Киргизии у Кокандского ханства, которая затем и была присоединена к Российской империи. На земле киргизов был основан форпост Пржевальск. Южная Киргизия (вместе с Ферганой и севером Таджикистана) после разгрома Кокандского ханства в 1876 году была включена в состав Российской империи как Семиреченская область.

В 1924 году Киргизия была выделена в отдельную Кара-Киргизскую автономную область. В мае 1925 область была переименована в Киргизскую, а в феврале 1926 получила статус Киргизской АССР. В 1926 году киргизы обрели свою национальную государственность – была образована Киргизская АССР. В 1936 году она получила статус союзной республики в составе СССР.

В 1990 году был избран первый президент республики. На пост первого президента был выдвинут академик Аскар Акаев. 31 августа 1991 года правительство провозгласило независимость

塞河"，即母亲河）上游和贝加尔湖（在吉语中是富饶的湖泊）之间的吉尔吉斯人臣服于成吉思汗的统治。15世纪上半叶，蒙古人占领中亚后，部分突厥部落来到天山中部和西部，这些部落形成了额尔齐斯河流域的吉尔吉斯民族主干，一些保留了突厥语和蒙古语名称的吉尔吉斯部落，部分融入了吉尔吉斯民族群体。18世纪中叶，吉尔吉斯部族关系形成，并保留至20世纪。

19世纪50年代中期，吉尔吉斯并入俄罗斯。1855—1863年沙俄的切尔尼亚耶夫将军从浩罕王手中夺取吉尔吉斯北部地区，将其列入沙俄的势力范围，在此修建了普尔热瓦尔斯基哨所。浩罕亡国后，1876年，吉尔吉斯南部地区（包括费尔干纳和塔吉克斯坦北部疆域）归属至沙俄七河地区管辖。

1924年，吉尔吉斯划归喀拉—吉尔吉斯自治州，1925年5月，改名为吉尔吉斯州，1926年2月升级为吉尔吉斯苏维埃自治共和国，1936年成为苏联加盟共和国。

1990年，吉尔吉斯斯坦选举产生了共和国第一位总统——科学院院士阿卡耶夫。1991年8月31日，政

Республики Кыргызстан. 24 марта 2005 года в Кыргызстане произошла Тюльпановая революция, в результате которой президентское место занял представитель «бедного юга» Курманбек Бакиев. 7 апреля 2010 года очередная революция сотрясла Киргизию. Власть перешла в руки временного правительства, возглавляемого лидером прошлой революции Розой Отунбаевой. После выборов 1 декабря 2011 года вступил в должность президента Алмазбек Атамбаев. 24 ноября 2017 года состоялась инаугурация президента Кыргызстана Сооронбая Жээнбекова.

(2) Киргизы/ Кыргызы

Киргизы – коренное население современного Кыргызстана. Многочисленные общины киргизов живут также в Афганистане, Казахстане, Китае, России, Таджикистане, Турции и Узбекистане.

Впервые информация о киргизах встречается в китайской летописи «Ши цзи», автором которой стал китайский историограф Сыма Цянь. Киргизы здесь упоминаются в форме «гэгунь». Антропологически киргизы относятся к южно-сибирскому типу монголоидной расы. В настоящее время народ, проживающий на территории Кыргызстана, называются киргистанцами / кыргызстанцами, независимый от его национальности. А сам человек по киргизской национальности – киргиз или киргизка.

府宣布吉尔吉斯共和国独立。2005年3月24日吉尔吉斯斯坦发生郁金香革命，南方穷人派代表库尔曼别克·巴基耶夫就任新总统。2010年4月7日吉尔吉斯斯坦爆发新一轮革命，革命领袖萝扎·奥通巴耶娃担任临时总统。2011年12月1日总统阿尔马兹别克·阿坦巴耶夫任职。2017年11月24日吉尔吉斯斯坦新一届总统索隆拜·热恩别科夫宣誓就职。

（2）吉尔吉斯人

吉尔吉斯人是吉尔吉斯斯坦当地主体民族。阿富汗、哈萨克斯坦、中国、俄罗斯、塔吉克斯坦、土耳其和乌兹别克斯坦也居住着吉尔吉斯族。

有关吉尔吉斯人的记述首次出现在中国史学家司马迁的《史记》中。当时吉尔吉斯人被称作"鬲昆"。吉尔吉斯人属于蒙古人种南西伯利亚类型。

2.6 Культура Кыргызстана
吉尔吉斯斯坦文化

> Задание 9. Переведите подчеркнутые фразы с русского на китайский язык.

(1) Киргизский эпос Манас

Мана́с – крупнейший кыргызский эпос и имя его главного героя – богатыря, объединившего кыргызов. «Манас» включен в Книгу рекордов Гиннеса как самый большой эпос в мире, а также включен в список шедевров нематериального культурного наследия человечества ЮНЕСКО (2013). Беспрецедентный по объему эпос «Манас» – подлинная энциклопедия, вобравшая в себя события истории, сведения об обществе, обычаях и быте кыргызов. Эпос состоит из восьми частей, рассказывающих о подвигах Манаса, о его сыне и внуках. Исторический фон произведения в целом соответствует условиям XV–XVIII века.

В отличие от эпосов многих других народов «Манас» от начала до конца сложен стихами. Современная эпопея – результат художественного воплощения многими поколениями талантливых акынов-манасчи многовековой истории кыргызского народа. Эпос «Манас» – вершина устного народного творчества.

В 20 км к северо-востоку от города Талас, у подножья горы Манастын-Чокусу на берегу горной речки Кен-Кол, находится мавзолей

（1）吉尔吉斯史诗《玛纳斯》①

史诗分为八大部，讲述了玛纳斯、他的儿子及孙子们的赫赫战功。故事背景大约发生在 15—18 世纪。

与其他民族史诗不同的是，《玛纳斯》从头到尾都以诗的形式创作。《玛纳斯》作为讴歌吉尔吉斯人民数个世纪历史的现代版长诗，是几代玛纳斯奇（说唱者）的艺术加工和智慧结晶，是吉尔吉斯人民口头创作的巅峰。

距塔拉斯城东北 20 公里处玛纳斯梯恩—乔库苏山麓、肯科尔河岸边有一座 15

---

① 《玛纳斯》是吉尔吉斯大型英雄史诗，也是统一吉尔吉斯各部落的一位英雄勇士的名字。《玛纳斯》作为世界最长史诗，已列入吉尼斯世界纪录，联合国教科文组织将其列入非物质文化遗产（2013）。《玛纳斯》故事宏伟壮观，是一部真正的百科全书，它将吉尔吉斯历史事件、社会信息、民风民俗全都纳入其中。

XIV века – гробница (гумбез), построенная как усыпальница дочери эмира. Надпись над дверью гласила, что это мавзолей маленькой девочки. Говорят, что верная жена Манаса – Каныкей, оказалась мудрей, и захоронила останки дорогого супруга где то в неизвестных скалах, оставив на разграбление и поругание лишь это красивое здание. Как выясняется, Гумбез Манаса, это всего лишь памятник, не имеющий к подлинному захоронению никакого отношения.

Сам гумбез, состоящий из одной комнаты, построен в типичном азиатском стиле на квадратном основании с восьмиугольной пирамидальной крышей. Комплекс украшает кирпичная кладка. Гумбез Манаса изображен на обратной стороне 20 сомовой купюры. Народ помнит имя Манаса, он бессмертен.

(2) Выдающийся поэт Жусуп Баласагуни

Жу́суп Баласагу́ни (1018-1070) был мудрым знатоком человеческой души, философом, ученым энциклопедистом, выдающимся поэтом, владевшим всеми тонкостями арабской и персидской поэзии, а также тюркского фольклора. Родился он в Баласагуне, который находится на

---

① 玉素甫·巴拉沙衮尼（全名：玉素甫·哈斯·哈吉甫·巴拉沙衮尼）（1018—1070）是著名的人类灵魂大师、哲学家、百科全书式学者、杰出的阿拉伯及波斯诗人、突厥语民间诗人。

берегу реки Чу, неподалеку от нынешнего города Токмок. Он написал в 1069 г. поэму «Кушадгу Билик» (благодатное знание) и преподнес ее в дар правителю Богра-хану, за что был пожалован высшим придворным чином «хаз хаджиб».

Поэма состоит из 13 тысяч строк. «Основа сей книги – пишет Баласагуни, – несколько непереходящих ценных сутей: первая – справедливость, вторая – счастье, третья – разум, четвертая-непритязательность». Вместе с тем «Благодатное Знание» – это, прежде всего вдохновенное поэтическое произведение, имеющее не переходящую эстетическую ценность, поистине являющееся сокровищницей мировой культуры. Это сплав мыслей и чувств, сплав житейской философской морали, а если быть точнее, то это своего рода духовный кодекс для каждого человека, независимо от его пола, национальности и вероисповедания. Одним словом, эту поэму можно назвать книгой мудрости. Жусуп Баласагуни в хорошо рифмовых стихах изложил свое понимание справедливого государя и господства, где все могут жить счастливо. Стихи и поэмы были очень популярными. Они становились народными пословицами и поговорками.

К примеру, Жусуп Баласагуни в блестящей поэтической форме изложил принципы древней восточной педагогики. Они и сейчас могут стать надежным ориентиром при воспитании детей – суть их проверена веками.

Смотри, чтоб без дела твой сын не сидел,
Бесцельна вся жизнь у сидящих без дел,
И ежели к детям был строг человек,
Его осмеять не посмеют вовек.

廷官职"哈斯·哈吉甫"（可靠的侍臣）。

这首长诗共一万三千行。巴拉沙衮尼写道："这部书的核心思想是一些不能违背的真谛：第一——公平，第二——幸福，第三——理智，第四——简单。"《福乐智慧》同时还具有极高的美学价值，是一部令人赞叹的诗篇、人类文化的瑰宝。长诗将智慧与情感融入生活哲学中，劝诫人们应遵循道德规范，这种规范不分性别、不分种族和信仰。总之，这部书充满至理名言。诗歌韵律严谨、观点鲜明，建议明君应如何治理国家，指导人民如何幸福生活。这部长诗深受人民喜爱，已产生了很多广为流传的名言和谚语。

例如，玉素甫·巴拉沙衮尼以优美的句式道出了古老东方的教育理念。至今，这些诗句蕴含的真理经过多个世纪的检验，依然体现了教育的真谛。

注意，不要让你的儿子无所事事，

游手好闲的人生命中无目标找寻，

只有严格地教育孩子，

他才会终生受人尊敬。

2.7 Традиции и культурное наследие Кыргызстана

吉尔吉斯斯坦传统与文化遗产

> **Задание 10. Какие обычаи и традиции киргизского народа вы знаете?**

(1) Обычаи и традиции киргизского народа

Кыргызстан – страна кочевников. Обычаи, обряды и материальная культура киргизского народа прошли сложный путь исторического развития. В поисках лучших пастбищ и водных источников кочевники-скотоводы вместе с семьями и своим родом часто переходили из одного места в другое. Происходил обмен информацией, культурными ценностями, трудовыми навыками. Обычаи и обряды, передаваемые из поколения в поколение, на сегодняшний день представляют собой богатый и сложный по своему содержанию этнокультурный комплекс.

Очень популярен обычай встречи весной Нового года «Нооруз» или «Навруз», который праздновали в третьей декаде марта в день весеннего равноденствия; накануне этого дня женщины в течение суток варят ритуальное блюдо «сумелек» - жидкую кашу из проросших зерен пшеницы с добавлением молока и небольшого количества мяса. В день наступления Нового года все жители одеваются в новые одежды и поздравляют друг друга с великим праздником всего года.

Традиционное жилище киргизского народа - юрта. Юрта - весьма удобный вид жилища в условиях кочевого образа жизни: деревянный каркас и войлочное покрытие легко разбираются на

（1）吉尔吉斯民族传统及民俗

吉尔吉斯斯坦是一个游牧民族国家，吉尔吉斯族的风俗、仪式和物质文化的形成经历了漫长的历史发展之路。为了寻找牧场和水源地，牧民们携老带幼，从一个地方转场到另一个地方放牧，在互相交流中传递信息、文化价值观、劳动技能。风俗与传统代代相传，构成今天十分丰富的吉尔吉斯族民族文化体系。

吉尔吉斯斯坦迎接新年"诺鲁兹"或"纳乌鲁斯"节的习俗十分普及。这个节日在三月下旬春分节庆祝，妇女们在前一天用整整一天的时间做好节日佳肴——"苏咩列克"粥。粥用小麦芽、牛奶和少量肉做成。新年到来时，大家都换上新装互相祝贺新年快乐。

吉尔吉斯传统民居——帐篷（即蒙古包）。蒙古包是游牧生活最方便的房屋形式，木质包杆、毛毡帐篷盖

отдельные вьюки, которые можно легко перевозить на верблюдах или лошадях. Также легко она собирается на новом месте. Слева от входа в юрту расположена мужская половина, у входа в которую развешивают конскую сбрую, оружие и охотничьи орудия. Справа находится женская половина, где располагалась кухня, а также сундуки с одеждой и продуктами. В центре юрты размещался обязательный очаг, а освещалась юрта с помощью обычного светильника, наполненного жиром.

Понедельник считается у киргизов наиболее счастливым днём – все мероприятия, начатые в этот день, будут наиболее удачны.

У киргизов ни один национальный праздник или торжество не обходятся без **спортивных состязаний**. Особой популярностью пользуются перетягивание каната, борьба на поясах, скачки на длинные дистанции, стрельба на скаку, конная борьба, козлодрание или конная борьба за тушу козла, скачки «догони девушки» и соревнование монеты (участники должны по полному скаку поднять из неглубокой ямки в земле мелкую монетку).

(2) Всемирное наследие и нематериальное культурное наследие в Кыргызстане

В списке Всемирного наследия ЮНЕСКО в Кыргызстане значится 3 наименования (на 2017 год) в основном списке 2 объекта включены по культурным критериям и 1 – по природным.

В 2009 году в Список материального культурного наследия ЮНЕСКО был внесён **национальный историко-археологический музей-комплекс «Сулайман-Тоо»**. На вершине горы находится мечеть Тахт-и-Сулеман. Она изображена на 1000-сомовой купюре.

顶可以随时拆卸、独立捆扎，用骆驼、马驮走，在新地方方便再次搭建。包门左侧是男人生活区，悬挂着马具、武器和猎具。右侧则是女人的厨房、食物和衣物箱。帐篷中间有炉灶，还有照亮蒙古包的油灯。

星期一是吉尔吉斯人最幸福的日子，他们认为这一天开始的所有活动都将是最成功的。

吉尔吉斯人的民族节日或者庆祝活动上必有**体育比赛**。最常见的是拔河、抓腰式摔跤、赛马、骑马射箭、马上摔跤、叼羊或马上叼羊、"追姑娘"赛马和抢硬币比赛（骑马的选手以最快速度从地面的小洞里取出硬币）。

（2）吉尔吉斯斯坦世界遗产及非物质文化遗产

截至2017年，吉尔吉斯斯坦共有3处遗产（2处文化、1处自然）被联合国教科文组织列入世界遗产名录。

2009年，**国家苏莱曼山历史和考古博物馆群**被列入世界文化遗产名录。苏莱曼山山顶有一座塔赫特—苏莱曼清真寺，该寺图片印在1000索姆纸币上。

Решение о включении в список **Всемирного культурного наследия Начального участка и сети маршрутов Тянь-Шаньского коридора в рамках транснациональной серийной номинации «Шелковый путь»** (**Китай, Казахстан, Кыргызстан**) было принято 25 июня 2014 года на заседании Межправительственного комитета Всемирного наследия ЮНЕСКО. В Кыргызстане расположены три объекта: **городища Красная речка (Невакет), Ак-Бешим (Суяб) и Бурана (Баласагун)**.

В 2016 году Западный Тянь-Шань (совместно с Узбекистаном и Казахстаном) внесён в список природного наследия ЮНЕСКО.

Нематериальное культурное наследие – это обычаи, формы представления и выражения, знания и навыки, а также связанные с ними инструменты, предметы и артефакты и культурные пространства, признанные сообществами, группами, отдельными лицами в качестве части их культурного наследия. В список нематериального культурного наследия Кыргызстана входит **искусство акынов, искусство изготовления войлочных ковров**, эпос Манас, **праздник Навруз, юрта** и т.д.

Коренные народы Кыргызстана большую часть свободного времени проводят за ремесленничеством, например: ткачество, вышивка, изготовление аппликаций, тиснение кожаных предметов, инкрустация резных костей, изготовление ювелирных изделий, художественная резьба по дереву и многое другое. Во многих домах можно увидеть ковры ручной работы, известные как ширдак. **Тускииз** – красивые вышитые гобелены, также зачастую

2014年6月25日，联合国教科文组织世界遗产政府间委员会通过了一项决议，将"丝绸之路：起始段和天山廊道路网"跨国系列文化遗产（中国、哈萨克斯坦、吉尔吉斯斯坦）列入世界文化遗产名录。其中，吉尔吉斯斯坦共有3处遗迹：涅瓦克特城的红河遗址、碎叶城的阿克—贝西姆遗址和巴拉沙衮城的布拉纳遗址。

2016年，西部天山（吉尔吉斯斯坦、哈萨克斯坦、乌兹别克斯坦共同申报）被列入世界自然遗产名录。

非物质文化遗产包括风俗、表演形式、知识与技能及相关的乐器、物品、艺术品和文化空间。吉尔吉斯斯坦非物质文化遗产包括民间即兴歌手说唱艺术、毛毡地毯制作艺术、玛纳斯史诗、纳乌鲁兹节和帐篷等。

吉尔吉斯斯坦当地居民空余时间喜欢制作手工艺品，例如：编织、刺绣、贴花、皮革压花、骨雕、珠宝加工、木雕等等。在很多人家都能看到手工地毯"什尔达克"。"土丝吉斯"是一种美丽的羊毡织花挂毯，成为多数百姓家的装饰品。

украшающие дома многих жителей в стране.

Киргизская музыка имеет тесные связи с туркменскими и казахскими народными музыкальными стилями. Часто можно встретить «**манасчи**», которые поют и играют на комузе. Музыка повествует о героических эпосах, особенно об эпосе Манас, рассказывает о воине Манасе, сражавшемся с нападающими иностранцами.

吉尔吉斯音乐与土库曼、哈萨克音乐有一定的渊源。玛纳斯奇指一边唱一边用卡木吒弹奏音乐，他们的音乐讲述了英雄史诗特别是玛纳斯同外族人侵者斗争的故事。

2.8   Киргизская кухня
吉尔吉斯美食

> **Задание 11. Каковы главные особенности киргизской кухни?**

В современном Кыргызстане практически в каждой его части можно повстречать любое блюдо узбекской, русской, турецкой или иранской кухни. Киргизский народ, разумеется, имеет свои кулинарные традиции, просто в силу кочевого прошлого **киргизская кухня** не особенно разнообразна.

В культуру народа уже давно плотно вошли и **пловы**, и **манты**, и **чучвара** и многие другие блюда. Большое влияние в этом кухнесмешании оказал Великий Шелковый Путь, заслуга которого была в трансфере не только товаров, но и культурных особенностей.

Большой пласт в национальной киргизской кухне занимают **кисломолочные напитки**: **кумыс**, **тан**, **айран**. У киргизов существует распространённый вид хлебного алкогольного напитка – «Бозо», который готовят из проса, ячменя или кукурузы. Пьют «Бозо»

吉尔吉斯斯坦处处都能看到乌兹别克、俄罗斯、土耳其、伊朗的美食。吉尔吉斯人也有自己独特的饮食传统，只是受到以前游牧生活的影响，该民族烹饪方式并非特别多样。

吉尔吉斯历史悠久的传统饮食有手抓饭、包子、小饺子等。丝绸之路对饮食的混搭产生了巨大的影响，不仅商品可以互相交换，文化也在互相渗透。

吉尔吉斯饮食中最有特色的是酸奶饮品：马奶、唐酸奶、艾伊兰酸奶。吉尔吉斯人有一种十分流行的酒精饮料"宝喂"，由黍米、

в основном взрослые и только в зимнее время.

Киргизы употребляют в пищу баранину, конину, говядину, верблюжатину, козлятину, а также мясо яка. Особо ценятся баранина и конина. Так, например, блюда из курицы вовсе отсутствуют в национальном меню, ведь разведение этих птиц требовало оседлости. Самыми яркими представителями исконно **киргизской кухни** считаются различные варианты **колбас из конины**. Особенно почитаем в Кыргызстане **мед**. Употребляемый с местными лепешками, он может иногда быть основным блюдом на завтрак. Также положительно относятся местные жители и к самым разным **фруктам** – их в летне-осенний период видимо-невидимо на всех базарах страны. **Яблоки с Иссык-Куля** по праву считаются одними из лучших в мире! Из овощей очень любима киргизами **тыква**.

Прием пищи у киргизов осуществляется в основном на **дастурхане** (дастархане) – расстеленной на полу узкой скатерти. Если посчастливилось быть приглашенным, необходимо помнить несколько важных правил: еду следует брать только правой рукой; при усаживании ноги не должны быть направлены в сторону достурхана, их лучше подвернуть под себя или же вытянуть в сторону. К чиханию за столом отношение также негативное.

Любая трапеза в Кыргызстане начинается и заканчивается **чаепитием**. В начале на стол подают сладости, выпечку, сухофрукты и орешки, фрукты и овощи, салаты, затем идут закуски, и лишь в конце – плов или другая «тяжёлая пища». Обязательно на столе должны присутствовать

燕麦或玉米做成，成年人仅在冬季喝"宝嘬"。

吉尔吉斯人食羊肉、马肉、牛肉、驼肉、山羊肉和牦牛肉，其中羊肉和马肉更为常见。吉尔吉斯民族菜谱中没有鸡肉，因养鸡需要定居生活。这里传统特产是各种马肉肠。吉尔吉斯蜂蜜颇具特色，蜂蜜沾饼是当地最主要的早餐。生活在当地的人们也十分喜爱各种水果，夏秋季的水果在市场上随处可见。伊塞克湖苹果远近闻名，吉尔吉斯南瓜也深受欢迎。

传统上吉尔吉斯就餐餐席是铺在地面的长方形桌布。如果被邀请做客，需要注意：只能用右手取食，落座时腿不能伸向餐席，可以蜷腿或伸向其他方向，不能冲着食物打喷嚏。

在吉尔吉斯斯坦就餐开始和结束都会喝茶。就餐开始时的餐点有甜食、烤面包、干果、核桃、水果、蔬菜、色拉，接着上凉菜，然后端上手抓饭或其他肉食。

горячие лепёшки, которые ни в коем случае нельзя переворачивать. Уронить кусок лепёшки на землю или просто положить её туда, даже завернутую в ткань или бумагу, также считается плохой приметой.

桌上一定会有现烤的热饼，热饼必须正面朝上摆放，无论是饼渣掉下来，还是把饼渣放回原处，或者把饼渣包到手绢或纸里，都会被认为不吉利。

2.9 Экономика Кыргызстана
吉尔吉斯斯坦经济

> **Задание 12.** Прочитайте текст и перечислите ведущие секторы экономики Кыргызстана. Назовите национальную денежную единицу и разменную монету.

(1) Экономика Кыргызстана

Экономика Кыргызстана главным образом зависит от сельского хозяйства. Среди производимой сельскохозяйственной продукции можно выделить хлопок, табак, шерсть, и мясо. Хлопок и табак экспортируется из страны в больших объёмах.

Благодаря преобладающему горному рельефу, Кыргызстан занимается и животноводством, что является одним из главных секторов экономики. Также главными продуктами сельского хозяйства страны, которые привлекают некоторых иностранных инвесторов, можно назвать кожу и шелк.

В республике есть богатые природные и энергетические ресурсы, но ограниченные запасы нефти и природного газа. Некоторыми редкими металлами, которые можно найти на территории страны, являются уголь, золото, уран, сурьма, и др.

（1）吉尔吉斯斯坦经济

吉尔吉斯斯坦经济以农业为主。比较突出的农产品是棉花、烟草、皮毛和肉类，其中，棉花及烟草出口量较大。

高山地形使吉尔吉斯畜牧业成为经济支柱产业，皮革和丝绸也是吸引外资的主要农业部门之一。

该国石油和天然气储量有限，境内蕴藏着煤、金、铀、锑等矿产。

Экспортируемыми из страны товарами являются: хлопок, шерсть, мясо, табак, гидроресурсы, золото, уран и др. Импортируемыми в страну товарами в основном являются: нефтепродукты, техника и оборудование, химикаты, продукты питания.

В декабре 1998 года Кыргызстан первым стал страной-участником Всемирной торговой организации (ВТО) в Центральной Азии.

Экономика Кыргызстана на пятом месте в Центральной Азии.

该国出口商品包括棉花、皮毛、肉、烟草、水资源、黄金、铀等。进口商品主要有石油产品、技术和设备、化工产品、食品等。

1998 年 12 月吉尔吉斯斯坦成为中亚最早加入世界贸易组织的国家。

吉尔吉斯斯坦经济总量排名中亚第五位。

(2) Национальная валюта Кыргызстана

Кыргызстан стал второй страной СНГ после России, утвердившей собственную национальную валюту после распада Советского Союза. Национальная валюта Кыргызстана – **сом**. Это законное платежное средство на территории Кыргызстана. Копейки называются **тыйы́н**ами. Один сом равен ста тыйынам.

（2）吉尔吉斯斯坦货币

苏联解体后，吉尔吉斯斯坦是继俄罗斯之后第二个发行本国货币的国家。吉尔吉斯斯坦法定流通货币为索姆，辅币是提因，1 索姆等于 100 提因。

Постановление о введении национальной валюты – сом было принято Парламентом Кыргызстана 10 мая 1993 года. Международное обозначение – KGS.

Сегодня сом представлен десятью номиналами банкнот достоинством: 1, 5, 10, 20, 50, 100, 200, 500, 1000 и 5000 сомов. Все банкноты отличаются по цвету и содержат изображения различных выдающихся личностей Кыргызстана.

1993 年 5 月 10 日吉尔吉斯斯坦议会通过了决议，采用新的国家货币。国际货币代码是 KGS。

该国纸币有 1、5、10、20、50、100、200、500、1000、5000 索姆。所有不同面额的纸币，其颜色及杰出人物像都互有区别。

2.10 Международные отношения

国际关系

> **Задание 13.** Что вы знаете о двусторонних отношениях между КР и КНР, КР и РФ.

Отношения с Китаем. Китай – один из приоритетных партнеров Кыргызстана на международной арене. Качественно новый этап в кыргызско-китайских отношениях восходит ко времени провозглашения государственной независимости 27 декабря 1991 года. 5 января 1992 г. Китайская Народная Республика с Кыргызской республикой установила дипломатические отношения. Кыргызстан и Китай – соседи, и это определяет сердцевину их отношений. В июне 2018 года по итогам встречи лидеров двух стран была

与中国的关系。中国是吉尔吉斯斯坦国际舞台上优先发展的伙伴。1991年12月27日，吉尔吉斯斯坦宣布独立后，中吉关系进入崭新的阶段。1992年1月5日，中国与吉尔吉斯斯坦确立了外交关系。两国是友好邻邦，这是他们外交关系的核心。2018年6月，中吉双方领导人签署了关于建立全面战

подписана совместная декларация об установлении всестороннего стратегического партнерства. Сотрудничество сторон позволит укрепить безопасность и стабильность в регионе, поможет противостоять глобальным угрозам.

Китай готов совместно с Кыргызстаном приложить все усилия, чтобы укрепить совместное развитие и стыковку стратегии развития. Китай формируют новые точки сотрудничества в сфере транспорта, энергетики, сельского хозяйства и производственных мощностей, используя такие имущества, как географическая близость, традиционная дружба, взаимодополняемость экономик двух стран, чтобы китайские и кыргызские народы почувствовали настоящую выгоду от совместного строительства «Одного пояса и одного пути».

В июле 2015 года Кыргызстан стал страной-учредителем АБИИ. (Азиатский банк инфраструктурных инвестиций)

Отношения с Россией. Для Кыргызстана отношения с Россией имеют приоритетный характер во внешней политике страны. Между двумя странами установлены отношения стратегического партнерства. Кыргызстан и Россия являются членами СНГ, ОДКБ, ШОС, ОБСЕ, ЕАЭС.

Россия является ведущим торговым партнёром Кыргызстана. Кыргызская сторона готова еще больше активизировать сотрудничество с Россией в сфере сельского хозяйства, включая экспорт сельхозпродукции, в сфере прямых инвестиций и туризма.

略伙伴关系的共同宣言。双方关系的升级将有利于加强地区安全与稳定，对抗全球威胁。

中国准备与吉尔吉斯斯坦携手努力，共同发展，促进两国发展战略的对接。两国通过地缘、传统友谊、经济互补的优势在交通、能源、农业和生产力方面找到了新的合作点，使中吉两国人民在"一带一路"建设中感受到真正的福利。

2015年7月吉尔吉斯斯坦成为亚洲基础设施投资银行的创始成员国。

与俄罗斯的关系。俄罗斯是吉尔吉斯斯坦的优先外交国，两国是战略合作伙伴关系。吉尔吉斯斯坦与俄罗斯均为独联体、集体安全条约组织、上海合作组织、欧安组织、欧亚经济联盟的成员。

俄罗斯是吉尔吉斯斯坦重要的贸易伙伴。吉尔吉斯斯坦准备在农业（包括出口农产品）、投资、旅游方面加强与俄罗斯的合作。

Узнаем больше! 更多信息!

Киргизский язык　吉尔吉斯语

Киргизский язык – язык киргизов и государственный язык Кыргызстана. Он относится к кыпчакской группе тюркских языков алтайской языковой семьи.

吉尔吉斯语是吉尔吉斯族的民族语言、本国的国家语言。吉尔吉斯语属于阿尔泰语系突厥语族（东匈奴语支）克普恰克语组。

Киргизский алфавит (Кыргыз алфавити)		
Аа	Лл	Фф*
Бб	Мм	Хх
Вв	Нн	Цц*
Гг	Ңң	Чч
Дд	Оо	Шш
Ее	Өө	Щщ*
Ёё	Пп	Ъъ*
Жж	Рр	Ыы
Зз	Сс	Ьь*
Ии	Тт	Ээ
Йй	Уу	Юю
Кк	Үү	Яя

Знаком * отмечены буквы, использующиеся только в заимствованных словах.

Носителями киргизского языка являются этнические киргизы, проживающие в Узбекистане, Таджикистане, Казахстане, Китае, России и некоторых других странах. Письменность до 1928 года в СССР и по настоящее время в Китае — арабский алфавит. С 1928 по 1940 годы использовался латинский алфавит. Современная письменность – на основе кириллицы. С 1989 года киргизский язык приобрел статус государственного языка (Киргизской ССР). В настоящее время государственным языком Кыргызстана считается киргизский, официальный язык республики – русский. Кыргызстан и Казахстан – единственные страны из бывших республик СССР в Центральной Азии, которые установили русский язык в качестве официального.

乌兹别克斯坦、塔吉克斯坦、哈萨克斯坦、中国、俄罗斯和其他一些国家的吉尔吉斯族也使用吉尔吉斯语。1928年前，苏联的吉尔吉斯族文字采用阿拉伯字母。1928—1940年间，吉尔吉斯文字改用拉丁字母，现在则使用基里尔字母。而中国的柯尔克孜族至今一直使用阿拉伯字母。1989年，吉尔吉斯语成为吉尔吉斯苏维埃社会主义共和国国家语言。如今，吉尔吉斯语是国家语言，俄语则是官方语言。吉尔吉斯斯坦和哈萨克斯坦是仅存的两个将俄语确定为官方语言的中亚国家。

Учимся говорить по-киргизски 学说吉尔吉斯语

Киргизские слова русскими буквами

по-русски	по-киргизски
1) Здравствуйте	Саламатсызбы
2) Спасибо	Рахмат
3) пожалуйста	эчнерсе эмес
4) До свидания	Саламатта калыңыз
5) хорошо	жакшы
6) плохо	жаман
7) Извините (при обращении)	Кечирип коюнуз
8) Меня зовут...	Менин атым...
9) Да	Ооба
10) Нет	Жок

Урок 2　Кыргызстан

Киргизские пословицы　吉尔吉斯谚语
* Лев радуется не добыче, а победе.
  雄狮不因战利品陶醉，而以胜利为荣耀。
* В молодости – труд, в старости – достаток.
  年轻时劳作，年老时富足。
* Идти впереди умного, но позади глупца.
  走在智者之前，站在愚者之后。

ТАДЖИКИСТАН

第三课　塔吉克斯坦

3.1　Разминка перед уроком
课前热身

国情知识提示牌：

1. **塔吉克斯坦**：中亚国家之一，经济实力排名暂列中亚第四位；
2. **民族**：据不完全统计有80多个民族，塔吉克族为主；
3. **"塔吉克"的含义**：王冠；
4. **主体民族语言**：塔吉克语；
5. **主要宗教**：伊斯兰教；
6. **文化标志**：萨曼王朝奠基人伊斯玛仪·萨玛尼；塔吉克文学之父阿布·阿卜杜拉·鲁达基；
7. **国家标签**：中亚高山之国；世界屋脊；独联体最高峰；中亚最小国；中亚水资源第一；铀矿独联体第一；
8. **丝路亮点**：苦盏、彭吉肯特、库利亚布、乌拉秋别、胡勒布克。

Задание 1. 请回答下列问题：

1) 俄语是塔吉克斯坦的官方语言吗？
2) 根据国徽与国旗，你能猜出塔吉克斯坦的民族象征是什么吗？在该国，数字几寓意完美和幸福？
3) 你是否能简要介绍塔吉克斯坦的地貌特征？
4) 塔吉克斯坦的什么地方，在《汉书·西域传》中被称为"葱岭"，而《大唐西域记》称其为"波谜罗"？
5) 该国的旅游名胜主要集中在哪些城市和地区？
6) 为什么说塔吉克语不同于其他中亚四国的语言？
7) 你了解中国的塔吉克族吗？
8) 塔吉克斯坦货币是什么？与人民币汇率比值大概是多少？

Задание 2. Завершите начатые фразы.

1) Президент государства – _____.
2) Таджикистан – страна, не имеющая выхода к _____.
3) В административно-территориальном отношении страна делится на _____ области и район и город _____.
4) Самый большой праздник в Таджикистане – _____, который отмечается 21 – 23 марта. 9 сентября – День _____ Таджикистана.
5) Население Таджикистана составляет _____.
6) Представителя мужского пола таджикского этноса называют _____, а представительницу женского пола – _____.

3.2 Флаг и герб Таджикистана

塔吉克斯坦国旗与国徽

Задание 3. Прочитайте текст, найдите флаг и герб Таджикистана на следующих картинках.

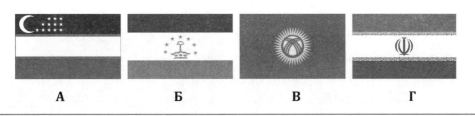

А　　　　　Б　　　　　В　　　　　Г

Флаг Таджикистана принят 25 ноября 1992 года. В настоящее время правовой статус, порядок изготовления и использования Государственного флага регламентируются Законом РТ 2007 года «О государственных символах Республики Таджикистан».

Государственный Флаг является символом государственного суверенитета страны. Государственный Флаг Республики Таджикистан представляет собой прямоугольное полотнище, состоящее из трёх горизонтально расположенных цветных полос: верхней красного, средней белого и нижней зелёного цветов. На белой полосе, на расстоянии половины длины полотнищ от древка изображена золотом стилизованная корона с полукругом из семи звёзд над ней.

Цвета национального флага выражают исторический путь народа Таджикистана, ценностей национальной культуры и политики. Красный цвет – символ борьбы, самоотверженности народа за свободу и независимость, белый цвет – символ счастья, чаяния и надежды и зелёный цвет – символ процветания, гордости и вечности. В середине флага расположено изображение короны и семи звезд, что является знаком исторических корней государственности независимого Таджикистана.

Государственный герб Республики Таджикистан утверждён 28 декабря 1993 года. Герб

1992 年 11 月 25 日，塔吉克斯坦采用新国旗。2007 年，《塔吉克斯坦国家象征法》正式规定了国旗的法律地位、国旗的制作和使用规定。

塔吉克斯坦国旗是该国国家主权的象征。国旗为长方形，自上而下依次是红、白、绿三色，呈水平分布，白色长方形中央有一顶金色王冠和七颗圆弧形均匀分布的五角星。

塔吉克斯坦国旗颜色代表了塔吉克人民历史发展和国家政治文化价值观。红色表示人民为自由和独立不断奋斗及自我牺牲的精神，白色象征幸福、希望，绿色寓意自豪、繁荣与长久。七星王冠代表塔吉克斯坦国家独立的历史渊源。

1993 年 12 月 28 日，塔吉克斯坦国徽启用。国徽

Таджикистана представляет собой изображение стилизованной короны и полукруга из семи звёзд на ней в лучах солнца, восходящего из-за гор, покрытых снегом и обрамлённых венком, составленным справа из колосьев пшеницы, слева из веток хлопчатника с раскрытыми коробочками. Сверху венок перевит трёхполосной лентой, в нижнем секторе помещена книга на подставке.

图案上有王冠、七星、太阳光芒组成的半圆，光芒穿过积雪覆盖山顶，外围是左棉桃、右麦穗构成的半圆弧，并以红、白、绿三色绶带束缚。国徽最下方则为一本翻开的书。

3.3 География Таджикистана
塔吉克斯坦地理

Задание 4. С какой провинцией Китая можно сравнить Таджикистан по площади?

А. С провинцией Сычуань (481 тыс. км²)

Б. С провинцией Шэньси (205 тыс. км²)

В. С провинцией Анхуэй (140 тыс. км²)

Г. С провинцией Хайнань (34 тыс. км²)

Задание 5. Прочитайте текст и заполните пропущенные слова, покажите на карте соседние страны.

Таджикистан расположен в Центральной Азии. Общая площадь Таджикистана – 143 000 квадратных километров. Таджикистан граничит с _____ на юге, _____ на востоке, _____ на севере, и _____ на западе. Таджикистан не имеет выхода к морю.

Республика Таджикистан – горная страна: только 7 процентов ее территории составляют долины. Почти 93% территории Таджикистана обладает горным рельефом. Из гор преобладают: Заалайский хребет на севере страны, и горы Памир на юго-востоке. Свыше половины территории страны расположено на высоте выше 3000 метров над уровнем моря. Самая высокая точка Таджикистана – пик Исмоила Сомони (высота 7495 метров). Самые низкие точки Таджикистана расположены на северо-западе, юго-западе, и в Ферганской долине, которая раскинулась на самом севере Таджикистана.

Многочисленные горы Таджикистана изрезаны глубокими долинами, образованными переплетением холодных рек. В восточных горах расположено множество ледников. Ледник Федченко покрывает расстояние в 700 квадратных километров, и является самым большим неполярным ледником в мире. По запасам водных ресурсов страна занимает первое место в Центральной Азии.

Обширная горная система страны порождает много рек, из них самыми значимыми являются: Сырдарья, Амударья, Вахш, Пяндж, Памир, и Бартанг. Кроме того, на территории Таджикистана расположено множество озер. Самое крупное озеро в Таджикистане Каракуль, площадь которого составляет 380 квадратных километров.

В настоящее время Республика Таджикистан

塔吉克斯坦地处中亚，属内陆国家。总面积14.3万平方公里。塔吉克斯坦南接阿富汗，东连中国，北邻吉尔吉斯斯坦，西接乌兹别克斯坦，境内无出海口。

塔吉克斯坦是中亚高山国：全国仅7%的地区是平原，93%的面积是山地，北部有著名的外阿赖山脉，东南部则是帕米尔高原，一半以上的国土都在海拔3000米以上。最高处是索莫尼峰（海拔7495米），最低处位于贯穿塔吉克斯坦西北部、西南部和最北部的费尔干纳谷地。

塔吉克斯坦山峦叠嶂、河流众多、沟壑纵横。冰川分布于东部山地，费琴科冰川面积700平方公里，是世界最大的非极地冰川，也使塔吉克斯坦水资源储量在中亚排名第一。

塔吉克斯坦山地孕育了许多河流，其中以锡尔河、阿姆河、瓦赫什河、喷赤河、帕米尔河、巴尔坦克河最为著名。在塔吉克斯坦众多湖泊中，面积最大的是喀拉湖（380平方公里）。

目前该国行政区划分为

состоит из Горно-Бадахшанской автономной области, Согдийской и Хатлонской областей, район республиканского подчинения и город Душанбе.

Климат Таджикистана, как всякой горной страны, очень разнообразен: субтропический в низких долинах, умеренно теплый в средних ярусах гор и холодный в их высоких частях.

戈尔诺—巴达赫尚自治州、索格特州、哈特隆州、中央直辖区和杜尚别市。

高山之国塔吉克斯坦气候多样，有低谷地区的亚热带气候、山区中部的温和气候以及高山地区的严寒气候。

3.4 Туристические места Таджикистана
塔吉克斯坦旅游景点

Задание 6. Прочитайте текст и вставьте пропущенные слова.

1) Столица Таджикистана – город _____. Название города в переводе с таджикского языка означает _____.
2) В прошлом город _____ был назван учеными, поэтами и писателями «Короной мира».
3) В V – VIII веках н.э. западный город Таджикистана _____ называли «Среднеазиатскими Помпеями».
4) В городе _____ сохранились памятники архитектуры, живописи и скульптуры Согда.
5) Крупнейшая скульптура Будды в Центральной Азии была найдена недалеко от города _____.
6) В период средневековья город _____ был важным политическим, экономическим и культурным центром Бухарского ханства.
7) _____ область граничит с тремя странами: Кыргызстаном, Китаем, Афганистаном.
8) Озеро _____ зимой замерзает. Горько-соленая озерная вода остается холодной почти круглый год.

Задание 7. Назовите таджикские города или места по картинкам.

_____ _____
_____ _____

(1) Душанбе

Душанбе́ – крупнейший город Таджикистана, его великолепная столица. Это политический, культурный и экономический центр страны. Здесь площади дышат историей, а древние крепости и музеи могут рассказать о жизни цивилизаций, которые жили на территории города тысячелетия назад.

В 1924 – 1929 годах город официально назывался по-русски Дюшанбе. 16 октября 1929 года его переименовали в Сталинабад в честь И.В. Сталина. А в 1961 городу было возвращено его историческое название – Душанбе.

Душанбе расположен на высоте 750-930 метров над уровнем моря в пределах густонаселенной Гиссарской долины на юге Таджикистана. Город является одной из самых высокогорных столиц мира. В Душанбе ярко выраженный континентальный климат, с сухим и жарким летом и влажными прохладными зимами. Через город протекает река

（1）杜尚别

塔吉克斯坦首都杜尚别是该国最大的城市，也是政治、文化和经济中心。历史悠久的广场、古老的城堡和当代博物馆见证了数千年城市文明的脉动。

1924—1929年间，杜尚别叫做"究尚别"，1929年10月16日，城市为纪念斯大林更名为"斯大林巴德"，1961年重新恢复了以前的市名"杜尚别"。

杜尚别海拔750—930米，位于南部吉萨尔谷地，属于世界海拔最高的首都之一。杜尚别具有典型的大陆性气候，夏季干燥炎热，冬季湿润寒冷。杜尚别河穿过城市，为共青团湖——市中

Душанбе-дарья, питающая искусственное озеро Комсомольское в центре города.

Душанбе – важный центр науки и культуры. Здесь имеется Академия наук республики с 26 научно-исследовательскими институтами, которые работают по всем направлениям современной науки. В Душанбе функционирует 13 высших учебных заведений, а также 5 театров, филармония, цирк, более 70 кинотеатров, Государственная библиотека им. Фирдавси.

Душанбе в переводе с таджикского означает «Понедельник». Именно в этот день в кишлаке был базарный день. На богатых базарах Душанбе помимо местной продукции ячменя и пшеницы, льна, коконов, фруктов и овощей, торговали английским сукном, китайским шелком, русским ситцем и другими товарами. Через территорию современного города раньше проходили караванные дороги Великого Шелкового пути. Поэтому на базарах города был такой ассортимент различной продукции.

Гиссарская крепость. В 26 км на запад от столицы расположена бывшая резиденция бека, наместника бухарского эмира – Гиссарская крепость. Крепость со стенами толщиной 1 м,

心的人造湖提供水源。

杜尚别是重要的科学文化之城，国家科学院坐落于此，院内拥有26个现代科学门类的研究所。杜尚别有13所高校、5个剧院，以及音乐厅、马戏团、70多个电影院和1座菲尔多西国家图书馆。

杜尚别在塔吉克语的意思是"星期一"，以前每逢周一乡村都有集市。当时，杜尚别的集市上物品丰富，除了当地物产燕麦、小麦、亚麻、蚕茧、水果、蔬菜，还出售英国呢子、中国丝绸、俄罗斯印花布等。杜尚别集市上琳琅满目的商品得益于古代丝绸之路的繁荣。

距首都26公里处有一座布哈拉埃米尔王的官邸——**吉萨尔古堡**。以前，守卫森严的古堡外墙厚度达1米，

с бойницами для ружей и пушек охранялась стражей. Внутри располагались бассейн и сад. Напротив входа в крепость сохранилось старое медресе XVII века, в котором изучали Коран. Гиссарская крепость является историко-культурным заповедником, музеем под открытым небом.

(2) Худжанд

Худжа́нд – город на севере Республики Таджикистан, административный центр Согдийской области. Располагается он в живописной долине реки Сырдарья на высоте более трехсот метров над уровнем моря. Сегодня Худжанд – крупнейший индустриально-промышленный и культурный центр Северного Таджикистана и второй по значению город республики.

Худжанд имеет богатую многовековую историю. Худжанд наравне с такими городами, как Бухара и Самарканд, был одним из известнейших центров науки и культуры Центральной Азии, городом, который с древнейших времен привлекал внимание гостеприимством своих жителей, талантливыми учеными, ремесленниками и умельцами.

По свидетельствам ученых и историков, с древних времен в горах вокруг Худжанда

墙上安装有武器和火炮的炮眼。城堡内部有泳池和花园，城堡入口处仍然保存着17世纪传授古兰经的伊斯兰经学院。该古堡是杜尚别著名的历史文化古迹，也是露天博物馆。

（2）苦盏

苦盏（又译胡占德）是塔吉克斯坦北方城市，索格特州首府。它地处风景如画的锡尔河河谷，海拔300多米。今天的苦盏市是北方地区最大的工业和文化中心，也是全国第二大城市。

苦盏历史悠久，与乌兹别克斯坦的布哈拉、撒马尔罕齐名，历史上曾是中亚科学文化中心之一。自古以来，热情好客的苦盏吸引了来自八方的客人、学者、匠人。

科学家考证认为，苦盏周围的山区历史上就开采过

добывали золото, серебро, медь, ртуть, олово и другие ценные металлы. В прошлом учеными, поэтами и писателями город был назван «Короной мира».

Через территорию города Худжанда проходил Великий Шелковый путь, поэтому город имел постоянную связь с мировой цивилизацией, развивался экономически и духовно.

Самая известная достопримечательность в городе – **Худжандская крепость**, которая являлась составной частью фортификационной системы города. Она была основана в V – VI веках до нашей эры. Город и цитадель – составные части античного Худжанда, имели отдельные крепостные стены, окруженные широким и глубоким рвом, наполненным водой. Худжандская крепость была разрушена в результате монгольского нашествия. В конце XV века крепость была восстановлена и являлась резиденцией местного правителя.

В Худжанде известна **Мечеть Масджиди Джами**, имеющая удивительно гармоничный образ и представляющая собой великолепный образец синтеза декоративного искусства и строительной культуры Худжанда. Мечеть была построена в 1512 – 1513 годах. Айван, состоящий из 30

金、银、铜、汞、锡等贵金属矿。学者、诗人和作家笔下的苦盏被誉为"世界的王冠"。

苦盏是丝路古道上的一座城市，其经济与精神思想的发展与世界文明紧密相联。

该城市最著名的古迹——**苦盏古堡**是该城布局体系的一部分，建于公元前6—前5世纪。古代苦盏由古堡和下城组成，拥有独立的城墙和宽阔的护城河。城堡在蒙古人的铁蹄之下被摧毁，15世纪末得以重建，作为当时地方长官的官邸。

著名的**马斯只吉·扎米清真寺**的建筑造型和谐、美观，堪称苦盏装饰艺术和建筑文化融合的经典之作。清真寺建于1512—1513年间，大门拱顶由30根柱子组成，

колонн, входит во внутренний двор мечети. В северо-восточной части двора высится минарет с традиционным фонарем, оформленным арочными проемами, откуда открывается прекрасная панорама города.

Кайраккумское водохранилище. Помимо своих древних достопримечательностей города, недалеко от Худжанда расположено знаменитое Кайраккумское водохранилище. Оно возникло в результате строительства гидроэлектростанции на реке Сырдарья. Мягкий климат, необычайно красивая природа, прозрачная гладь рукотворного озера дают возможность активно отдохнуть. Это прогулки на катере, виндсерфинг, рыбалка, экскурсии по местам археологических раскопок.

(3) Пенджикент

Пенджике́нт – это город, расположенный в западной части Таджикистана на левом берегу реки Заравшан. Город возвышается на высоте 900 метров над уровнем моря. Пенджикент является одним из древнейших городов Центральной Азии, почтенный возраст которого составляет 5500 лет. Название города на русский язык переводится как «Пять поселков».

В V – VIII веках н.э. Пенджикент представлял собой один из важнейших культурных и ремесленных центров зороастрийской Согдианы. Город того времени даже называли «Среднеазиатскими Помпеями» – настолько он был удивителен и необычен.

Пенджикент являлся последним городом на дороге Великого Шелкового пути, ведущей из Самарканда в горы Кухистана.

Пенджикент – место, где творилась история древних согдийцев, один из центров восточной цивилизации. Согд, Сугуд, Согдиана –

通往清真寺内院。院内东北面耸立着清真寺塔，透过塔灯装饰的拱形大门可以看到城市美景。

除了名胜古迹之外，距离城市不远处著名的凯拉库姆水库是锡尔河水电站建造时修建的人工湖泊。这里气候温和，湖水清澈，自然美景美不胜收，是度假休闲的好去处，可以在此乘游艇、滑帆板、钓鱼、游览古遗址。

（3）彭吉肯特

塔吉克斯坦西部城市彭吉肯特位于泽拉夫尚河左岸，海拔900米。该城市已有5500年的历史，是中亚最古老的城市之一，城市名在俄语里表示"5个村落"之意。

公元5—8世纪，信奉琐罗亚斯德教（祆教）的粟特古国时期，这座城市是当时重要的文化和手工业中心之一，被誉为"中亚的庞贝"，足见其非比寻常的地位。

彭吉肯特还是丝绸之路上从撒马尔罕通往库西斯坦山区所经过的最后一个城市。

彭吉肯特既是古代粟特的发源地，也是东方文明的中心之一。中亚古国粟特，

историческая область в долинах рр. Зеравшан и Кашкадарья (ныне на территории Таджикистана и Узбекистана). В памятниках художественной культуры Согда наблюдается постоянное взаимодействие искусства земледельческих оазисов и кочевой степи. В VI-IV вв. до н. э. Согд был подвластен державе Ахеменидов (Иран). Завоевания Александра Македонского и образование эллинистических монархий способствовало в IV – II вв. до н. э. соприкосновению культуры Согда с эллинистическим искусством. С проникновением буддизма (первая половина 1-го тысячелетия н. э.) на культуру Согда некоторое влияние оказало искусство Кушанского царства. Крепостная архитектура древнего Согда близка зодчеству Бактрии. Художественные памятники раннесредневекового Согда свидетельствуют о его связях с Ираном, Византией, Индией.

(4) Курган-Тюбе

Таджикский город Курга́н-Тюбе́ расположен в верхней части Вахшской долины в 100 км к югу от столицы республики – города Душанбе. Город является административным центром Хатлонской области республики. Слово «тюбе» с тюркского означает «холм». В центре города действительно есть курган. В то время эти места славились искусными стрелками и особой породой овец.

Сегодня Курган-Тюбе представляет собой тихий и спокойный город, жители которого ведут неторопливую размеренную жизнь.

В 12 км к востоку от Курган-Тюбе возвышается **холм Аджина-Тепе** (Буддийский монастырь). Здесь хорошо сохранились остатки буддийского монастыря VII – VIII веков (святилища, кельи, ступы,

又称苏古特、索格狄亚那，位于泽拉夫尚河、卡什卡河流域（今中亚塔吉克斯坦与乌兹别克斯坦境内）。古代粟特的文物刻上了绿洲农耕文化和草原游牧文化交织的烙印。公元前6—前4世纪粟特处于波斯帝国阿契美尼德王朝的统治之下，公元前4—前2世纪在亚历山大·马其顿大帝、希腊相继入侵之后，粟特文化与希腊文化发生碰撞。随着佛教的传入（公元500年左右），贵霜帝国的佛教文化也对粟特产生了一定的影响。粟特的古堡建筑与巴克特里亚（古称大夏）风格近似，粟特的历史古迹说明其文化与伊朗、拜占庭和印度有悠久的历史渊源。

（4）库尔干秋别

哈特隆州州府库尔干秋别位于首都杜尚别南面100公里的瓦赫什谷上游。"秋别"一词是突厥语，意为"山丘"，而市中心也的确有一座山丘。历史上该地区以出色的弓箭手和特种山羊而闻名远近。

今天的库尔干秋别是座宁静的小城，生活十分闲适。

库尔干秋别向东12公里矗立着一座丘陵，坐落着**阿吉纳—杰别佛教寺院**。这里完好保存着公元7—8世

Курс русского языка по Великому шёлковому пути: Дорога в Центральную Азию

скульптуры, настенные росписи), в том числе 12-метровая фигура лежащего Будды. Сегодня скульптура Будды в нирване экспонируется в Национальном музее древностей Таджикистана в Душанбе. Она является крупнейшей по размерам скульптурой Будды, найденной на территории современной Центральной Азии.

(5) Куляб

Куля́б – это город в Хатлонской области Таджикистана. Он расположен в долине реки Яхсу (бассейн реки Пяндж), у подножия хребта Хазратишох, в 203 км к юго-востоку от города Душанбе.

Предположительно название города происходит от таджикского «кулоба», что означает «озерная вода», или же «кулоб» – «заболоченное место, заросли».

На протяжении многих веков он являлся одним из важных политических, торговых, экономических и культурных центров Хатлонской области современного Таджикистана. Город находился на одной из дорог Великого Шелкового пути и имел тесные торгово-экономические и культурные связи со многими странами Востока и Запада.

В период средневековья город был центром

Кулябского бекства Бухарского ханства. Он являлся важным политическим, экономическим и культурным центром. В тот период здесь функционировало большое количество мактабов (школ) и медресе (высших учебных заведений), развитие получили различные ремесленные производства и торговля, активно действовали литературные и научные объединения.

В начале XX столетия город Куляб превратился в самый крупный город Восточной Бухары – в своем составе он имел 20 кварталов. На высоком уровне были различные виды ремесел. Особенно значимыми и уважаемыми из них здесь считались ткачество, ювелирное дело, гончарное и кожевенное производство, столярное дело, а также производство ножей, конской сбруи, оружия и других металлических изделий.

(6) Горно-Бадахшанская автономная область

Горный Бадахша́н – это горная область. Территориально Горно-Бадахшанская зона совпадает с Горно-Бадахшанской автономной областью и занимает восточную часть Таджикистана (45% территории республики). Горно-Бадахшанская автономная область граничит на севере с Кыргызстаном, на востоке – с Китаем, на юге и западе – с Афганистаном.

Территория области включает в себя самые разнообразные ландшафты: альпийские луга, высокогорные пустыни, глубокие и узкие ущелья рек, сжатые скалистыми хребтами, живописные долины, лежащие на высоте 2000 – 3000 метров, прекрасные высокогорные озера и стремительные реки, необычная архитектура горных поселений. Здесь находятся также и самые высокие хребты, самые

库利亚布伯克统治时期，这里是重要的政治、经济和文化中心，当时建有众多学校和伊斯兰经学院，各种手工艺生产和商贸都得到了发展，文学和科学活动频繁。

20世纪初，库利亚布成为东布哈拉国最大的城市，共有20个街区，当时的手工艺制作技术达到了顶峰，最著名也最令人敬佩的手工艺技术当数编织、首饰制作、陶器和皮革制作，还有木工以及刀、马具、武器和其他金属制品的制作。

（6）戈尔诺—巴达赫尚自治州

戈尔诺—巴达赫尚自治州属于高山行政州。戈尔诺—巴达赫尚高山区与自治州划分完全吻合，位于塔吉克斯坦东部，占全国总面积的45%。戈尔诺—巴达赫尚自治州北与吉尔吉斯斯坦接壤，东与中国相邻，南部和西部毗邻阿富汗。

该自治州地貌形态各异：高山草甸、高山荒漠、河流峡谷、悬崖峭壁、海拔高达2000—3000米的美丽河谷、高山湖泊、湍流的河水、山间乡村的独特建筑并存。这里有该区域最高的山脉、海拔4000米的乡村和

высоко расположенные поселения страны (до 4000 м) самые мощные ледники. Ледники этой зоны дают начало практически всем рекам Центральной Азии.

Большую часть области занимает высокогорье Памира, высшей точкой которого является пик Исмаила Сомони, благодаря которому высокогорье часто называют «Крышей мира».

Административным, промышленным и культурным центром области является город Хорог, расположенный в глубоком каньоне на высоте 2200 метров над уровнем моря, на берегу реки Гунт, на месте ее впадения в Пяндж.

В свое время по Пянджу проходили ветви Великого Шелкового Пути, здесь побывало множество завоевателей, поэтому на формирование местной народности оказали влияние персидская, арабская и китайская культуры. Горный Бадахшан с древних времен населяли оседлые племена земледельцев, до сих пор называющие себя «памирцами». Этнически и культурно бадахшанцы – это потомки древнеиранских племен. Распространено мнение, что именно от них произошли арийские народности, расселившиеся затем в Европе, Индии, Иране. До сих пор памирцы общаются на древних восточноиранских языках. По сей день эти уникальные люди хранят свои вековые традиции, соблюдают обычаи.

Каждый год в Таджикистане проводятся Международные альпинистские экспедиции, во время которых альпинисты из различных стран мира совершают восхождения на высочайшие горные вершины Памира.

(7) Озеро Каракуль

Озеро Кара́куль – самое крупное бессточное

最大的冰川，所有中亚的河流几乎都发源于该地区的冰川。

该州大部分地区都是帕米尔高原，最高峰为索莫尼峰，帕米尔高原号称"世界屋脊"。

霍罗格是该州的行政、工业和文化中心，海拔2200米，地处较深的峡谷，位于贡特河流入喷赤河的交汇处。

过去丝绸之路分支就经过这里的喷赤河流域。历史上戈尔诺—巴达赫尚地区征服者众多，当地也受到波斯、阿拉伯和中国文化的多重影响。自古以来，戈尔诺—巴达赫尚地区就居住着农耕部落，他们至今还自称为"帕米尔人"。就种族与文化而言，巴达赫尚人是古伊朗部落的后裔。人们普遍认为，雅利安民族源于此，后来分别在欧洲、印度、伊朗定居下来。现在的帕米尔人仍然使用东伊朗语，保留着独特的古老传统和风俗。

每年塔吉克斯坦都会举办国际登山考察活动。在此期间，来自世界各地的登山爱好者前来攀登帕米尔的高峰。

（7）喀拉湖

喀拉湖是塔吉克斯坦

озеро в Таджикистане, расположенное в восточной части Памира, к югу от Заалайского хребта, на территории Горно-Бадахшанской автономной области Таджикистана.

Название озера с тюркского языка можно перевести как «Черное озеро». Назвали его так потому, что в определенное время суток, вода в озере приобретает черный оттенок. Озеро лежит в плоской котловине на высоте 3914 метров над уровнем моря. Кроме того, это самое крупное ледниково-тектоническое озеро имеет площадь без островов в 380 кв.км, а максимальную глубину – около 240 метров.

Озерная вода остается холодной почти круглый год. Зимой озеро замерзает. Берега озера окружены высокими горами с трех сторон, и только с восточной стороны оно выходит на маленькую живописную долину.

Вода здесь имеет горько-соленый привкус, процент содержания соли на литр воды здесь довольно велик, отчего озеро обрело славу мертвого. В устье небольших речек, впадающих в озеро, где вода более или менее пресная, водятся

最大的内陆湖，位于帕米尔高原东部，外阿赖山山脉南侧，属于塔吉克斯坦戈尔诺—巴达赫尚自治州。

喀拉湖突厥语的意思是"黑湖"，因为黄昏时，湖水会呈现黑色。喀拉湖湖底平坦，海拔3914米。它还是最大的冰川构造湖，不含岛屿面积是380平方公里，最深处接近240米。

湖水常年冰冷，冬季结冰。湖岸三面环山，只有东临美丽、狭小的河谷。

湖水味道苦咸，单位每升的含盐量较大，被称为"死海"。众多小河汇入该湖，河口处湖水相对较淡，生活着红点鲑，岛上则栖息着棕

немногочисленные рыбки-гольцы. На островах гнездятся колонии буроголовых чаек и тибетских крачек.

头鸥和藏燕鸥。

Изучение космических снимков позволило ряду ученых сделать вывод о том, что озеро Каракуль образовалось вследствие падения метеорита приблизительно 25 миллионов лет назад. Кратер, образовавшийся в результате удара метеорита о землю, имеет диаметр 45 километров.

据航天照片研究分析，大约在 2500 万年前，喀拉湖因彗星撞击地面而形成，其直径达 45 公里。

Несмотря на то, что район Каракуля суров, он одновременно необычайно красив своей первозданной, нетронутой природой и труднодоступностью, чем особенно привлекает путешественников со всего мира.

喀拉湖虽然气候条件严峻，但因其原生态风景美不胜收，而吸引了世界各地的游客来此征服高不可攀的山峰。

3.5 История Таджикистана
塔吉克斯坦历史

Задание 8. Прочитайте текст и выразите согласие или несогласие по содержанию текста («Да» /«Нет»).

1) Предки таджикского народа – бактрийцы, согдийцы, другие иранские племена. _____
2) Благодаря империи Сасанидов, распространилась персидская культура и персидский язык. _____
3) Саманиды были у власти немногим более 100 лет, подарив государству время подлинного расцвета – время поэтов, ученых и философов. _____
4) При Саманидах завершился процесс образования таджикского народа. _____
5) Таджики – иранский народ, говорящий на разных диалектах персидского языка. _____
6) В сентябре 1991 года с распадом Советского Союза на карте Центральной Азии появилось новое государство – независимая республика Таджикистан. _____

(1) История Таджикистана

Древняя история Таджикистана начинается, когда восточно-иранские племена заселили районы двух великих среднеазиатских рек Амударьи и Сырдарьи еще в середине I тыс. до н.э. В те времена земли современного Таджикистана были поделенными между согдийскими племенами на севере и бактрийскими на юге.

Гораздо позднее, примерно к VIII и X вв., коренные жители были полностью ассимилированы ираноязычными народностями. Поэтому основной составляющей нации современных таджиков стали потомки бактрийцев, согдийцев и других иранских племен, хотя и с «примесями» тюркских и монгольских народностей, появившихся на этой территории значительно позже.

К VI в. до н.э. огромная часть Центральной Азии входила в состав персидской державы Ахеменидов, которая уже в IV в. до н.э. была повержена армией Александра Македонского. На долгие 200 лет здесь упрочилось Греко-Бактрийское царство, распространявшее свое господство на территории современных Афганистана, Таджикистана, Пакистана и часть северо-западной Индии.

Затем земли Бактрии объединило государство Тохаристан. Впоследствии Тохаристан вошёл вместе с Согдианой в состав огромного Кушанского царства. И уже Кушанская империя, простерла свое влияние весь юго-восток Центральной Азии, Афганистан и северную Индию. По территории империи пролегали караванные тропы Великого Шелкового Пути, ведущие на Восток в Китай и на Запад в Средиземноморье.

Господствующей религией, распространенной на территории империи, был зороастризм,

（1）塔吉克斯坦历史

塔吉克斯坦古代史起源于公元前1世纪中叶，即东伊朗部落在中亚阿姆河与锡尔河流域定居时期。历史上，塔吉克斯坦被分为北部粟特和南部巴克特里亚两部分。

公元8—10世纪当地居民完全被波斯民族同化，虽然塔吉克民族在后期还受到了突厥人和蒙古人的影响，但现代塔吉克斯坦民族主体还是由巴克特里亚人、粟特人和其他波斯民族构成。

公元前6世纪，中亚大部分地区处在阿契美尼德王朝统治之下。公元前4世纪，亚历山大·马其顿大军征服了阿契美尼德王朝。200年之后，希腊—巴克特里亚王朝（大夏）将自己的统治扩张到了现在的阿富汗、塔吉克斯坦、巴基斯坦和印度的西北地区。

后来，吐火罗斯坦（吐火罗即月氏的族名）相继统一了巴克特里亚，与粟特一起又并入贵霜王国。贵霜王国将其统治范围扩张到中亚东南部、阿富汗和北印度。丝绸之路从东部的中国延伸到西部的地中海，横跨贵霜王国。

贵霜国的主要宗教是祆教。随着丝路商队的到来，

однако сюда проникал и буддизм привнесенный с торговыми миссиями.

III век н.э. распалась Кушанская империя, при которой ее владения – Согдиана и Бактрия, на некоторое время попали под власть нового государства – персидской державы – империи Сасанидов. Благодаря Сасанидам, здесь распространилась персидская культура и персидский язык. Однако к VI в. влияние тюркских племен, соседствовавших с государством Сасанидов, оказалось настолько велико, что население бассейнов Амударьи и Сырдарьи постепенно стало тюркскоязычным.

К VII веку начались коренные изменения в жизни народов Центральной Азии – на эти земли пришли арабы, уже одержавшие победу над Сасанидами в Иране. Стал насаждаться ислам – основная государственная религия в Арабском халифате. На завоеванных среднеазиатских территориях, несмотря на сопротивление населения, происходило массовое обращение жителей в новую религию. Однако, нужно отметить, что высокогорные районы Таджикистана приняли ислам значительно позже, через еще несколько столетий.

Самый яркий след в истории Таджикистана оставила династия Саманидов (в 819 – 999 годах), сумевшая объединить под своей властью огромные территории от Сырдарьи до юго-западного Ирана. Именно покровительство династии Саманидов способствовало возрождению персидского языка для литературы и установило его главенствующую роль над восточно-иранскими наречиями. Саманиды были у власти немногим более 100 лет, подарив государству время подлинного расцвета – время поэтов, ученых и философов, завершили процесс

佛教也逐渐对该地区产生影响。

公元3世纪，贵霜王朝瓦解，其统治下的粟特和巴克特里亚成为波斯萨珊王朝控制范围，从此波斯文化和波斯语广泛传播。公元6世纪之前，与萨珊王朝疆域相邻的突厥部落异军突起，征服了阿姆河与锡尔河流域，而该地区逐渐转用突厥语。

7世纪前，阿拉伯人在伊朗战胜了萨珊王朝后入侵中亚，当地人民的生活发生了巨变。阿拉伯哈里发的国教——伊斯兰教在此扎根。刚被征服的中亚人民从抵制伊斯兰教转变为逐渐接受新宗教。但是塔吉克斯坦高山地区的居民在若干个世纪后才开始信仰伊斯兰教。

塔吉克斯坦史上最强盛的政权当属萨曼王朝（819—999），其疆域面积从锡尔河扩展至伊朗西南部。萨曼王朝定都布哈拉，它是科学与文化中心。受到波斯统治阶层的影响，波斯语言文学得到复兴，萨曼王朝东伊朗方言沦为次要地位。萨曼王朝统治的一百余年间，国家欣欣向荣，诗人、学者、哲学家汇聚在此，塔

образования таджикского народа.

Однако в X веке империя Саманидов пала под ударами тюркских племен и на ее месте образовалось два государства: Караханидов – на севере и Газневидов – на юге.

XIII век принес Центральной Азии новое испытание – завоевание монголами возглавляемыми Чингиз-ханом.

В XIV веке к власти пришел великий Амир Тимур и большая часть земель Таджикистана была включена в состав его империи.

Завоевание огромных территорий Центральной Азии тюркской народностью – узбеками привело к образованию самостоятельных ханств – Кокандского и Бухарского, которые просуществовали вплоть до XIX в.

В XIX в., когда большая часть Центральной Азии была присоединена к России, границы государств значительно изменились. Так в 1924 году было объявлено об образовании Таджикской автономной республики в составе Узбекской Советской Социалистической Республики (УзССР), а в 1929 году автономия была преобразована в самостоятельную республику – Таджикскую ССР.

Начало нового этапа развития истории Таджикистана связано с распадом СССР. 9 сентября 1991 года на сессии Верховного Совета Республики Таджикистан было принято Постановление и Заявление «О государственной независимости Республики Таджикистан».

(2) Таджики

Таджики – один из древних народов Центральной Азии, представители коренной

吉克人民教育水平得到空前提高。

公元 10 世纪，萨曼王朝受到突厥部落的重创，领土被北部的喀喇汗王朝和南部的哥疾宁王朝瓜分。

13 世纪，成吉思汗率领蒙古人入侵，中亚再次面临考验。

14 世纪，首领帖木儿将塔吉克斯坦的大部分领土收入自己的领地。

帖木儿帝国之后，中亚的大部分地区又被突厥民族乌兹别克人占领，他们建立了两个汗国——浩罕国和布哈拉国。其统治持续到公元 19 世纪，直到被俄国吞并。

公元 19 世纪，当中亚大部分地区并入俄国版图之后，中亚原来的地理边界线也发生了变化。1924 年，塔吉克自治共和国从乌兹别克苏维埃社会主义共和国划分出来。1929 年，自治共和国升级为独立的塔吉克苏维埃社会主义共和国。

苏联解体后，塔吉克斯坦迎来了历史发展的新阶段。1991 年 9 月 9 日，塔吉克斯坦最高苏维埃会议通过了《关于塔吉克斯坦共和国独立》的决议和声明。

（2）塔吉克人

塔吉克族是中亚古老的民族之一，是塔吉克斯坦

нации Республики Таджикистан.

Антропологически таджики относятся к европеоидной расе. Для них наиболее характерен памиро-ферганский тип, его еще называют типом среднеазиатского междуречья. Таджики – иранский народ, говорящий на различных диалектах персо-таджикского континуума и населяющий регионы к востоку и северо-востоку от современного государства Иран, расположенные в современном Афганистане, Таджикистане, Узбекистане, Кыргызстане и Пакистане.

主体民族。

塔吉克人属于欧罗巴人种帕米尔—费尔干纳类型，也称中亚河中类型。塔吉克人是伊朗人的后裔，操波斯塔吉克各类方言，居住在现今伊朗东部和东北部地区以及阿富汗、塔吉克斯坦、乌兹别克斯坦、吉尔吉斯斯坦和巴基斯坦。

3.6 Культура Таджикистана

塔吉克斯坦文化

> Задание 9. Переведите подчеркнутые фразы с русского на китайский язык.

(1) Исмаил Самани

<u>Исмаи́л Самани́ (849 – 907) – великий эмир из династии Саманидов, основатель государства в Центральной Азии. Исмаила Самани считают отцом таджикской нации и гордостью всего персо-язычного народа.</u>

Исмаил Самани родился в 849 г. в семье местного аристократа Ахмада, сына Самана-худата (первый основатель Саманидов). Исмаил был наместником своего брата Насра в Бухаре. В 888 году он одержал победу над братом, но сохранил

（1）伊斯梅尔·索莫尼[①]

公元849年，伊斯梅尔·索莫尼出生于贵族艾哈迈德之家，萨曼·胡达特（萨曼王朝初创者）之子。成年后，伊斯梅尔为自己兄弟纳

[①] （又译为伊斯梅尔·萨玛尼，索莫尼是"萨玛尼"的波斯语发音）
伊斯梅尔·索莫尼（849—907）——萨曼王朝的伟大领袖，王朝的缔造者，他是塔吉克民族之父和所有波斯语族人民的骄傲。

ему власть. В 892 году он был утвержден в этой стране халифом. После ликвидации междоусобиц и мятежей и установления своего единовластия ему пришлось заниматься обеспечением безопасности государства от набегов тюркских кочевников.

Исмаил вошел во всемирную историю добродушным и набожным мусульманином. С детства он умом и сердцем принял Ислам и одновременно боготворил историю своего народа, принадлежащего к арийской расе.

Современники Исмаила рассказывали, что правитель зимой часто садился на лошадь и разъезжал по городам и селениям, чтобы узнать, как живет простой народ. Это говорит о том, что Исмаил Самани не господствовал, а честно и жертвенно служил своему народу.

Столицей государства Саманидов был древнейший город Центральной Азии – Бухара. Города Бухара и Самарканд в период правления Исмаила превратились в крупнейшие центры культуры, развития ремесел и торговли, науки, литературы и искусства. Основные архитектурные сооружения, сохранившиеся и до наших дней, возведены во времена расцвета таджикской науки и культуры в эпоху существования Саманидской империи.

В рамках государства Саманидов завершился процесс формирования таджикской нации. В саманидскую эпоху дари-фарси стал языком государственным. Благодаря Исмаилу Самани от Хурасана до Ирана персо-язычный народ стал писать, читать, разговаривать на литературном языке дари-фарси.

При дворе Исмаила Самани были собраны лучшие ученые, писатели, философы, поэты,

斯尔管理布哈拉辖地。公元888年，他打败纳斯尔，成为王朝的实际统治者。公元892年，他的统治地位得到哈里发的批准。在消除内讧和暴乱之后，伊斯梅尔击退突厥人进攻，保护了国家安全。

在历史上，伊斯梅尔被评价为温厚虔诚的穆斯林。从童年开始，他信仰伊斯兰教，为雅利安民族创造了辉煌的历史。

当代民众经常传说，国王伊斯梅尔冬天经常骑着马巡视城市和村庄，了解民生。这说明伊斯梅尔不是统治人民，而是无私地为人民服务。

中亚萨曼王朝定都布哈拉。伊斯梅尔统治期间布哈拉和撒马尔罕城是中亚最大的文化、手工业、商贸、科学、文学、艺术中心。保存至今的塔吉克古老建筑都是在萨曼王朝科学与文化发展的鼎盛时期建造的。

萨曼王朝时期形成了塔吉克民族。当时的达里—波斯语是国家官方语言。伊斯梅尔统治期间，从呼罗珊至伊朗，波斯人开始用标准的达里—波斯语书写、阅读和交流。

伊斯梅尔·索莫尼延揽最好的学者、作家、哲学家、

астрономы, живописцы и алхимики.

Поэтому с большим почтением и уважением таджики относятся к древней исторической эпохе правления династии Саманидов, времени, когда сформировалась таджикская нация с общим языком, территорией и культурой.

(2) Выдающийся поэт Рудаки

Абу́ Абдалла́х Рудаки́ (ок. 858 – 941) является основателем персидской литературы, родоначальником поэзии на фарси-таджикском, основоположник поэтических жанровых форм. Он родился в 858 году в селении Панджруд (ныне Согдийская область Таджикистана). «Рудак» означает ручеёк, отсюда и псевдоним поэта Рудаки.

Рано Рудаки прославился как певец и музыкант-рапсод, а также как поэт. Он получил хорошее схоластическое образование, хорошо знал арабский язык, а также Коран. Поэт оставил не только великолепные стихи и прозу, но и красивый язык дари (новоперсидский язык). Рудаки свыше 40 лет возглавлял плеяду поэтов при дворе саманидских правителей Бухары, достигнув большой славы. Рудаки умер в 941 году в своём родном селении, недалеко от города Пенджикента.

Из литературного наследия Рудаки дошла до нас едва лишь тысяча двустиший. Целиком сохранились касыда «Мать вина» (933 год), «Жалоба на старость», а также около 40 четверостиший (рубаи) и другие фрагменты произведений.

（2）杰出诗人鲁达基①

公元858年，鲁达基生于潘支路特（塔吉克斯坦索格特州），

"鲁达基"意思是小溪，他的名字由此而来。

鲁达基在早年就是著名的民间歌手和诗琴能手、诗人。他在学校受到过良好的教育，精通阿拉伯语，谙熟古兰经。诗人留下了伟大的诗篇和散文，还有优美的达里语（新波斯语）。鲁达基在布哈拉宫廷作为诗人的领袖达四十余年，其诗歌造诣达到顶峰。公元941年，鲁达基于彭吉肯特附近的家乡去世。

鲁达基文学作品流传至今的仅有1000多首两行诗，保存完整的诗歌有伦理诗《酒颂》（933）、《老年怨》、40首四行诗（抒情诗）和其他诗歌片段。

---

① 阿布·阿卜杜拉·鲁达基（858—941）是波斯文学奠基人，波斯—塔吉克语诗歌创作的始祖，首开民族诗歌风格的先河。

Как Рудаки, я стал влюбленным, я в жизни вижу лишь беду.

Мои ресницы покраснели: я плачу кровью, я – в бреду.

Короче: я с такой тоскою и страхом расставанья жду,

Что весь от ревности пылаю, хотя пылаю не в аду.

– из стихов «Рубаи»

像鲁达基，我深陷爱情，却见灾祸。

我不知所言双眸渐红，血泪朦胧。

我焦虑、恐慌那别离的时刻，

虽不在地狱，却浑身燃起妒火。

——《抒情诗》选

3.7 Традиции и культурное наследие Таджикистана
塔吉克斯坦传统与文化遗产

> Задание 10. Какие обычаи и традиции таджикского народа вы знаете? Назовите материальные и нематериальные объекты.

(1) Обычаи и традиции таджикского народа

Таджикские обычаи и обряды имеют древние истоки и составляют неотъемлемую часть жизни населения страны. Таджики – народ, который свято чтит свои национальные традиции, хранит их и передает следующим поколениям практически в первоначальном контексте. До сих пор таджики, особенно в селах, ходят в национальной одежде: мужчины в вышитых халатах и тюбетейках, а женщины в цветных вышитых платьях со штанами, на голове обязательно платок, а многие девушки по-прежнему заплетают по 40 косичек.

В Таджикистане широко празднуются религиозные и национальные праздники.

（1）塔吉克民族传统及民俗

塔吉克传统和习俗有古老的渊源，它是人们生活不可分割的一部分。塔吉克人十分尊崇自己的民族传统并加以保留、代代相传。塔吉克人（特别是在乡村）至今仍然穿着民族服装：男子穿绣花长袍，戴绣花小圆帽，妇女身穿彩色绣花裙和长裤，戴头巾，大部分姑娘头上梳40个小辫。

塔吉克斯坦主要庆祝宗教节日和民族节日。

Таджикский народ больше всего любит праздник мусульманин – **Курбан-хайит**. В этот день таджики традиционно свершают обряды жертвоприношения, мало имущим семьям оказывают материальную помощь. В этот день в каждом доме стол стоит накрытым, чтобы достойно встречать гостей, хозяйки готовят различные национальные выпечки и таджикские блюда.

Еще одним национальным таджикским праздником народа является **Навруз** – новый день – равноденствия. Празднование Навруза в Таджикистане – это невероятное по своей красоте зрелище. В Таджикистане к Наврузу готовятся заранее, прежде всего, духовно: раздают долги, прощают старые обиды. А в день праздника еще и надевают все чистое, символизируя полное очищение. Обязательны в этот день ритуалы с огнем, восходящие к зороастирийским корням праздника. Зажженный костер или факел должны обойти все домочадцы в знак доброй надежды на лучшее. К обеду хозяева созывают гостей за праздничный дастархан, где уже красуются традиционные для Навруза блюда: суманак (варево из ростков пшеницы), самбуса (слоеные пирожки с мясом или зеленью), сабзи (овощи) и многое другое. Всего семь ритуальных кушаний на букву «с». Навруз широко проходит как в городе, так и в селах.

Сайри лола – один из наиболее любимых таджиками праздников. На таджикском «Сайри лола»

в дословном переводе означает «Прогулка за тюльпанами». Праздник тюльпанов не имеет точной даты, попадает

塔吉克人民最喜欢的穆斯林节日是**古尔邦节**。这一天，人们宰杀牲口，并向穷人布施，家家户户都摆上餐桌，女主人做好各种烤制的主食和民族风味的佳肴，热情地招待来客。

纳乌鲁兹节是塔吉克最重要的民族节日，它也是新年、春分节，每年此时塔吉克斯坦欢庆场面热闹壮观。在塔吉克斯坦，人们很早就开始节前准备，归还债务、宽恕旧怨。过节当天，大家穿上干净的衣服，象征心灵完全净化。这一天，一定会有源自袄教的拜火仪式，所有家人必须从篝火上面跳过去，寓意对美好未来的祝愿。午饭时，主人邀请客人坐到餐席前，品尝纳乌鲁兹节的传统佳肴苏麻纳克（麦芽粥）、萨姆布撒（肉馅或蔬菜多层饼）、萨比兹（蔬菜）等等，共计7种以字母"с"开始的节日必备菜。纳乌鲁兹节的庆祝范围不仅在城市，也在乡村。

塞里罗拉节是塔吉克人最喜爱的节日之一，塔吉克语的塞里罗拉可直译为"郁金香游"。郁金香节没有准确的日期，通常是在夏初庆祝，具体日期与初次庄稼收割的日子吻合。人们在

на начало лета. Праздник совпадает со временем сбора первого урожая. Тюльпаны собирают в горах и раздаривают друзьям, родственникам и любимым. Кроме того, узор тюльпана, как дополнительная защита водяного знака совмещается на обеих сторонах бумажной валюты сомони.

(2) Всемирное наследие и нематериальное культурное наследие в Таджикистане

Сара́зм – первый в Таджикистане памятник Всемирного наследия, который был занесён в список в 2010 году. Это древнейшее поселение (IV – II тысячелетие до н. э.) расположенное в 15 км к западу от районного центра Пенджикента. Большую историческую и культурную ценность представляют хорошо сохранившиеся дворцовые и культовые сооружения, общественные и жилые строения. Поселение расположено в пределах Бактрийско-Маргианского археологического комплекса. Деревня Чубот является центром Саразма. Название «Саразм» происходит от древнего таджикского слова «сарзамин» (начало земли).

Таджикский национальный парк – первый природный объект Таджикистана, который был включен в список всемирного наследия ЮНЕСКО в 2013 году. **Национальный парк** охватывает часть Горно-Бадахшанской автономной области, Джиргатальского и Тавилдаринского районов Республики Таджикистан. Целью создания

山间采摘郁金香，并把它分送给朋友、亲戚和爱人。此外，郁金香图案也被作为防伪水印双面印制在了索莫尼纸币上。

（2）塔吉克斯坦世界遗产及非物质文化遗产

萨拉则（又译为萨拉子目）城区遗址于2010年被列入世界文化遗产名录。这里保存着古代村落遗址（前4—前2世纪），遗址位于彭吉肯特区中心西面15公里处。保存完好的宫廷和祭祀建筑、公共和居民房舍都具有珍贵的历史和文化价值。古村落属于巴克特里亚—马儿吉安那考古群的一部分，楚波特村是萨拉则遗址中心。萨拉则一词来自塔吉克语"萨尔扎名"（大地开始的地方）。

塔吉克国家公园是该国第一个被联合国教科文组织列入世界遗产名录的自然景观（2013）。国家公园包括戈尔诺—巴达赫尚自治州、吉尔加塔尔区和塔维尔达拉区，旨在保护该地区濒

является сохранения уникальных природных ресурсов, исчезающих видов флоры и фауны, экологических зон, природных памятников культуры и истории, организации и развития туризма.

Нематериальное культурное наследие. Оши-палав (плов), который является традиционным блюдом в Таджикистане, внесен в Репрезентативный список культурного нематериального наследия человечества (2016). «Король блюд», как его здесь называют, готовится из риса, мяса и специй, при этом существует до 200 вариантов рецептуры оши-палава. Его приготовление и употребление социально инклюзивны, они объединяют людей из разных общин и слоёв общества. Оши-палав подаётся и как ежедневная еда, и на званых обедах, торжествах, и как элемент совершения обрядов. Знания и навыки, связанные с приготовлением и подачей традиционного блюда, передаются в семьях и в кулинарных школах.

Навруз признан нематериальным культурным наследием ЮНЕСКО (2010) на основе коллективной заявки Афганистана, Азербайджана, Индии, Исламской Республики Иран, Ирака, Казахстана, Кыргызстана, Узбекистана, Пакистана, Таджикистана, Туркменистана и Турции. В этих странах Новый год празднуется 21 марта и известен как Новруз, Навруз Наурыз, и т.д.

危的特有动、植物物种，保护生态、文化和历史自然遗产，组织并发展旅游。

非物质文化遗产。塔吉克斯坦的传统佳肴手抓饭，于2016年被列入人类非物质文化遗产。被誉为"美食之王"的抓饭食材有大米、肉、调料。塔吉克斯坦有将近200种抓饭的食谱。手抓饭的烹饪和食用具有广阔的社会包容性，能聚拢不同的社会阶层。手抓饭既可以是日常主食，也可以是宴请佳肴。手抓饭的制作技巧和摆盘不仅家家相传，还可以在烹饪学校学习。

联合国教科文组织将**纳乌鲁兹节**列为世界非物质文化遗产（2010）。这是阿富汗、阿塞拜疆、印度、伊朗、伊拉克、哈萨克斯坦、吉尔吉斯斯坦、乌兹别克斯坦、塔吉克斯坦、土库曼斯坦、土耳其共同申报的民族节日。上述国家3月21日庆祝新年，节日名有"诺乌璐兹、纳乌鲁兹、纳乌雷兹"等。

3.8 Таджикская кухня
塔吉克美食

> **Задание 11. Каковы главные особенности таджикской кухни?**

Блюда Центральной Азии в разных странах имеют многие схожие черты благодаря взаимному проникновению культур и кулинарных традиций народов.

中亚各个国家的美食因为文化和饮食传统的相互影响而十分相似。

По технологии, ассортименту продуктов и блюд, таджикской кухне близки прежде всего и в основном узбекская и персидская кухни. Кулинарное искусство таджиков формировалось в течение тысячелетий под влиянием богатой истории этого народа.

从烹饪方法和食物的种类看，与塔吉克饮食最为相近的应该是乌兹别克和波斯饮食。塔吉克烹饪方法与该民族发展历程一致，已经有数千年的历史。

Таджикская национальная кухня отличается **большим разнообразием**, насчитывая десятки видов различных блюд: мясных, молочных, мучных, овощных и пр. Сами способы приготовления и потребления пищи различны и многообразны, и варьируется от региона к региону.

塔吉克的饮食种类多样，有数十种：肉食、奶制品、面食和蔬菜等。制作和饮食方法变化多样，各个地区都不尽相同。

Особое отношение к **сдобе** и другим **хлебобулочным изделиям** превращает Таджикистан в рай для любителей изделий из теста. Именно здесь выпекаются уникальные лепешки-кульча, аппетитные пирожки с зеленью и золотистая

喜爱面食的人一定会觉得塔吉克斯坦是美食天堂，这里对面包和饼有一份特殊的情感。独具特色的烧饼、香气四溢的蔬菜馅饼、

чучвара. К хлебу в Таджикистане отношение всегда было возвышенным. Его никогда не кладут вниз «лицом» и разламывают максимально осторожно, не кроша.

Специи здесь добавляют чуть больше, чем в соседних Узбекистане и Туркменистане. Это делает кухню Таджикистана немного схожей с кавказской. Также выделяются местные кулинарные традиции использованием большего количества лука.

Фрукты всегда употреблялись в больших количествах. Допускается даже не предложить гостю мяса, но вазочка с матово поблескивающим виноградом, наливными яблоками и источающими томный аромат персиками всегда будет украшать собой дастархан.

Великолепные манты, рассыпчатый плов, посыпанный зернышками граната; ковурма лагмон, с его масляно поблескивающими на тарелке нитями, источающими пряный аромат специй – все это делается настолько вкусно, что невозможно отказаться от блюд таджикской кухни.

金灿灿的小饺子都令人垂涎。人们对面包十分崇敬，任何时候都不能将面包正面冲下摆放，在掰开面包时也要小心翼翼，不要洒落面包屑。

塔吉克斯坦烹饪时使用的调料比乌兹别克斯坦和土库曼斯坦略多，与高加索地区比较相似，地方小吃中的洋葱一般添加较多。

塔吉克斯坦饮食中水果也十分常见，扮演着十分重要的角色。招待客人时，餐席上可以不摆肉食，但一定要有一盘盘亮晶晶的葡萄、香甜的苹果和鲜桃。

可口的包子、撒上石榴的抓饭、油香四溢的炒面、浓香扑鼻的调料，这一切都是美味的源泉，令人胃口大开。

3.9 Экономика Таджикистана

塔吉克斯坦经济

> **Задание 12.** Прочитайте текст и перечислите ведущие секторы экономики Таджикистана. Назовите национальные денежные единицы и разменную монету.

(1) Экономика Таджикистана

Таджикистан – аграрно-индустриальная страна. В низменностях Таджикистана выращивают хлопок, пшеницу, ячмень, фрукты (включая

（1）塔吉克斯坦经济

塔吉克斯坦属于农业和工业国家。平原地区种植棉花、小麦、燕麦、水果（含

виноград), овощи, и тутовые деревья (для шелка). В стране разводят каракульских овец, молочный скот, коз, и яков. В горах Таджикистана есть залежи серебра, золота, урана, вольфрама, цинка, свинца, алюминия, угля, сурьмы, соли, и ртути, поэтому одним из важных отраслей экономики Таджикистана – является добывающая и обрабатывающая промышленность (в особенности, цинка, и свинца). Другие важные отрасли включают легкую промышленность (изготовление текстиля, химикатов, и удобрений), и обработку пищи. В стране есть небольшие залежи нефти.

За годы независимости сильно изменилась структура занятости, произошла индустризация экономики. С целью достижения статуса индустриально-аграрной страны обеспечит реализация Национальной стратегии развития Республики Таджикистан до 2030 года. Начиная с 2000 годов наблюдается устойчивый экономический рост. Для развития экономики со стороны правительства были открыты 4 СЭЗ: «Сугд», «Пяндж», «Дангара» и «Ишкашим» и они сегодня хорошо функционируют. Для субъектов СЭЗ даны ряд экономических привилегий. Они освобождены от налогов и таможенных сборов.

Основные экспортируемые товары Таджикистана – алюминий, электричество, хлопок, фрукты, растительное масло и текстиль. Основные импортируемые товары Таджикистана – нефтепродукты, техника, оборудование и т.д.

В марте 2013 года Таджикистан официально стал членом Всемирной торговой организации (ВТО).

ВВП Таджикистана занимает четвёртую позицию в Центральной Азии.

葡萄）、蔬菜和桑树（制作丝绸），养殖喀拉羊、奶牛、山羊和牦牛。山区则有金、银、铀、钨、锌、铅、铝、煤、锑、盐和汞矿，所以采矿业和冶炼业（特别是铝、锌和铅）也是塔吉克斯坦重要的经济支柱。作为经济支撑的其他行业还包括轻工业（纺织、化工、化肥）和食品加工，但石油储量较少。

塔吉克斯坦独立后，就业结构发生了剧变，国家开始工业化。国家2030年发展战略的落实将保证在工业、农业建设方面取得显著成绩。从2000年开始，塔吉克斯坦保持比较稳定的经济增长。为促进经济发展，该国建设了4个自由经济区——索格特、喷赤、丹喀拉、伊实卡什姆，并已正常运作，自由经济区享受经济特惠政策，免关税，取消了行政壁垒。

塔吉克斯坦的主要出口商品是铝、电力、棉花、水果、植物油和纺织品。主要进口商品是石油产品、技术、设备等。

2013年3月，塔吉克斯坦正式加入世界贸易组织。

塔吉克斯坦国民生产总值在中亚位居第四。

(2) Национальная валюта Таджикистана

Сомони́ – национальная валюта (TJS) Республики Таджикистан, названа в честь основателя первого таджикского государства Исмаила Самани (849-907 гг.). 1 сомони равняется 100 **дира́мам**.

Таджикистан среди независимых республик бывшего СССР оставался единственной страной, где до мая 1995 г. продолжали хождение рубли Российской Федерации. С мая 1995 года были выпущены в обращение национальная валюта Таджикистана – рубл. В 2000 году было объявлено о введении новой денежной единицы страны – сомони. В обращение были выпущены банкноты достоинством в 1,5, 10, 20, 50, 100 сомони и разменная единица достоинством в 1, 5, 20, 50 дирам. В 2010 г. была выпущена обновленная серия прежних купюр и появились новые банкноты номиналом 3, 200 и 500 сомони.

На купюрах новой валюты помещены портреты выдающихся деятелей современности и прошлого таджикского народа, а также изображения архитектурных и исторических памятников Таджикистана, предметов прикладного искусства и быта таджикского народа.

（2）塔吉克斯坦货币

索莫尼是塔吉克斯坦的国家货币（TJS）的名称，这是为纪念塔吉克第一个国家的创建者伊斯梅尔·索莫尼（849—907）命名的，1索莫尼等于100迪拉姆。

塔吉克斯坦是前苏联共和国中唯一一个在1995年5月之前还使用俄联邦卢布的国家。1995年5月塔吉克斯坦开始发行本国货币——也称"卢布"。2000年该国宣布使用新货币——索莫尼。当时流通的纸币面额有1、5、10、20、50、100索莫尼，1、5、20、50面额的迪拉姆。2010年，发行了面额为3、200、500索莫尼的新版纸币。

新纸币图案上印的是塔吉克斯坦历史和当代的杰出人物及历史古迹、建筑遗址和实用艺术品。

3.10 Международные отношения

国际关系

> **Задание 13.** Что вы знаете о двусторонних отношениях между РТ и КНР, РТ и РФ.

Отношения с Китаем. Китай – добрый сосед и стратегический партнёр Таджикистана. Китайско-таджикские дипломатические отношения установлены 4 января 1992 года. В сентябре 2017 года подписана Совместная Декларация КНР и Республикой Таджикистан об установлении отношений всестороннего стратегического партнёрства.

Таджикистан, являясь одной из первых стран, которые поддержали инициативу «Один пояс, один путь», уделяет особое внимание вопросам сопряжения национальной стратегии и китайской инициативы. В январе 2015 года Таджикистан официально стал членом-учредителем АБИИ. Таджикистан нуждается в привлечении дополнительных источников финансирования инфраструктурных проектов, чтобы обеспечить гражданам страны доступность любого его уголка в любое время года.

Таджикистан придает исключительно важное значение отношениям стратегического партнерства с Китаем по всем векторам, включая сотрудничество в сфере безопасности. Поддержание мира и устойчивого развития в Центральной Азии отвечает общему желанию видеть регион стабильным, имеет важное значение для сохранения мира в Азии и во всем мире.

Отношения с Россией. Таджикистан является одним из ключевых партнеров России в регионе.

与中国的关系。中国是塔吉克斯坦的友好邻邦和战略伙伴。1992年1月4日两国确立外交关系。2017年9月，中塔两国共同发表了全面战略伙伴关系宣言。

塔吉克斯坦是首批响应"一带一路"倡议的国家，对该倡议与本国国家战略的对接十分重视。2015年1月，塔吉克斯坦正式成为亚洲基础设施投资银行成员。塔国需要吸引基础项目补充资金，为国民提供常年便捷的交通。

塔吉克斯坦对中塔合作的各个领域，包括安全合作都给予高度关注。双方维护世界和平和中亚地区稳定和发展符合两国的共同愿望，对于亚洲和世界和平具有举足轻重的意义。

与俄罗斯的关系。塔吉克斯坦是俄罗斯地区合作的

Дипломатические отношения между Республикой Таджикистан и Россией установлены 8 апреля 1992 года. Быстро развивается стратегическое партнерство России и Таджикистана. Обе страны состоят в СНГ, Организацию Договора о коллективной безопасности, Шанхайскую Организацию Сотрудничества. Сотрудничество России и Таджикистана в области экономики, безопасности и гуманитарных связей после Независимости достигли высоких масштабов.

Комплекс двусторонних связей с Россией занимает одно из основных мест в системе внешнеполитических приоритетов Республики Таджикистан. Таджикистан и Россию традиционно отличает совпадение интересов в сфере обеспечения региональной безопасности и позиций по ключевым международным вопросам.

重要伙伴。1992年4月8日，两国建立外交关系。近年来，塔吉克斯坦与俄罗斯的战略伙伴关系发展较快。两国均为独联体、集体安全条约组织、上海合作组织成员国。自独立以来，塔吉克斯坦和俄罗斯在经济、安全和人文合作领域成绩斐然。

塔俄双边关系是塔吉克斯坦优先发展的外交关系之一。塔俄无论是在保证地区安全，还是处理关键的国际问题上都具有一贯相同的立场。

Узнаем больше! 更多信息！

Таджикский язык   塔吉克语

Таджикский язык – национальный и государственный язык Республики Таджикистан. Таджикский язык относится к языкам Иранской группы Индоевропейской языковой семьи.

Таджикский язык – распространен и на территории Узбекистана, отчасти в Казахстане и Кыргызстане. На таджикских диалектах говорят Таджикское население Афганистана и некоторые таджикоязычные этнические группы Китайской Народной Республики. В 1939 году сначала арабский, потом латинский алфавит таджикского языка заменен алфавитом, созданным на основе кириллицы. В современном таджикском алфавите на основе кириллицы с учетом специфики фонетического строя таджикского литературного языка существует 35 знаков.

塔吉克语是塔吉克民族和国家的语言。塔吉克语属于印欧语系伊朗语族。

乌兹别克斯坦、哈萨克斯坦、吉尔吉斯斯坦部分地区也使用塔吉克语。阿富汗塔吉克村庄、中国塔吉克族人也说塔吉克语。1939年，塔吉克语从以前使用阿拉伯字母、拉丁字母转而使用在基里尔字母基础上创建的新字母表，新字母表中有35个字母。

Таджикский алфавит:

А а Б б В в Г г Ғ ғ Д д Е е Ё ё
Ж ж З з И и Й й Ӣ ӣ К к Қ қ Л л
М м Н н О о П п Р р С с Т т У у
Ӯ ӯ Ф ф Х х Ҳ ҳ Ч ч Ҷ ҷ Ш ш Ъ ъ
Э э Ю ю Я я

Учимся говорить по-таджикски   学说塔吉克语

Таджикские слова русскими буквами

по-русски	по-таджикски
1) Здравствуйте / Здравствуй / Добрый день	Ассалому алейкум
2) Спасибо	Раҳмат / Ташаккур
3) пожалуйста	марҳамат / илтимос
4) До свидания	Хайр
5) хорошо	хайр, майлаш
6) плохо	бад, ганда
7) Извините	Бубахшед
8) Меня зовут ...	Номи ман ...
9) Да	Ҳа
10) Нет	Не

Таджикские пословицы   塔吉克谚语

* Одна рука хлопка не делает.
  摘棉靠双手（独木不成林）。
* Солнце всем светит одинаково.
  阳光对每个人都是平等的（人人平等）。
* Знания без применения – тучи без дождя.
  知识不实践犹如乌云无雨水。

ТУРКМЕНИСТАН

第四课　土库曼斯坦

4.1　Разминка перед уроком
课前热身

国情知识提示牌：

1. **土库曼斯坦**：中亚国家之一，经济实力排名暂列中亚第三位；
2. **民族**：据不完全统计共120多个民族，土库曼族为主；
3. **"土库曼"的含义**：突厥人的领地；
4. **主体民族语言**：土库曼语；
5. **主要宗教**：伊斯兰教；
6. **文化标志**：奥古兹汗；马赫图姆库里；
7. **国家标签**：中亚最大的天然气之国；汗血宝马、阿拉拜牧羊犬、地毯之乡；
8. **丝路亮点**：尼撒古城；梅尔夫古城；吉奥聂乌尔根奇市。

Задание 1. 请回答下列问题：

1) 俄语是土库曼斯坦的官方语言吗？
2) 根据国徽与国旗，你能猜出土库曼斯坦人民对什么最崇拜？
3) 土库曼斯坦的地貌特征是什么？
4) 中国历史上提到的"安息国"包括当今中亚哪个国家？
5) 该国的旅游名胜主要集中在哪些城市和地区？
6) 土库曼三宝指的是什么？土库曼斯坦产大米吗？
7) 你了解中国的撒拉族吗？
8) 土库曼斯坦货币是什么？与人民币汇率比值大概是多少？

Задание 2. Завершите начатые фразы.

1) Президент государства – _____.
2) Туркменистан – среднеазиатская страна, не имеющая выхода к _____.
3) В административно-территориальном отношении страна делится на _____ областей.
4) Праздник Весны в Туркменистане – _____, который отмечается 21 – 23 марта. 12 декабря – День _____ Туркменистана.
5) Население Туркменистана составляет _____.
6) Представителя мужского пола туркменского этноса называют _____, а представительницу женского пола – _____.

4.2 Флаг и герб Туркменистана
土库曼斯坦国旗与国徽

Задание 3. Прочитайте текст, найдите флаг и герб Туркменистана на следующих картинках.

А   Б   В   Г

Урок 4　Туркменистан

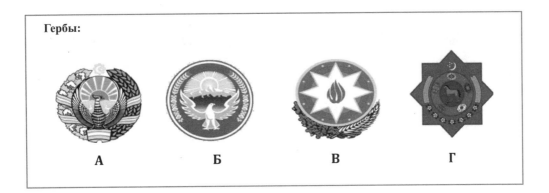

Гербы:

А　Б　В　Г

Флаг Туркменистана был принят 19 февраля 1992 года и представляет собой прямоугольное полотнище зеленого цвета с вертикальной красно-бордовой полосой слева, на которой изображены пять национальных гелей. Каждый из гёлей обрамлен ковровым орнаментом. Пять гёлей символизируют пять велаятов. В нижней части красно-бордовой полосы изображены две пересекающиеся у оснований оливковые ветви, символизирующие статус постоянного нейтралитета Туркменистана. На большей зеленой части в левом верхнем углу изображены полумесяц и пять пятиконечных звезд белого цвета. 19 февраля – День государственного флага Туркменистана.

Государственный герб Туркменистана был принят 15 августа 2003 года и представляет собой восьмигранник зеленого цвета с желто-золотистой каймой. В восьмигранник вписаны два круга голубого и красного цветов. Вокруг красного круга изображены основные элементы национального богатства и символики государства: в нижней части – семь раскрытых коробочек белого хлопка с зелеными листьями; в средней части – колосья пшеницы желто-золотистого цвета, по два колоса с каждой стороны герба; в верхней части – полумесяц с пятью пятиконечными звездами белого цвета. На кольцевой полосе красного круга размером

1992 年 2 月 19 日土库曼斯坦确定了本国国旗。国旗呈长方形，绿色底色的左侧有一条深红色垂直宽带，自上而下排列着五朵民族地毯团花，分别代表该国的五个州。深红色宽带下端有两枝同根交叉橄榄枝，象征土库曼斯坦长久中立的地位。国旗大部分是绿色，左上方有白色新月和五个五角星。2 月 19 日被定为土库曼斯坦国旗日。

2003 年 8 月 15 日，土库曼斯坦确立了国徽。国徽为绿色八角形金黄色镶边图案，中央依次为红色、蓝色两个同心圆。绿色八角形下端有七朵盛开的棉花和绿叶，中间左、右两侧各有两束金黄色麦穗，上端为白色新月和五角星，象征国家的财富与主权。红色同心圆直径是蓝色圆的两倍，五朵团花环绕在其周围，象征土库曼斯坦人民友谊和团结。蓝

в 2 диаметра голубого круга изображены пять основных ковровых гёлей, которые символизируют дружбу и сплочённость туркменского народа. В голубом круге изображён Янардаг – ахалтекинский конь первого Президента Туркменистана Сапармурата Туркменбаши, гордость туркмен, олицетворение классического образца уникальной ахалтекинской породы.

色圓上是一匹阿哈尔捷金马亚纳尔达克马，这是土库曼斯坦首位元首萨帕尔穆拉特·土库曼巴希的坐骑，它是土库曼人民的骄傲，也是阿哈尔捷金马的特有品种代表。

4.3 География Туркменистана
土库曼斯坦地理

Задание 4. С какой провинцией Китая можно сравнить Туркменистан по площади?

А. С провинцией Сычуань (481 тыс. км²)

Б. С провинцией Шэньси (205 тыс. км²)

В. С провинцией Анхуэй (140 тыс. км²)

Г. С провинцией Хайнань (34 тыс. км²)

Задание 5. Прочитайте текст и заполните пропущенные слова, покажите на карте соседние страны.

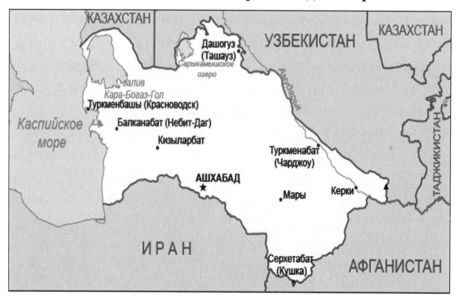

Туркменистан – одна из стран Центрально-азиатского региона, граничащая с _____, _____, _____ и _____. Каспийское море расположено на западе страны. Площадь страны составляет 491 200 км².

Большая часть территории Туркменистана находится в пределах Туранской низменности. Пустыня Каракумы («черные пески») занимает срединную часть республики. На западе преобладают каменистые и щебнистые пустыни, на востоке – песчаные пустыни. Горы и возвышенности приурочены главным образом к южной периферии страны. На крайнем юге расположена горная система Копетдаг. На границе с Узбекистаном проходит хребет Кугитангтау, в котором расположена самая высокая вершина страны – гора Айрибаба или пик Великого Туркменбаши (3139 м).

Административное деление Туркменистана – пять велаятов: Ахалский, Балканский, Дашогузский, Лебапский и Марыйский.

Климат Туркменистана континентальный, засушливый с большими перепадами температур, малым количеством осадков и высокой испаряемостью. Лето обычно жаркое и сухое, со средними температурами июля 28-32° С. Зимы мягкие, малоснежные, температура может понизиться до -20°С. Наличие Каспийского моря оказывает положительное смягчающее влияние на прибрежные регионы, делая отдых в них весьма комфортным.

土库曼斯坦属中亚国家，与乌兹别克斯坦、哈萨克斯坦、阿富汗、伊朗接壤，里海位于土库曼斯坦西面，全国面积49.12万平方公里。

土库曼斯坦全境大部分地区是图兰低地，卡拉库姆沙漠（黑沙）位于中部，西部有碎石戈壁，东部是沙质沙漠，群山与高地主要集中在南部，南部边境绵延着科佩特山脉。坐落在与乌兹别克斯坦接壤的库吉唐套山脉的是全国最高峰阿里巴巴峰（或称土库曼巴希峰）（3139米）。

土库曼斯坦行政区划分为5个州：阿哈尔州、巴尔坎州、达绍谷兹州、列巴普州、马雷州。

土库曼斯坦属于大陆性气候，气候干燥，温差很大，降水量小，蒸发量大。夏季炎热干燥，七月平均温度为28—32度；冬季温和少雪，温度有时会降至零下20度。里海使周边地区气候相对温和，海边度假十分惬意。

4.4 Туристические места Туркменистана

土库曼斯坦旅游景点

Задание 6. Прочитайте текст и вставьте пропущенные слова.

1) Столица Туркменистана – город _____ . Название города в туркменском языке означает _____ .

2) Город _____ известен как столица нефтегазовой промышленности Туркменистана.

3) Национальная туристическая зона «Аваза» расположена в 12 км. от центра города _____ .

4) Недалеко от города _____ находится священное место паломничества мусульманок – белая мечеть Парау-биби.

5) _____ занимал крайне выгодное географическое положение. Он был известен как «столица тысячи мудрецов».

6) Древний город _____ с комплексным памятником внесён в список всемирного наследия ЮНЕСКО.

7) В средние века _____ был назван «Матерью городов Хорасана».

8) _____ является самым большим озером на Земле.

Задание 7. Назовите туркменские города или места по картинкам.

(1) Ашхаба́д

Ашхаба́д – столица Туркменистана, административно-политический, промышленный, научный и культурный центр государства. Ашхабад является отдельной административно-территориальной единицей Туркменистана – городом с правами велаята (области).

（1）阿什哈巴德

土库曼斯坦首都阿什哈巴德是国内行政、政治、工业、科技和文化中心，是土库曼斯坦直辖市、州级城市。

Ашхабад был основан в 1881 году. Город находится в 25 км. к северу от границы с Ираном, в живописной долине в предгорьях Копетдага. До 1919 г. город был известен как Асхабад. В 1921 г. был переименован в Полторацк. В 1927 г. городу было возвращено старое название в новой транскрипции – Ашхабад («город любви»).

В Ашхабаде сосредоточенно огромное количество интересных памятников и достопримечательностей. Город несколько раз вошел в Книгу рекордов Гиннеса. Во-первых, как город с самым большим количеством зданий, отделанных белоснежным мрамором, так что Ашхабад – беломраморная столица Туркменистана. Во-вторых, в городе установлен самый высокий в мире флагшток (133 метра). В-третьих, здесь находится

1881年，阿什哈巴德建立，距伊朗边境北部25公里，位于科佩特山麓风景如画的谷地。1919年时该城市叫做阿斯哈巴德，1921年，更名为博尔塔拉茨克。1927年城市恢复了以前的名字——阿什哈巴德（意为"爱情之城"）。

市内纪念碑和名胜古迹众多，里面有很多"世界之最"。其一，市内绝大部分建筑都是用白色大理石装饰，所以阿什哈巴德被誉为土库曼斯坦的"白色大理石之都"；其二，市内有一座号称世界最高的旗杆（133米高）；其三，这里有号称

самое большое колесо обозрения. В-четвертых, здесь построен самый большой фонтанный комплекс «Огузхан и сыновья», где общая площадь фонтанов составляет 15 гектаров! И, наконец, самое большое архитектурное изображение звезды («Звезда Огузхана» на туркменской телебашне) также вошло в Книгу Гиннеса.

Очень интересным местом для посещения в Ашхабаде является **памятник книге «Рухнама»**, которую написал сам Туркменбаши – первый президент Туркменистана. В книге описывается биография первого президента, история страны, а также моральные принципы по которым должны жить жители Туркменистана. В определенное время книга открывается и при помощи мультимедийных технологий посетители памятника могут ознакомиться наглядно с важными историческими моментами становления и развития Туркменистана.

В Национальном музее представлены ценные археологические находки, свидетельствующие о древней истории Туркменистана. В фондах музея – десятки рукотворных памятников традиционного ремесленного творчества и народного искусства XVII – XIX веков, ткачество, вышивка, керамика, ковроткачество, изделия ювелиров. Всего в экспозиции более 2500 экспонатов.

Музей ковра считается единственным своего рода в мире. Здесь собраны несколько сотен лучших образцов ковров всех времен, самый старый из которых относится к XVII в. Здесь же находится и самый большой ковер в мире, чья площадь составляет почти 400 кв.м, а вес – более тонны.

К главным достопримечательностям города можно отнести **Монумент Нейтралитета**

世界最大的摩天轮；其四，以"奥古兹汗和他的儿子们"命名的世界最大喷泉水体占地面积达15公顷；其五，位于土库曼斯坦最大的星形建筑"奥古兹汗之星"的电视塔，也被收入吉尼斯世界纪录。

阿什哈巴德一处有趣的参观点叫做**"鲁赫纳玛"之书纪念碑**。这部书作者是土库曼斯坦首位总统土库曼巴希。该书介绍了首位总统的简历、国家历史、公民应该遵守的基本戒律和道德准则。纪念碑书页采用多媒体技术，在规定时间可以打开，人们能目睹土库曼斯坦成立和发展的重要历史时刻。

国家博物馆内收藏着最珍贵的考古藏品，见证了土库曼斯坦的悠久历史。博物馆还收藏有数十件17—19世纪传统手工艺制品和民间艺术作品。馆内展品达2500多件，有编织、刺绣、陶瓷、地毯、珠宝首饰等等。

地毯博物馆号称是世界上唯一的大型地毯博物馆，这里有上百件各个时代精品地毯，馆内还收藏着17世纪编织的古老地毯和面积为400平方米、重量达1吨的世界巨毯。

中立塔（1998年建，高95米）也是市内重要景点

(1998 г., высота 95 метров) с золотой статуей Туркменбаши на вершине.

Монумент Независимости. Этот памятник - колонна в высоту 118 метров, на вершине которой находится полумесяц с пятью звездами. Установлена эта колона на полукруглой сфере, символизирующей юрту. Пять звезд – это символ единения пяти крупнейших туркменских племен, проживающих на территории Туркменистана с древних времен. Неподалеку от колонны стоит позолоченный памятник Сапармурату Ниязову.

К достопримечательностям Ашхабада можно отнести и "**Тропу здоровья**", которая находится в его окрестностях. Это бетонированная пешеходная дорога, длина 36 километров и шириной 5 метров, которая проходит по склонам Копетдагского хребта. По завету первого президента каждый житель Ашхабада должен ежедневно проходить по этой дорожке для поддержания своего здоровья и тонуса. Вдоль всей дорожки установлены фонарные столбы и источники питьевой воды. Это место очень популярно среди туристов, да и местных жителей.

之一，塔顶处是土库曼巴希[①]的金色雕像。

独立碑碑柱高达118米，碑柱顶端是新月和五颗星。独立碑矗立在象征帐篷的半圆形基座上，五颗星分别代表五个最大的土库曼古老部落，碑柱旁边是萨帕尔穆拉特·尼亚佐夫镀金雕像。

阿什哈巴德还有一处景观：长36公里、宽5米的"健康小道"。健康小道是建在科佩特山山脉斜坡上的水泥步行路，首位土库曼斯坦总统的遗愿是希望每位阿什哈巴德人每天都能沿着健康小道行走，保持身体健康和活力。小道两旁安装了路灯和饮用水取水处，这个地方不仅当地人常来，游客也慕名前来参观。

---

① 土库曼巴希——"所有土库曼人的领袖"之意。

В 18 км к западу от Ашхабата возвышаются развалины **Старой Нисы**. Это была столица древнего Парфянского государства, существовавшего на рубеже 247 до н. э. – 224 н. э. В Старой Нисе были сосредоточены дворцовые и храмовые постройки. В эпоху, когда Парфянская империя была мировой державой, Старая Ниса носила название Митридаткерт, по имени царя Митридата I, по приказу которого она и была построена. Впоследствии правители Парфии перенесли столицу в Малую Азию. В 2007 году Старая Ниса была внесена в список Всемирного наследия

阿什哈巴德向西 18 公里矗立着**尼撒古城遗址**，它是公元前 247 年至公元 224 年帕提亚王国的首都，这里保留着宫殿和宗教建筑。帕提亚帝国是当时的世界强国，古尼撒以国王米特里达特的名字命名，叫做米特里达特柯尔特城，表示是国王下令修建的城市。之后，帕提亚王国的统治者将首都迁至小亚细亚。2007 年，尼

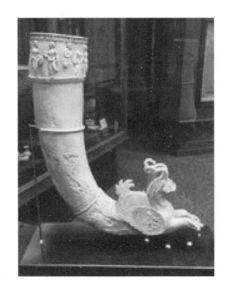

ЮНЕСКО. Во время раскопок древней Нисы были обнаружены ритоны из слоновой кости в форме рога (сосуд), мраморные и серебряные фигурки древних греческих богов. Персидская культура сама по себе была сочетанием греческой и восточной культуры.

(2) Туркменбаши

Туркменбаши – город-порт, находящийся в Балканском велаяте на берегу Каспийского моря. С городом Баку на западном берегу город соединяет паромная переправа в 270 км. Туркменбаши – относительно молодой город. Он был основан в 1869 году российской экспедицией. До 1993 года город назывался Красноводск. В 1993 г. он был переименован в честь первого президента Туркменистана Туркменбаши Сапармурата Ниязова. Город Туркменбаши является первым по значению портом и воротами Каспия в Туркменистане, а **национальная туристическая зона «Аваза»** – первой зоной отдыха в стране. Аваза – активно развивающийся морской курорт, расположенный в 12 км к западу от центра города.

Город важен как транспортный узел, образованный морским портом с паромным терминалом, железной дорогой и аэропортом.

Мечеть Парау-биби. Небольшая белая мечеть Парау-биби – священное место паломничества мусульманок. Она в полном одиночестве стоит на одной из скал Копетдага, находится недалеко от города Туркменбаши. Существует красивая легенда, посвященная истории возникновения мечети. Согласно этой легенде, Парау-биби была красивой

撒古城被联合国教科文组织列入世界遗产名录。在古城发掘中出土的象牙角杯、大理石和银质的古希腊神雕像皆为当时波斯文化与希腊以及东方文化元素结合的产物。

（2）土库曼巴希

土库曼巴希是港口城市，位于巴尔坎州里海之滨，与西岸的巴库之间有270公里的船行距离。土库曼巴希是一个相对年轻的城市，由俄国考察队于1869年修建。1993年前，城市名为"克拉斯诺沃茨克"。1993年，为纪念土库曼斯坦首位总统萨帕尔穆拉特·尼亚佐夫，城市更名为土库曼巴希（意为"所有土库曼人的领袖"）。土库曼巴希是全国首个港口和通往里海的大门，该市的**国家阿瓦扎旅游区**是全国第一个休闲度假区，也是正在迅速发展的海滨度假区，距离市中心向西12公里。

土库曼巴希也是重要的交通枢纽城市，有可停泊的海港、铁路和机场。

帕拉乌比比清真寺。该寺是女性穆斯林朝拜圣地。它孤零零地位于科佩特山的一个山坡上，距土库曼巴希市不远。关于这座清真寺有一个优美的传说。美丽的土库曼姑娘帕拉乌比比生活在一个乡村。村里人说，要把

туркменкой, жившей в одной из деревень. Как-то ее пообещали отдать на откуп наступающим врагам. Спасаясь, она убежала в горы и молилась. Тогда скала раздвинулась и спрятала Парау-Биби навсегда. На этом месте и возникла мечеть. Сегодня к небольшой мечети приходят сотни женщин и просят Парау-биби – покровительницу беременных женщин и детей, чтобы она помогла им сохранить красоту, обрести хорошего мужа и много детей.

Мавзолей Шир-Кабир. Недалеко от города находится известный мавзолей Али ибн Суккари или «Шир-Кабир». Памятник относится к постройкам престижной серахской архитектурной школы и датируется 10 веком. Также Шир-Кабир называют мечетью «на деревянных столбах». Это самая старая из сохранившихся на территории Туркменистана мечетей. Это место также является святыней для паломников, которые, посетив его, утверждали, что после Мекки это единственное место на земле, благословенное Аллахом.

(3) Туркменабад

Туркменаба́д расположен на берегу реки Амударьи, город четырех каналов, центр восточной части Республики Туркменистан и второй по численности населения город. Когда-то в этом месте была расположена

她献给入侵的敌人。帕拉乌比比为了救自己，逃进山里向上天祈祷，这时山岩石崩裂，帕拉乌比比永远地藏了起来。后来，在山岩裂开的地方出现了一座清真寺。现在数以百计的妇女经常去帕拉乌比比清真寺，祈求妇女和孩子的庇护神帕拉乌比比能使自己容颜不老、找到真爱、多子多福。

苏卡里陵墓。土库曼巴希附近有著名的阿里·伊本·苏卡里（希尔—卡比尔）陵墓。陵墓建于10世纪，属于高贵的塞拉赫建筑风格。苏卡里陵墓又被称作"木桩上的清真寺"，也是土库曼斯坦至今保存年代最久的清真寺。它是信徒朝拜的圣地，其地位仅次于世界穆斯林圣地麦加，受到真主的保佑。

（3）土库曼纳巴特

土库曼纳巴特市位于阿姆河河岸，联通四条运河，是土库曼斯坦东部中心，第二大人口城市。布哈拉国王埃米尔的城堡曾建于此，当

крепость Бухарского эмирата под названием Чарджуй («Четыре канала»), которая охраняла переправу через Амударью от нашествия и разбоя кочевников. В 1886 году, когда сюда была проведена Закаспийская железная дорога, около крепости возникло военное, а потом и городское поселение. В 1901 году был построен железнодорожный мост через реку. В 1940 году название города получило новую транскрипцию – Чарджоу. В 1999 году Чарджоу был переименован в Туркменабад. Сегодня Туркменабад – развитый промышленный и культурный центр.

Главная достопримечательность города – **заповедные места Кугитанга** (к юго-востоку от города), горного массива с первозданной, нетронутой цивилизацией природой, изобилующего редчайшими видами животных и растений.

(4) Мары

Мары́ – третий по величине город Туркменистана. Он расположен в большом оазисе посреди пустыни Каракумы. Мары был основан в 1884 году как российский военно-административный центр в 30 километрах от древнего Мерва (кстати, до 1937 г именно Мары называли Мервом). Теперь это крупнейший центр хлопководческой области, крупный транспортный узел и главный центр газовой промышленности страны – основного источника доходов Туркменистана.

В разные тысячелетия столицами древнего Мерва являлись несколько городищ. Они составляют заповедную историко-архитектурную зону «Байрамали», находящуюся под охраной государства.

В III в. до н.э. на территории Туркменистана

时这里叫做恰尔朱（"四条运河"之意）。城堡可防范游牧部落经阿姆河入侵抢劫布哈拉。1886年，这里铺设了外里海铁路，城堡周围驻扎军队，后来出现了居民点。1901年，铁路跨河而建。1940年，人们在此建城，更名为恰尔朱。1999年，恰尔朱改名为土库曼纳巴特，今天的土库曼纳巴特是发达的工业和文化中心。

库吉堂保护区（市东南方向）是市内主要名胜，保护区山地上有原始大自然景观以及众多稀有的动植物。

（4）马雷

马雷是土库曼斯坦的第三大城市，位于卡拉库姆沙漠的一片较大的绿洲上。1884年，马雷作为俄罗斯军事行政中心建城，距离古代梅尔夫城30公里（1937年之前，马雷称作梅尔夫）。现在，这里是棉花生产州最大的中心、最大的交通枢纽和重要的天然气工业中心。天然气成为土库曼斯坦收入的主要来源。

过去，不同时期不少古城都曾经是古代梅尔夫的首都，这些古城遗址群组成了"拜拉玛力"国家级历史建筑保护区。

公元前3世纪土库曼境

были основаны такие независимые государства, как Парфия, Хорезм и Маргиана. Во время царя Митридата II (128 – 84 г.г. до н.э.) Парфянское государство превратилось в одно из восточных крупнейших государств. Во время существования Парфянского государства город Мерв был признан как центр ремесленничества и торговли. Не случайно в Средние века Мерв назывался «Матерью хорасанских городов». В середине XI в. возникло государство Сельджукидов. Сельджукидская династия со столицей **Мерв** просуществовала с XI – XII вв. Мерв с каждым годом становился красивее и восстанавливался за счет богатств, которые завозят туркменские султаны и шахи. Это был научный, культурный и торговый центр страны.

Современные руины включают в себя не менее пяти древних поселений – Эрк-Кала, Гяур-Кала, Султан-Кала, Абдуллахан-Кала и Байрамалихан-Кала. Большинство из них сильно разрушено, от некоторых остались лишь сильно оплывшие земляные холмы, но даже с учетом этого момента Мерв продолжает оставаться одним из уникальнейших памятников истории.

Среди наиболее интересных памятников истории можно отметить **мавзолей султана Санджара Дар-ал-Ахира** (1140 г н. э.), с именем которого связывают былой расцвет Великой империи Сельджукидов. Высотой почти 40 м памятник поражает воображение. Особую уникальность этому средневековому «небоскребу» придает его легендарный купол, возведенный из двух тонких кирпичных оболочек.

В наши дни Мерв внесен в список Всемирного наследия ЮНЕСКО как наиболее хорошо сохранившийся древний центр Великого Шелкового пути.

内有三个独立的国家：帕提亚、花拉子模和马尔吉安那。米特里达特二世统治时期（前128—前84）帕提亚国成为东方强国之一。帕提亚国时期的梅尔夫是手工业和商业中心，所以中世纪时期，梅尔夫被誉为"花拉子模城市之母"也并非偶然。公元11世纪中叶，塞尔柱王国兴起，从11世纪到12世纪梅尔夫一直是王国的首都。土库曼苏丹和沙赫所带来的财富不断用来维修和建造梅尔夫城，古城日渐繁华，成为全国科学、文化和商业中心。

现代的梅尔夫废墟上包括至少五个古代城镇——埃尔卡拉、戈尔卡拉、苏丹卡拉、阿卜杜拉汗卡拉和巴拉马利汗卡拉。城镇大部分都已被毁，只剩下一些土丘，尽管如此，梅尔夫仍属于史上最独特的古城之一。

古城镇当中最引人注目的是苏丹桑贾尔·达尔阿赫拉陵墓（1140年），它见证了塞尔柱王朝的兴盛。陵墓高达40米，令人倍感震撼。中世纪穹顶外层用两块砖质薄墙相连接，独特的设计为陵墓增添了传奇色彩。

现在，梅尔夫作为丝绸之路古迹中心，因保存完好被列入联合国教科文组织世界遗产名录。

(5) Балканабат

Балканабад – современный город нефтяников. Город расположен на западе Туркменистана, у южного подножия хребта Большой Балхан.

Балканабад был основан в 1933 году, после открытия здесь крупных месторождений нефти. В 1946 году посёлок получил статус города. Изначально город носил название Нефте-Даг или Небит-Даг (нефтяная гора). В 1999 году город сменил название на Балканабад. На современном этапе город активно застраивается и расширяется, превращаясь в крупный промышленный центр. Уже сегодня, Балканабад – столица нефтегазовой промышленности Туркмениистана. Недаром символом города является памятник в виде силуэта вспышки на фоне горы. В память о геологах-пионерах в городе установлен архитектурно-мемориальный ансамбль «Первопроходцы», который является одной из главных достопримечательностей города.

В окрестностях Балканабада так же есть множество достопримечательностей. Вдоль северных отрогов Копетдагских гор обнаружены **древние стоянки жителей эпохи неолита и мезолита**. В 38 км от города, у родника Ташарват расположены руины средневекового **караван-сарая Ташарват**, рядом с которым находится живописная роща, где до сих пор растут старые карагачи, которым не одна сотня лет.

(6) Куня-Ургенч

Древний Куня-Урге́нч (страрый Ургенч) располагается в ста километрах от города Дашогуза, который находится в северной части Туркменистана. Сегодня это городище –

（5）巴尔坎纳巴特

巴尔坎纳巴特是现代化石油工人之城，位于土库曼斯坦西部，大巴尔汉山南麓。

1933年，当地发现了大量蕴藏的石油，此后开始建设巴尔坎纳巴特。1946年，居民点变为城市，改名为石油—达克或者涅比特—达克（石油山）。1999年，城市更名为巴尔坎纳巴特。目前，城市还在不断建设和扩大，将变成大型工业中心。今天的巴尔坎纳巴特是土库曼斯坦石油和天然气工业中心，所以城市象征是以山为背景的石油喷出口雕像。为纪念地质先驱而建的初探者群雕则是城市另一道风景线。

巴尔坎纳巴特郊区有不少名胜古迹。科佩特山北部发现了新石器和中石器时代的**古村落遗址**。据城市38公里处的塔沙尔瓦特泉水旁保存着中世纪**塔沙尔瓦特驼队驿站遗址**，旁边是风景美丽的小树林，至今还生长着古老的榆树，树龄已有上百年。

（6）库尼亚—乌尔根奇

古老的库尼亚—乌尔根奇市（老乌尔根奇）距土库曼斯坦西部达绍谷市100公里。今天，这座古城是国

государственный историко-культурный заповедник с площадью около 640 га (создан в 1985 г.)

Название города Ургенч вписано в историю Центральной Азии золотыми буквами. В конце X века Ургенч (тогда Гургандж) был столицей огромного и процветающего государства Хорезмшахов, занимавшего целую область дельты Амударьи в Северной Туркменистане и западном Узбекистане.

От 995 г., когда Гургандж был столицей государства Хорезмшахов и являлся вторым по величине и значимости после Бухары – алмазного венца династии Саманидов, этот город сохранил до наших дней великолепные архитектурные памятники – мавзолей иль Арслана и хорезмшаха Текеша, датируемые XII веком. Особенно значимыми памятниками Куня-Ургенч, относящимися к XIV веку, являются мавзолей Тюрабек-ханым с мозаичным панно на внутренней стороне купола, которое представляет шедевр ориентального искусства, не имеющий аналогов во всей средневековой архитектуре, а также грандиозный 60-метровый минарет Кутлуг-Тимура, самый высокий в Центральной Азии.

Куня-Ургенч занимал крайне выгодное географическое положение. Он находился на пересечении двух важнейших караванных путей: на восток, в Китай, и с юга – на северо-запад, к Волге. Такое положение не могло не сказаться на темпах роста, и город рос, быстро расширяя свои владения, превращаясь в настоящий центр цивилизации. В начале XI века Гургандж стал настолько известным, что затмил славу Бухары. Сюда съезжались учёные и поэты, прославившие город как «столицу

家历史文化保护区，面积640公顷（设立于1985年）。

乌尔根奇因辉煌的历史而载入中亚史册。10世纪末，乌尔根奇（当时叫玉龙杰赤）是花拉子模国鼎盛时期的首都，花拉子模的疆域包括土库曼斯坦北部和乌兹别克斯坦西部的阿姆河流域所有地区。

从995年开始，就规模和重要性而言，玉龙杰赤作为花拉子模首都的地位仅次于号称钻石王冠的萨曼王朝之都布哈拉，属于第二大都城。至今乌尔根奇保留了伟大的建筑遗址——12世纪的伊利·阿尔斯兰和花拉子模沙赫杰克什的陵墓。库尼亚—乌尔根奇最重要的古迹是14世纪特拉贝克汗陵墓，其穹顶内侧镶嵌着马赛克墙画，堪称中世纪建筑之孤本、东方艺术之杰作。库特卢克—帖木儿清真寺尖塔高60米，是中亚第一尖塔。

库尼亚—乌尔根奇所处地理位置绝佳，位于驼队之路重要的交叉点，向东通往中国，由南向西北延伸至伏尔加河。地理优势为城市的发展和扩张提供了条件，造就了名副其实的文明中心。11世纪初，玉龙杰赤的荣耀超过了布哈拉，成为最耀眼的城市，学者、诗人赞誉它是"智者云集之都"。

тысячи мудрецов». Здесь творили гениальный естествоиспытатель, врач и философ Абу Али ибн Сина и великий энциклопедист Абу Рейхан Беруни.

В течение всего XIII-го столетия Гургандж был сердцем «исламского мира», пока его правитель не восстал против Чингизхана. Монголы полностью разрушили славный город, не оставив на нем и камня на камне. Вот почему современный Куня-Ургенч довольно сильно разрушен.

Одним словом, Куня-Ургенч – уникальное место на земле. Величина и значение его памятников неоспоримы. Не зря архитектурные шедевры Куня-Ургенча внесены в список Всемирного наследия ЮНЕСКО.

天才的自然科学家、教育家、医生和哲学家阿布·伊本·辛那和伟大的博学家阿布·列伊汗·别鲁尼曾经在这里进行创作。

整个13世纪，玉龙杰赤都是伊斯兰世界的心脏，直到地方统治者遇到了成吉思汗的入侵。之后，蒙古人完全摧毁了这座享有盛誉的城市，将其洗劫一空。这也是人们看到现在的乌尔根奇为什么受毁如此严重的原因。

总之，库尼亚—乌尔根奇是世界上独一无二的地方，它古老宏伟的遗迹和历史价值都无需辩驳。所以，库尼亚—乌尔根奇的建筑杰作被联合国教科文组织列入世界遗产名录。

(7) Каспийское море

Каспийское море, которое является самым большим озером на Земле, разделяет Европу и Азию, и одновременно служит западной границей Туркменистана с длиной береговой линии в 1200 км. Каспий называют морем из-за его размеров и геологической структуры, которая когда-то была океаническим дном. Площадь Каспийского моря составляет около 371 тыс. кв. км, оно находится на высоте 27 метров ниже уровня моря, а максимальная глубина достигает 1025 метров, что также делает его одним из глубочайших озер мира. Вода в Каспии соленая.

Берега Каспийского моря на территории Туркменистана преимущественно извилистые и сложены из известняка. Единственным крупным городом здесь является Туркменбаши.

Здесь находится несколько заливов, самым крупным из которых является Кара-Богаз-Гол, который соединен с Каспийским морем узким перешейком. Этот залив находится в северо-западной части Туркменистана. Фактически залив Кара-Богаз-Гол является отдельным озером, которое соединено с Каспийским морем лишь небольшим перешейком шириной не более 200 метров. Причем оно находится ниже Каспия и сюда ежегодно стекают воды, приносящие с собой 13-15 миллионов тонн солей. Из-за высокой испаряемости зеркало Кара-Богаз-Гола постоянно меняет свою площадь и при высыхании на берегах образуются скопления кристаллов мирабилита. Поэтому Каспийское море иногда называют еще «морем белого золота».

（7）里海

里海是世界最大的湖泊。它将大陆分为亚洲和欧洲，同时也是土库曼斯坦的西部边境线，长达1200公里。里海之所以称为海是因为湖的面积大、就其地质构造而言曾是海底。里海面积为37.1万平方公里，海拔低于水平面27米，最深处达到1025米，是世界最深的湖之一，属咸水湖。

土库曼斯坦的里海海岸线呈弯曲状，由石灰岩组成，岸边唯一的大型城市是土库曼巴希。

里海海湾较多，最大的海湾当属卡拉博加兹戈尔湾。它通过狭窄海峡与里海相连，海峡位于土库曼斯坦的西北面，因海峡仅宽200多米，卡拉博加兹戈尔湾实际可算作独立的湖泊。里海高于海湾，每年向这里注入海水的同时也带来了1300—1500万吨盐。高蒸发量经常造成卡拉博加兹戈尔湾的面积发生变化，海岸干涸时海水会结晶形成芒硝，因此里海也称为"白金之海"。

4.5 История Туркменистана
土库曼斯坦历史

Задание 8. Прочитайте текст и выразите согласие или несогласие по содержанию текста («Да» /«Нет»).

1) В VI веке до н.э. территория древнего Туркменистана были завоеваны Ахеменидами (персидской империи). _____
2) С течением времени арабское влияние постепенно ослабевало и на территории Туркменистана стали приходить тюрки-огузы. _____
3) К середине XI века Огузы были очень многочисленны и вскоре смешались с местным населением, результатом ассимиляции стала новая нация, получившая название «туркмены». _____
4) В XIII веке Туркменистан входил в состав Монгольской империи, в конце XIV века была завоевана Амиром Тимуром. _____
5) 1881 году, когда русскими войсками была взята крепость Геок-Тепе, власть в Туркменистане полностью перешла к России. _____
6) 27 октября 1995 года провозглашена независимость Туркменистана. _____

(1) История Туркменистана

Жизнь на территории Туркменистана существовала уже в эпоху раннего палеолита. Земледельческое поселение Джейтун, обнаруженное недалеко от современного Ашхабада, датирующееся шестым тысячелетием до н.э. В III тысячелетии до н.э. племена, обитавшие в горах и по долинам рек занимались земледелием, скотоводством и охотой. В I тысячелетии до н.э. начали строиться оросительные каналы, существовали города и процветала торговля.

Примерно в 500 году до н.э. территория Туркменистана входила в состав таких развитых государств, как Маргиана и Парфия. Маргиана

（1）土库曼斯坦历史

旧石器时期，土库曼斯坦境内已经有人类活动的遗迹。公元前6000年，考古发掘的杰东村落距今阿什哈巴德不远，属农耕区。公元前3000年，土库曼斯坦境内山地和河谷地带的部落已经从事耕种、饲养家畜和狩猎活动。公元前1000年，当地开始修建灌渠，出现了城市和频繁的贸易。

公元前500年左右，土库曼斯坦的国土是马尔吉安那以及帕提亚王国（中国称

была частью Бактрии, а Парфия и Гиркания, расположенные вдоль юго-восточного побережья Каспийского моря, входили в состав Мидийского царства.

В 6 веке до н.э. Туркменистан попал под влияние государства Ахеменидов – Персидской империи, которой подчинялись даже кочевые племена, составлявшие большинство населения. Воспользовавшись преимуществом географического расположения Туркменистана, персы вели активную экономическую и коммерческую жизнь и основывали города.

Однако власть династии Ахеменидов прекратилась уже через два столетия, когда в 4 веке до н.э. Персия оказалась завоеванной Александром Македонским. Позднее территория Туркменистана вошла в состав парфянского Царства. В 224 году н.э. южный Туркменистан был захвачен династией иранских шахов Сасанидов. В то же время часть кочевых племен Туркменистана начала ассимилироваться союзом племен сюнну. В середине 5 века союз гуннских племен во главе с эфталитами сумел подчинить большую часть этой территории. Эфталиты, в свою очередь, были разгромлены тюркским союзом племен, оказавшим большое влияние на язык и уклад жизни покоренных ими народностей. К началу арабского завоевания в середине 7 века почти все племена здесь стали тюркоязычными.

К 716 году земли между Каспийским морем и Амударьей оказались под властью могущественного Арабского халифата. Местные тюркские племена приняли ислам и установили торговые и культурные отношения с остальным мусульманским миром.

为安息）的一部分。马尔吉安那是大夏国的属地，而帕提亚和位于里海东南沿岸的希尔克尼亚（今阿斯特拉巴德），属米底王朝管辖。

公元前6世纪，土库曼斯坦地区居民与其他大多数游牧民族一样，臣服于波斯阿契美尼德帝国。波斯人利用该地区便利的地理优势，积极发展经济和贸易，不断修建城市。

波斯阿契美尼德王朝统治在经历200年之后，于公元前4世纪被亚历山大·马其顿征服，土库曼斯坦地区归入帕提亚国的统治范围。公元224年，南部地区被伊朗萨珊王朝占领。同时，部分土库曼斯坦的游牧部落开始逐渐被匈奴部落同化。公元5世纪中叶，匈奴部落在嚈哒人率领下占领大部分土库曼斯坦领土，后来嚈哒人又被突厥联盟打败，突厥人对臣服民族的语言及生活方式都产生了重要的影响。公元7世纪中叶，阿拉伯人入侵之前，所有的部族都使用突厥语言。

公元716年之前，里海和阿姆河之间的土地是阿拉伯哈里发帝国疆域。当地的突厥部落接受了伊斯兰教，并确定了与其他伊斯兰国家之间的贸易和文化关系。

По мере ослабления могущества арабов на территорию Туркменистана проникали тюрки-огузы, и в 1040 году территория оказалась под властью Сельджукского государства; столицей этого государства был город Мерв (ныне – Мары).

В XII–XIII веках территория Туркменистана находилась под властью Хорезма, который впоследствии был покорен войсками Чингисхана в 1219–1221 и вошел в состав Монгольской империи.

Во времена правления Чингизидов несколько туркменских племен сумели добиться частичной самостоятельности и основали феодальные государства, которые были вассально зависимы от монголов, но уже играли значительную роль в истории нации.

В XIV веке вся Центральная Азия была завоевана Тамерланом, а после падения династии Тимуридов, контроль над территорией региона частично перешел к Хивинскому ханству и Персии.

В это время у туркменских племен, проживавших на побережье Каспия, формируется социальный слой купцов, которые начинают торговлю с Россией, особенно процветавшую во времена Петра I.

Период позднего средневековья принес туркменам окончательное разделение их земель между тремя феодальными государствами – Персией, Хивой и Бухарой.

В 1869 году началась постепенная экспансия территорий, первым шагом к которой было основание на восточном побережье Каспийского моря русского города Красноводска. В 1881 году, когда русскими войсками была взята крепость Геок-Тепе, власть в Туркменистане полностью перешла к России.

随着阿拉伯帝国的衰败，突厥—奥古兹人逐渐进入今土库曼斯坦。1040年，塞尔柱人统治了该地区，首都是梅尔夫（今马雷）。

公元12—13世纪，土库曼斯坦的国土曾是花拉子模的领地，1219—1221年成吉思汗的大军占领此地，将其纳入蒙古帝国势力范围。

这一时期，一些土库曼部落获得部分独立，并建立了封建制国家，虽然仍是蒙古国的附庸，但对民族发展进程起到了巨大的推动作用。

14世纪，整个中亚地区被帖木儿占领，在其帝国衰败之后，希瓦汗国和波斯国兴起。

居住在里海沿岸的土库曼部落形成了商人阶层，他们开始与俄罗斯人进行贸易，彼得一世执政时期商贸活动尤为频繁。

中世纪晚期土库曼人的领土被分为三个汗国：波斯、希瓦和布哈拉。

1869年，俄国版图逐渐扩大，里海东海岸建立了俄国城市克拉斯诺沃茨克。1881年，俄国军队占领格奥克杰别，土库曼政权完全转至俄国之手。

К февралю 1920 года Туркменистан как автономия вошел в состав РСФСР, и уже в 1924 году была провозглашена Туркменская Советская Социалистическая Республика, входившая в состав СССР.

А в октябре 1991 года Туркменистан объявил о своем суверенитете. Самые значительные вехи в новой истории туркмен – это день провозглашения Независимости Туркменистана (27 октября 1991 г.), день принятия Конституции Туркменистана (18 мая 1992 г.) и день подписания Резолюции Генеральной Ассамблеи ООН о «Постоянном нейтралитете Туркменистана» (12 декабря 1995 г.).

(2) Туркмены

Туркмены – тюркоязычный народ древнеогузского происхождения, составляющий основное население Туркменистана. В средние века сюда проникли огузы – тюрко-язычные племена, сыгравшие важную роль в формировании туркмен и их языка. Огузы смешались с местными племенами, и на этой основе сформировался народ, получивший название «туркмен», а страну стали называть Туркменистан, что означает «земля туркмен». Окончательно туркменская народность сложилась лишь в XIV – XV вв.

Туркмены традиционно ещё проживают в Афганистане и на северо-востоке Ирана. По религии туркмены – традиционно мусульмане-сунниты. Человек туркменской национальности – туркмен или туркменка.

1920年2月，土库曼斯坦以自治国的形式加入俄罗斯苏维埃联邦社会主义共和国。1924年，土库曼苏维埃社会主义共和国成立，成为了苏联的一部分。

1991年10月土库曼斯坦宣布独立。土库曼斯坦独立日（1991年10月27日）、土库曼斯坦宪法日（1992年5月18日）和联合国大会签署的"土库曼斯坦永久中立"决议日（1995年12月12日）都属于土库曼人民历史上具有里程碑意义的日子。

（2）土库曼人

土库曼人来源于古代奥古兹突厥民族，是土库曼斯坦主体民族。中世纪时期，突厥的一个部落奥古兹人来到土库曼斯坦这片土地上，对土库曼族及其语言的形成起到了决定性作用。奥古兹人与当地部落融合，在此基础上形成了新的民族——土库曼人，该民族最终形成于14—15世纪。现在，这个国家被称作土库曼斯坦，意思是"土库曼人的领地"。

土库曼人还生活在阿富汗和伊朗东北部地区，传统上，他们属于穆斯林逊尼派。

4.6 Культура Туркменистана
土库曼斯坦文化

> **Задание 9. Переведите подчеркнутые фразы с русского на китайский язык.**

(1) Огуз-хан

<u>Огуз-хан – легендарный прародитель Огузов, которые с XI в. носят название туркмены и являются предками тюркских народов,</u> живущих ныне в Узбекистане, Туркменистане, Азербайджане, Иране, Ираке, Турции, Китае, Балканских странах и Молдове.

Летоисчисление туркмен возводится к эпохе родоначальника нации Огуз-хана Туркмена, жившего пять тысяч лет назад. Образ Огуз-хан имеет черты культурного героя. Наиболее древние представления об Огуз-хане зафиксированы в уйгурской рукописи XV в. «Огуз-наме». В ней говорится, что Огуз-хан был зачат матерью от лучей света и уже родился богатырём. Из груди своей матери этот ребёнок вкусил молоко и больше не пил. Через сорок дней он вырос, ходил и играл. Уже в юности Огуз-хан победил страшное чудовище – пожиравшего табуны единорогов. Внешность Огуз-хана отражает тотемистические представления древних тюрок: ноги его подобны ногам быка, поясница – пояснице волка, плечи – подобны плечам соболя, а грудь – груди медведя. Чудесный помощник Огуз-хана, который указывал дорогу его войску и приносил ему победу, – говорящий

（1）奥古兹汗①

土库曼人的历史始于 5000 年前的土库曼人奥古兹汗，其形象具有文化英雄人物色彩。最早有关奥古兹汗的历史记录是在 15 世纪维吾尔文《奥古兹—纳玛》一书的手稿中，书中提到，奥古兹汗母亲因光芒而受孕，诞下勇士般强壮的婴儿。奥古兹汗出生时，他只喝母乳，40 天后长大，开始行走和玩耍。少年时的奥古兹汗就战胜了可怕的怪物——吞食牲畜的独角兽。奥古兹汗外表是古突厥人图腾崇拜的形象：腿如牛，腰如狼，肩如貂，胸如熊。奥古兹汗的随从很奇特，是能说人类

---

① 奥古兹汗是奥古兹人的传奇先祖。奥古兹人自 11 世纪起自称为土库曼人。

человеческим языком сивый волк. Проявив себя как богатырь, Огуз-хан вступает в брак с небесной девой, спустившейся к нему в лучах света. От неё у него рождаются три старших сына – Кун (солнце), Ай (луна) и Юлдуз (звезда). От другой жены – земной красавицы – три младших сына – Кок (небо), Таг (гора) и Тениз (море).

Огуз-хан, объявив себя каганом, совершает завоевательные походы против соседей. Завершив завоевания, он устраивает великий пир и распределяет свои владения между старшими и младшими сыновьями. Это разделение связывается с чудесными дарами богов: золотым луком и тремя серебряными стрелами, ниспосланными Огуз-хану небом. Огуз-хан отдаёт лук, разломив его на три части, трём старшим сыновьям, а стрелы – трём младшим. Племена, которые произойдут от старших сыновей, он повелевает назвать «бозук» (что значит «ломать на части»), а от трёх младших – «учу к» («три стрелы»). Так объясняется разделение огузов на два крыла.

В Туркменистане некоторые здания и туристические места носят имя Огуз-хана. Дворцовый комплекс «Огуз-хан» – резиденция президента Туркменистана. Он расположен в Ашхабаде, был построен в 2011 году. Фонтанный комплекс «Огуз-хан и сыновья» – один из главных символов Ашхабада. «Звезда Огуз-хана» ашхабадской телебашни признана самым большим в мире архитектурным изображением звезды. Изображение Огуз-хана размещено на купюре достоинством 100 туркменских манат образца 2009 года.

语言的灰狼，它为大汗指明道路并助其获胜。英勇的奥古兹汗与光芒照耀下下凡的天女成婚，生下三位长子——昆（太阳）、阿伊（月亮）和优勒都兹（星星）；另一位妻子是大地的美女，为他生下了三位幼子——阔克（天）、塔克（山）、杰尼斯（海）。

奥古兹汗自称为大汗，开始攻打周围邻国，打完胜仗之后，他大摆筵席，将自己的战利品与儿子们分享。这些宝贝是上天赐予奥古兹汗的礼物：金弓和三支银箭。奥古兹汗将金弓折为三截，送给自己三位长子，而银箭赠给三位幼子。他吩咐，三位长子的部落叫做"博主克"（意思是折断为几截），而幼子的部落叫做"乌楚克"（三支箭），于是儿子们如同奥古兹汗的两个羽翼，都丰满强壮了。

土库曼斯坦的一些地方和建筑都以奥古兹汗的名字命名。奥古兹汗宫廷建筑群是土库曼斯坦总统官邸，位于阿什哈巴德，建于2011年。"奥古兹汗和他的儿子们"喷泉是阿什哈巴德重要的城市象征之一。奥古兹汗之眼是阿什哈巴德电视塔上的星形建筑，也是世界最大的星状建筑物。奥古兹汗的肖像也印在了土库曼斯坦2009年版的100马纳特纸币上。

(2) Выдающийся поэт Махтумкули

Махтумкули́ (1724 – около 1807) – туркменский поэт, философ, классик туркменской литературы. Махтумкули избрал себе псевдоним Фраги.

Махтумкули ещё в детстве начал читать по-персидски и по-арабски. В 1753 – 1757 году Махтумкули учился в медресе в Бухарском ханстве. Он путешествовал по территориям нынешних Узбекистана, Казахстана, Таджикистана, пересекли Афганистан и добрались до северной Индии. После 1760 года Махтумкули совершил путешествие на полуостров Мангышлак, в Астрахань, по территории нынешнего Азербайджана и странам Ближнего Востока.

Махтумкули в значительной мере изменил туркменский поэтический язык, сблизив его с народной речью. Махтумкули сохранил гуманизм, любовь, дружбу, добродетель и справедливость, раскрытые им в произведениях. Поэтическое наследие Махтумкули составляют в основном песни, написанные в древней народной форме. В его песнях отображена героическая тематика, легенды и предания туркменского народа.

（2）杰出诗人马赫图姆库里①

童年时期，马赫图姆库里开始阅读波斯语和阿拉伯语书籍，1753—1757 年就读于布哈拉汗国的伊斯兰经学院。他的足迹踏遍了现今的乌兹别克斯坦、哈萨克斯坦、塔吉克斯坦、阿富汗和印度北部。1760 年后，马赫图姆库里还游历了曼格什拉克半岛、阿斯特拉罕、阿塞拜疆和中东地区。

马赫图姆库里在很大程度上改变了土库曼诗歌的语言，使它更贴近平民。马赫图姆库里在自己作品中透露出人文性、爱情、友谊、美德与正义，其诗歌作品基本是以古代民间歌曲形式创作而成。马赫图姆库里的歌曲反映了英雄主题、传奇故事和土库曼人民的忠诚，其

---

① 马赫图姆库里（1724—约 1807 年）是土库曼诗人、哲学家、经典作家，笔名弗拉吉。

Немаловажное значение в его творчестве занимает любовная лирика («Возлюбленная», «Две луны», «Приди на свиданье»).

Туркменский народ по достоинству оценил своего поэта, философа: Махтумкули провозглашен великим представителем национальной культуры; 18 мая объявлен государственным праздником – Днем поэзии Махтумкули; Месяц май носит имя Махтумкули. Поэзия и философия поэта от Бога Махтумкули являются сокровищницей и достоянием всего тюркского мира, мировой культуры.

...
Мудрый совет помогает везде.
Другу достойный поможет в беде.
Что ты ответишь на Страшном суде?
Мудрых о том вопрошать не пристало.

Доблестный перед грозой не дрожит.
Станет героем не каждый джигит.
Пятится рак. Он ползет — не бежит.
Дом свой родной забывать не пристало.
...

из стихов «Не пристало»

爱情题材作品也具有重要意义（如《爱人》《双月》《来约会吧》）。

土库曼人民给予这位诗人、哲学家很高的评价：马赫图姆库里是民族文化的伟大代表。5月18日马赫图姆库里诗歌节是全国性节日；五月是马赫图姆库里月。天才诗人马赫图姆库里的诗歌和哲学思想是所有突厥人民的财富，也是世界文化的瑰宝。

……
明智的建议总有帮助，
真正的好友患难与共。
审判面前你如何回答？
不应该向智者再次询问。

英雄不会被雷电吓到，
虾米只知退缩不会奔跑，
不是勇士就能成为英雄，
不应该把故乡丢到脑后。
……

摘自诗歌《不应该》

4.7 Традиции и культурное наследие Туркменистана
土库曼斯坦传统与文化遗产

> **Задание 10.** Какие обычаи и традиции туркменского народа вы знаете? Назовите материальные и нематериальные объекты Туркменистана.

(1) Обычаи и традиции туркменского народа

В повседневной жизни и быту туркмены – доброжелательный и гостеприимный, спокойный и выдержанный народ. Национальная культура этого региона как губка впитала религиозные традиции зороастризма, буддизма, христианства и некоторых других верований. Позднее с приходом ислама в этот регион, именно он стал главенствующей религией, принесшей свои традиции и обряды согласно нормам шариата.

Восточное гостеприимство – один из определяющих признаков этого миролюбивого народа. Очень часто туркмены составляют свое мнение о человеке, по тому, как он принимает гостей. Здесь говорят: «*Гость – от Аллаха!*», а значит хорошо принять его не только обязанность, но и священный долг богобоязненного хозяина.

Издревле туркмены с особым почтением относятся к старшим по возрасту, особенно это заметно по отношению к пожилым людям. И конечно, особого почтения требуют по отношению к родителям, как говорится в туркменской пословице: «*Серебро и золото не стареют, а мать и отец цены не имеют*».

Вообще туркмены, в большинстве своем, народ очень нравственный и в своем отношении к жизни во главу угла ставят такие понятия, как благородство, честность, душевная щедрость, скромность, смелость.

(2) Туркменские сокровища

Когда речь идет о Туркменистане, всегда возникает ассоциация с ахалтекинцами, алабаем и коврами.

Известные на весь мир **ахалтекинские скакуны**, которые по преданиям произошли от небесных коней. Ахалтекинцы – поистине

（1）土库曼民族传统及民俗

土库曼人是善良好客、沉着坚忍的民族，民族文化受到了袄教、佛教、基督教和其他一些宗教影响。后来伊斯兰教成为了该国最重要的宗教，其教规礼法渗透到了民族传统和风俗中。

"东方式的好客"是土库曼人崇尚和平的象征，土库曼人对于如何接待客人有自己的看法。他们常说："客人都是真主派来的！"接待客人不仅是必须的，还是信徒的神圣使命。

自古以来，土库曼人尤其尊敬长辈，特别是对上了年纪的人。当然，他们对父母也怀有极大的敬重，正如土库曼谚语："金银不老，父母无价。"

总之，土库曼人十分注重道德品行，崇尚高尚、诚实、心胸宽广、谦虚、勇敢等品质。

（2）土库曼三宝

当提到土库曼斯坦，人们不禁会联想到阿哈尔捷金马、阿拉拜牧羊犬和地毯。

数千年来，传说中的天马就是举世闻名的阿哈尔捷金马，它是真正的飞马，堪

совершенные животные – жаркое рыжее пламя с длинной «лебединой» шеей, несущей сухую точеную голову. Тонкие, породистые ноги, легко приплясывающие на месте и создающие впечатление, что конь не способен и секунды устоять спокойно – вот что значит горячий Восточный темперамент! При всем этом крутой нрав и невероятный, высочайший интеллект. Эти кони действительно высочайшее достижение туркменского народа. На протяжении всей истории существования нации, они всегда были для своих хозяев и верными слугами, и друзьями, и самыми близкими родственниками. Их почитали, о них слагали песни и сказания, а нередко и отдавали свои жизни. В 1992 году в Туркменистане учрежден государственный праздник – «День туркменского скакуна» (последнее воскресенье апреля).

Туркменский алабай, азиат, волкодав – охранная порода, самая древняя порода собак на Земле, дошедшая до сегодняшних дней практически в неизменном виде. Собаки недоверчивы к посторонним, с природным инстинктом охраны «своего» имущества, в которое могут входить, не только хозяйские отары, но и его дом, жена, дети. Нередко на этих умных собак туркменские мужчины, ничуть не сомневаясь, оставляли свое имущество и даже семью, уходя надолго.

Самыми востребованными и известными на весь мир туркменскими изделиями являются, конечно же, **ковры**. Мастерицы изготавливают мировые шедевры исключительно вручную, используя при этом нисколько не изменившиеся за сотни лет инструменты и станки. Тонкость орнамента туркменских ковров поражает! Ученые доказали, что Туркменистан был одним из центров зарождения искусства ковроткачества в мировой цивилизации. В каждом регионе страны испокон

称极品，完美无缺。马的毛色赤红，头细颈高，四肢修长。天马一刻都不会平静，随时准备飞奔出去，这就是东方的血性！不仅如此，阿哈尔捷金马还有优良的品性和令人难以置信的超高智商，所以土库曼人视其为珍宝。土库曼历史中，它们始终都是主人忠实的仆人、朋友和亲人。人们尊重它们，为它们编写歌曲和故事，甚至为它们献出生命。1992年，土库曼斯坦规定土库曼赛马节（4月最后一个星期天）为国家节日。

土库曼斯坦阿拉拜犬是亚洲狼犬，地球上最古老的犬种，一直以来几乎没有太大的变化。阿拉拜犬对外人十分警觉，对保护主人的财产有一种天性，财产包括主人的牲畜群、房屋、妻子、孩子。土库曼男子向来信任自己的阿拉拜犬，出远门时会放心让它们守护财产和家园。

世界上最著名也最有市场的土库曼手工制品当属**地毯**。几百年来，地毯大师们只用织床及传统工具编织手工杰作，其精美花纹令人震撼！有学者证实，土库曼斯坦是世界地毯编织艺术的诞生地之一。自古以来，土库曼斯坦每个州都有自己特有的地毯花纹。五个州的地

веков сложился свой неповторимый ковровый узор. Пять главных орнаментов, соответствуют пяти велаятам и составляют фрагмент государственного флага. В Туркменистане ковер – символ гармонии, символ дома, символ красоты и покоя. Национальный Музей Ковра пользуется в Туркменистане большой популярностью, а провозглашенный Государственный праздник – «Праздник туркменского ковра», который ежегодно отмечается в Туркменистане в последнее воскресенье мая, стал поистине народным.

(3) Всемирное наследие и нематериальное культурное наследие в Туркменистане

В списке Всемирного наследия ЮНЕСКО в Туркменистане значится 3 наименования исторических объектов: это **Древний Мерв, Куня-Ургенч и парфянские крепости Нисы**.

Важным событием 2015 года стало принятие Закона Туркменистана «Об охране национального нематериального культурного наследия». В новом Законе четко сформулировано, в чем проявляется самобытность. Это устные традиции и формы выражения, включая язык в качестве носителя нематериального культурного наследия; это исполнительские искусства; это народные обычаи, обряды, празднества; это знания и навыки, связанные с традиционными ремёслами, а также знания и обычаи, относящиеся к природе и вселенной.

Туркменский эпос «**Гёроглы**» – это истории, в которых описываются подвиги легендарного героя Гёроглы и сорока его всадников. Хранителями традиции в Туркменистане являются сказатели эпического жанра. Эпос прославляет такие черты характера, как храбрость, честность, дружба и верность. Эпос «Гёроглы» является национальным

毯图案组成了国旗的团花组图。在土库曼斯坦，地毯象征和谐、家庭、美丽和平静。国家地毯博物馆享誉全国，五月最后一个星期天被宣布为土库曼国家地毯节，是真正的全民节日。

（3）土库曼斯坦世界遗产及非物质文化遗产

土库曼斯坦有3处历史古迹被联合国教科文组织列入世界遗产名录：古代的梅尔夫、库尼亚—乌尔根奇和帕提亚的尼撒古城。

2015年，土库曼斯坦通过了"国家非物质文化遗产保护法"。新法律明确规定，民族独特性具有下列表现：口头传统和表达形式，包括列入非物质文化遗产的语言、表演艺术、民族风俗、仪式和节日、传统手工艺的知识和技能以及关于大自然和世界的知识和风俗。

土库曼斯坦史诗《格奥拉格雷》讲述的是传统英雄人物格奥拉格雷和40名骑士伟大战功的故事。土库曼斯坦史诗民间说唱家保存和继承了土库曼斯坦史诗的口传文化，史诗弘扬了英勇、

достоянием Туркменистана. В 2015 году Туркменский эпос «Гёроглы» внесен в список ЮНЕСКО нематериального культурного наследия человечества. Изображение Гёроглы находится на лицевой стороне бумажных купюр достоинством 20 манат образца 2009 года. В честь героя воздвигнуто несколько памятников в Ашхабаде. Кроме того, отважный Гёроглы известен и в традиционных сказаниях армян, грузин, азербайджан, турков, узбеков, таджиков, казахов и киргизов.

诚实、友谊和忠诚。《格奥拉格雷》是土库曼斯坦的文化财富。2015年，该史诗被列入联合国教科文组织人类非物质文化遗产名录。史诗英雄人物的形象被刻印在了土库曼斯坦2009年版20马纳特的纸币上。同时人们在阿什哈巴德也建造了多个英雄纪念碑。此外，英雄格奥拉格雷的故事也在亚美尼亚、格鲁吉亚、阿塞拜疆、土耳其、乌兹别克斯坦、塔吉克斯坦、哈萨克斯坦和吉尔吉斯斯坦人民中广为传唱。

4.8 Туркменская кухня

土库曼美食

Задание 11. Каковы главные особенности туркменской кухни?

Нигде в Центральной Азии не найдется **столько видов супов**, как в Туркменистане. Это и мучная похлебка умпач-заши, и гороховый суп гайнатма, и помидорный гара-чорба, и многие другие варианты. Объединяет все это разнообразие то, что в качестве основы для каждого вида супа выступает чорба – бульон из баранины. Это тот самый бульон, который принято пить у казахов и который, заправив овощами, подают к столу узбеки (шурпа).

Несмотря на свои кочевые корни, в той или иной мере присутствующие у большинства среднеазиатских республик, народ Туркменистана не сводил свои кулинарные традиции к одним лишь только **видам жареного мяса**. Например, говурланэт - жареная баранина с помидорами, где **баланс овощей и мяса** настолько хорошо подобран, что первые насыщают второе нежной кислинкой, а второе первые душистым пряным ароматом и жиром.

Только в Туркменистане можно отведать самый необычный плов, где вместо мяса используется **рыба**. Такой плов невозможно не выделить из числа аналогичных блюд Центральной Азии. В Туркменистане применение в кулинарии морепродуктов гораздо более развито, чем в

中亚美食当中，没有任何一个国家的汤类品种像土库曼斯坦这么多：乌姆巴奇扎什面羹、盖纳特玛豌豆汤、嘎啦乔尔巴西红柿汤等。所有汤中最基本的底汤是乔尔巴羊肉汤，也深受哈萨克人喜爱，而乌兹别克人经常在这种羊肉汤里加入蔬菜，做成舒尔巴汤。

虽然土库曼人的祖先有游牧民族的血统，但土库曼人并不只吃肉类食品。最值得一提的是郭福尔拉奈特——油炸羊肉配西红柿，这种食物的肉食和蔬菜营养得到恰到好处的平衡，西红柿给羊肉增添了酸味，而肉为西红柿添了些许油香。

只有在土库曼斯坦可以品尝到最为不寻常的鱼肉手抓饭。手抓饭里的肉被鱼替代，这样的手抓饭会立刻和中亚其他国家的手抓饭区别开来。相比而言，土库曼

остальных странах региона. Это объясняется наличием Каспийского моря – надежного поставщика такого рода товара на местные рынки.

Еще в Туркменистане можно насладиться необычным вкусом целого ряда **молочных продуктов**. Причем многие из них делаются из верблюжьего молока. Другим кулинарным отличием страны стала любимая во всем регионе туркменская **выпечка**. Печенье или пирожки – все они придутся по вкусу как приверженцам восточной кухни, так и любителям кухни европейской.

斯坦在美食烹饪中经常会更多使用海产品，因为里海提供了源源不断的水产资源。

在土库曼斯坦还能看到特别的奶制品，有很多是骆驼奶做成。土库曼的烘烤食品也很美味，饼干和小馅饼深受东方和欧洲美食家的推崇。

4.9 Экономика Туркменистана

土库曼斯坦经济

> Задание 12. Прочитайте текст и перечислите ведущие секторы экономики Туркменистана. Назовите национальную денежную единицу и разменную монету.

(1) Экономика Туркменистана

В Туркменистане расположены богатые месторождения нефти, газа, калийных и каменных солей, цветных и редкоземельных металлов. Туркменистан занимает одно из ведущих мест в мире по запасам природного газа и нефти.

Структура ВВП Туркменистана по отраслям состоит из промышленности, строительства, сельского хозяйства. Основой экономики Туркменистана в настоящее время является топливно-энергетический комплекс, в состав которого входят нефте- и газодобывающая, а

（1）土库曼斯坦经济

土库曼斯坦拥有丰富的石油、天然气、钾盐、岩盐、有色金属、稀土金属，其中天然气和石油储量居世界前列。

土库曼斯坦的经济结构主要由工业、建筑业和农业组成。燃料和能源是土库曼斯坦现在的经济基础，它包括天然气和石油开采业、石油加工业，这些是国家创

также нефтеперерабатывающая отрасли, именно они и приносят основные валютные поступления и составляют основу внешнего товарооборота. Следует отметить, что Туркменистан занимает четвёртое место в мире по запасам газа. Газопровод Туркменистан – Китай является крупнейшим трансграничным газопроводом в мире.

Развита в Туркменистане и сельско-хозяйственная отрасль экономики. Ведущей сельскохозяйственной отраслью является хлопководство, также высокоразвито зерноводство – производство пшеницы, риса. Имеются хозяйства, занимающиеся садоводством, бахчеводством, овощеводством. Животноводство представлено главным образом коневодством, овцеводством и верблюдоводством.

Туркменистан является третьей экономикой среди стран Центральной Азии.

汇和对外贸易的基础。天然气是土库曼斯坦的外贸支柱，土库曼斯坦天然气产量居全世界第四位，中国—土库曼斯坦天然气管道是世界最长的跨境管道。

土库曼斯坦农业也比较发达。农业最重要的部门是棉花和粮食产业，后者主要包括面粉、大米生产。此外，农业还包括园艺业、瓜业、蔬菜业。畜牧业中突出的是养马业、养羊业和养驼业。

土库曼斯坦是中亚第三大经济体。

(2) Национальная валюта

Национальной валютой Туркменистана является туркменский **манáт** (ТМТ). Он вошел в обращение с 1 ноября 1993 года. Один манат приравнивается 100 **тенгé**.

На всех банкнотах и монетах старого образца, которые использовались до 2009 года

（2）国家货币

土库曼斯坦国家货币是土库曼**马纳特**，1993年11月1日开始正式流通，1马纳特相当于100**坚戈**。

2009年前的所有旧纸币和硬币上都印有首位总统

присутствовало изображение Сапармурата Ниязова, бывшего президента республики. Однако в 2009 году была проведена деноминация, вследствие которой сегодня выпускаются банкноты достоинством 1, 5, 10, 20, 50, 100, 500 манатов. 1 манат нового образца приравнивается к 5000 старым манатам. На новых банкнотах изображены известные представители туркменского народа, великие личности и архитектурные памятники страны.

萨帕尔穆拉特·尼亚佐夫的肖像。2009 年货币改值，发行了面额为 1、5、10、20、50、100、500 马纳特，新版 1 马纳特相当于旧版 5000 马纳特。新马纳特上印有更多土库曼斯坦著名人物、伟人和国家著名的纪念碑建筑。

4.10 Международные отношения
国际关系

> **Задание 13.** Что вы знаете о двусторонних отношениях между Туркменистаном и КНР, Туркменистаном и РФ.

Отношения с Китаем. Китай и Туркменистан установили дипломатические отношения 6 января 1992 года. За годы независимости у Туркменистана наработан значительный опыт партнерства с Китаем – в политике, экономике, торговле и культурно-гуманитарной сфере.

В последние годы Китай и Туркменистан установили стратегическое партнёрство, подписали Договор о дружбе и сотрудничестве, обеспечив поступательное развитие межгосударственных отношений. Китай и нейтральный Туркменистан имеют большой опыт двусторонних отношений, строящихся на принципах равноправия, доверия, взаимопонимания и уважения. Близость внешнеполитических целей и задач, схожесть позиций и взглядов по многим проблемам

与中国的关系。中国和土库曼斯坦于 1992 年 1 月 6 日建立外交关系。土库曼斯坦独立后，与中国在政治、经济、贸易、文化人文领域合作方面积累了丰富的经验。

最近几年，中国和土库曼斯坦之间确立了战略伙伴关系，签订了友谊和合作条约，有利于国家间的关系继续发展。中立的土库曼斯坦和中国在和平、互信、理解和尊重的原则基础上，双边关系发展良好。对外政策目标和任务的相似性、全球发展观点多方面的一致性使两

глобального развития позволяют Туркменистану и КНР развивать успешное партнерство на мировой арене.

Отношения с Россией. 8 апреля 1991 г. установлены дипломатические отношения между Российской Федерацией и Туркменистаном. За этот сравнительно небольшой срок удалось заложить прочный фундамент дружбы и взаимовыгодного сотрудничества между двумя странами. Их стержневыми элементами остаются торгово-экономические связи, кооперация по линии российских регионов, сотрудничество в научной, образовательной и культурной областях. Отношения между Ашхабадом и Москвой развиваются в русле стратегического партнёрства и строятся на принципах равноправия, взаимного уважения интересов друг друга и невмешательства во внутренние дела. Обе страны являются членами СНГ.

国在国际舞台上的合作顺利发展。

与俄罗斯的关系。1991年4月8日俄罗斯和土库曼斯坦建立外交关系，两国之间奠定了友好和互利合作的坚实基础。双方合作领域有商贸经济、区域协作、科技、教育、文化等。莫斯科和阿什哈巴德之间是战略伙伴城市，两国以平等、互相尊重利益和互不干涉内政的原则发展双边关系。两国都是独联体成员国。

Узнаем больше! 更多信息！

Туркменский язык   土库曼语

Государственным языком Туркменистана является туркменский язык, относящийся к огузской группе тюркских языков алтайской языковой семьи. Туркменский язык территориально сосредоточен в Туркменистане, а также в Иране, Афганистане, Турции, Таджикистане, Казахстане, Узбекистане, в Ставропольском крае и в Астраханской области России, Китае. В Туркменистане проживают представители 100 национальностей. На территории Туркменистана русский язык признан языком межнационального общения.

Туркменская письменность с момента своего появления и до 1928 года существовала на основе арабского алфавита, а с 1928 по 1940 года в туркменском языке применялась латинская графика. В 1940 году туркменский язык перевели на кириллицу, дополненную несколькими буквами. В 1993 году руководством Туркменистана было принято решение о необходимости перехода на латинизированный алфавит.

土库曼语是土库曼斯坦国家语言，属于阿尔泰语系突厥语族奥古兹语组，使用土库曼语的地区有土库曼斯坦，还有伊朗、阿富汗、土耳其、塔吉克斯坦、哈萨克斯坦、乌兹别克斯坦、俄罗斯的斯塔夫罗波尔边疆区和阿斯特拉汗洲的部分居民以及中国的撒拉族。土库曼斯坦共有100多个民族，俄语是族际交流的语言。

土库曼斯坦文字从出现直到1928年一直使用阿拉伯字母，1928—1940年，使用拉丁字母，1940年，土库曼斯坦转而使用基里尔字母，并补充了个别字母。1993年，土库曼斯坦决定使用拉丁字母。

Урок 4   Туркменистан

Учимся говорить по-туркменски   学说土库曼语

Туркменские слова латинскими буквами

по-русски	по-туркменски
1) Здравствуйте	Salam!
2) Спасибо	Sag boluň
3) пожалуйста	baş üstüne
4) До свидания	Hoş boluň!
5) хорошо	ýaşy
6) плохо	ýaman
7) Извините	Bagyşlaň (ýüz tutanda)
8) Меня зовут...	Meniň adym ...
9) Да	Hawa
10) Нет	Ýok

Туркменские пословицы   土库曼谚语
* Близкий сосед лучше, чем далекий брат.
  远兄不如近邻。
* Капля по капле – озеро, нет капель – пустыня.
  水滴成湖，无水成沙。
* От похвал осёл конём не станет.
  驴不会因赞赏而变成马。

УЗБЕКИСТАН

第五课　乌兹别克斯坦

5.1　Разминка перед уроком
课前热身

国情知识提示牌：

1. **乌兹别克斯坦**：中亚国家之一，经济实力排名暂列中亚第二位；
2. **民族**：突厥人后裔，据不完全统计有130多个民族，乌兹别克族为主；
3. **"乌兹别克"的含义**：我们的领袖；
4. **主体民族语言**：乌兹别克语；
5. **主要宗教**：伊斯兰教；
6. **文化标志**：中亚历史和文化的教科书和博物馆，帖木儿帝国，阿凡提的故事，狼崇拜；
7. **国家标签**：中亚人口最多的国家，双重内陆国家，中亚美食之国，上合组织反恐指挥部；
8. **丝路亮点**：塔什干、撒马尔罕、布哈拉、希瓦、费尔干纳等众多丝路名城与地区。

Задание 1. 请回答下列问题：

1) 俄语是乌兹别克斯坦的官方语言吗？
2) 根据国徽与国旗，你能猜出乌兹别克斯坦农业的主要作物是什么？
3) 是否能简要介绍乌兹别克斯坦的地貌特征？
4) 中国汉朝的"大宛王国"和唐代初期的"拔汉那"指的是今天中亚哪个国家？
5) 乌兹别克斯坦的旅游名胜主要集中在哪些城市和地区？
6) 中亚古谚语"愿出一袋黄金，但求看一眼"所指的童话古城是哪座城市？
7) 生活在中国的乌兹别克人被称作什么族？他们主要居住在哪里？
8) 乌兹别克斯坦货币是什么？与人民币汇率比值大概是多少？

Задание 2. Завершите начатые фразы.

1) Президент государства – _____.
2) Кыргызстан – страна, не имеющая выхода к _____.
3) В административно-территориальном отношении страна делится на _____ областей, _____ автономную республику, _____ город центрального подчинения.
4) 21 марта – _____ (узбекский Новый год). 1 сентября – _____.
5) Население Узбекистана составляет _____.
6) Представителя мужского пола узбекского этноса называют _____, а представительницу женского пола – _____.

5.2 Флаг и герб Узбекистана
乌兹别克斯坦国旗与国徽

Задание 3. Прочитайте текст, найдите флаг и герб Узбекистана на следующих картинках.

Флаги:

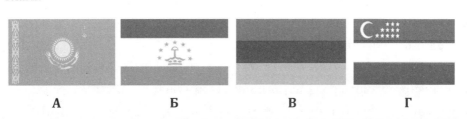

А   Б   В   Г

Гербы:

А　Б　В　Г

1 сентября 1991 года Узбекистан стал независимой республикой в связи, с чем страна обрела новые государственные символы. Закон «О Государственном **флаг**е Республики Узбекистан» принят 18 ноября 1991 года. Символика Государственного флага Республики Узбекистан отражает природные особенности республики, национальную и культурную самобытность народа.

Флаг представляет собой полотно, которое состоит из трех равных горизонтальных полос: голубого, белого и зеленого цветов. Белая полоса выделена сверху и снизу красными линиями. Голубой цвет флага – это символ вечного неба и воды, а небо и вода – это два основных источника жизни. Также голубой цвет – это цвет тюркского народа, к которому относятся узбеки. Белая полоса на флаге – это символ мира, чистоты, стремления к нравственной чистоте помыслов и действий. Зеленый цвет – цвет природы и плодородия. Также зеленый цвет – цвет Ислама. Красные полоски символизируют жизненную силу каждого живого организма. Кроме того, в народе эти две полоски считают «кровеносными сосудами», которые символизируют реки Амударью и Сырдарью, питающие землю Узбекистана. Молодой полумесяц на флаге Узбекистана символизирует вновь родившуюся независимую мусульманскую республику. 12 звезд на флаге – символ безоблачного неба. Чистое небо – это мир,

1991年9月1日乌兹别克斯坦独立，确定了新的国家标志。1991年11月18日该国通过了"乌兹别克斯坦国旗法"。国旗体现了国家自然、民族与文化特性。

乌兹别克斯坦国旗由三色平行宽带组成，自上而下依次是天蓝色、白色和绿色。白色宽带上下两边都用红色线钩边。天蓝色代表永恒的天空和水，它们是生命的基本元素，蓝色是突厥人的颜色；白色象征和平、纯洁、追求高尚道德的希冀与努力；绿色是自然和肥沃的大地之色，也是伊斯兰的颜色；红色象征生命力。两条红线被看作是"两条血管"，代表阿姆河和锡尔河，滋润着乌兹别克斯坦的大地。旗帜上的新月寓意新生的伊斯兰独立国家，国旗上的12颗星代表晴朗无云的天空，寓意着和平、光明、如意。12颗星相当于阳历一年，每年都从"纳乌鲁兹——春

свет, благополучие. Также 12 звезд напоминают о солнечном годе, начинающегося с Навруза – времени наступления весны.

Государственный герб Республики Узбекистан представляет собой изображение восходящего солнца над горами, реками и цветущей долиной, окруженными венком, состоящим справа из колосьев пшеницы и слева – из веток хлопчатника с раскрытыми коробочками хлопка. В центре герба изображена птица Хумо с раскрытыми крыльями, которая является символом счастья и свободолюбия. В верхней части герба находится восьмигранник, символизирующий знак утверждения республики, внутри него – полумесяц со звездой. Изображение солнца – пожелание того, чтобы путь государства всегда был озарен ярким светом. Колосья – символ хлеба насущного, стебли с раскрывающимися коробочками хлопка – главное богатство солнечной земли страны. Колосья и коробочки хлопка, перевитые лентой Государственного флага, означают консолидацию народов, проживающих в республике.

天降临"开始循环往复。

乌兹别克斯坦国徽图案是群山、河流和鲜花盛开谷地之上冉冉升起的太阳，周围环绕着花环，左面是麦穗、右面是盛开的棉花。国徽中心一只吉祥鸟展翅高飞，象征幸福和自由。国徽上方的八角星标志共和国成立，里面是新月和星星。太阳寓意良好的祝愿，希望国家的未来充满明媚的阳光。麦穗象征粮食，盛开的棉花是这个阳光国度的财富。国旗飘带缠绕着麦穗和棉桃，表达全国人民团结一心。

5.3　География Узбекистана
乌兹别克斯坦地理

Задание 4. С какой провинцией Китая можно сравнить Узбекистан по площади?

А. С провинцией Ганьсу (454 тыс. км^2)
Б. С провинцией Сычуань (481 тыс. км^2)
В. С провинцией Шэньси (205 тыс. км^2)
Г. С провинцией Хайнань (34 тыс. км^2)

Задание 5. Прочитайте текст и заполните пропущенные слова, покажите на карте соседние страны.

Узбекистан расположен в юго-западной части Центральной Азии. Республика Узбекистан граничит с Казахстаном на севере и северо-востоке, с _____ на юго-западе, _____ на юге, _____ на юго-востоке и _____ на северо-востоке. Общая площадь составляет 447 400 км². Это страна почти такого же размера, как Швеция. Узбекистан – двойная внутриконтинентальная страна, т.е. она сама не имеет выхода к морю и соседствующие страны также являются внутриконтинентальной страной. Таких стран в мире только две: Узбекистан и Лихтенштейн.

Территория Узбекистана на северо-западе омывается Аральским морем, в которое впадают две главные реки Центральной Азии – Амударья и Сырдарья. Большая часть территории занята

乌兹别克斯坦位于中亚西南部，北部、东北部与哈萨克斯坦接壤，西南部与土库曼斯坦相邻，南接阿富汗，东南紧邻塔吉克斯坦，东北与吉尔吉斯斯坦毗邻，总面积44.74万平方公里，相当于瑞典的面积。乌兹别克斯坦属于双重内陆国，即它自己是内陆国，它周围的邻国也属于内陆国。这样的国家全世界只有两个：乌兹别克斯坦和列支敦士登。

乌兹别克斯坦的西北与咸海相连，中亚两条主要河流——阿姆河和锡尔河就汇入这里。全国大部分领土是

равнинами, в основном Туранской низменностью, в пределах которой выделяются плато Устюрт и пустыня Кызыл-Кум. До 1/5 площади занимают горы и предгорья – протянувшиеся на востоке и юге горные хребты Тянь-Шаня, Гиссаро-Алая (высотой до 4643 м), разделенные межгорными впадинами (Ферганская, Зеравшанская и другие). Города Узбекистана, вокруг которых сосредоточена жизнь народа страны, находятся в долинах рек (Амударья и Сырдарья).

Узбекистан – солнечная республика. Здесь проживает больше 33 миллиона человек и республика является самой населённой страной Центральной Азии. Климат резко континентальный. Он выражается в резких амплитудах дневных и ночных, летних и зимних температур. Природа засушливая, атмосферных осадков выпадает мало, низка относительная влажность воздуха. На большей части территории годовое количество осадков не превышает 200 – 300 миллиметров.

Административно-территориальное деление Узбекистана имеет 12 областей (вилоятов), 1 автономную республику (Каракалпакстан) и 1 город центрального подчинения (Ташкент).

平原——图兰低地（分隔了乌斯秋尔特高原和克孜勒库姆沙漠）。山脉和丘陵占全国面积的五分之一。东部、南部绵延的天山和吉萨尔—阿赖山脉（高达4643米）将山间盆地分别隔开（费尔干纳、泽拉夫尚盆地等）。乌兹别克斯坦的城市生活区集中在河谷地区（阿姆河和锡尔河）。

乌兹别克斯坦是日照充沛的国家，这里居住着3300多万人，是中亚人口最多的国家。乌兹别克斯坦属典型大陆性气候，昼夜、冬夏温差极大，天气干旱，降水较少，空气相对湿度较低。境内大部分地区年降水量不超过200—300毫米。

乌兹别克斯坦行政区划为12个州、1个自治共和国（卡拉卡尔帕克斯坦）和1个直辖市（塔什干）。

5.4 Туристические места Узбекистана
乌兹别克斯坦旅游景点

Задание 6. Прочитайте текст и вставьте пропущенные слова.

1) Столица Узбекистана – город _____. Название города означает _____.

2) Город _____ была столицей огромной империи Тимура.

3) Эмир Тимур родился в древнем городе _____.

4) _____ имеет свой герб, флаг, гимн, конституцию, правительство и свой язык.

5) В список объектов Всемирного наследия ЮНЕСКО в 1990 году внесена историческая часть города _____ – Ичан-Кала («внутренний город») территорию.

6) Исмаила Самани считают отцом таджикской нации и гордостью всего персо-язычного народа. Его мавзолей находится в городе _____ .

7) Исполнительный комитет РАТС ШОС расположен в столице Республики Узбекистан – городе _____ .

8) На границе Узбекистана и Казахстана расположено бессточное озеро – _____ .

Задание 7. Назовите узбекские города или места по картинкам.

_____   _____

_____   _____

(1) Ташкент

Ташке́нт – столица современного Узбекистана, крупнейший город по численности населения Узбекистана и Центральной Азии. Население превышает 2,3 миллиона человек. Ташкент – важнейший политический, экономический, культурный и научный центр страны, а также

（1）塔什干

塔什干——乌兹别克斯坦首都，全国和中亚人口最多的城市，人口超过230万。塔什干是全国最重要的政治、经济、文化和科技中心，也是航空、铁路和公

авиационный, железнодорожный и автомобильный узел. В Ташкенте также находится штаб-квартира постоянно действующего органа ШОС, Региональной антитеррористической структуры (РАТС).

Город находится на северо-востоке страны в плодородном оазисе долины реки Чирчик, на высоте 440-480 м над уровнем моря.

История Ташкента насчитывает уже более 2000 лет, за которые был пройден славный путь от небольшого селения до одного из самых крупнейших и красивейших городов Центральной Азии. С XI века город был известен под названием Ташкент, что означает Каменный город. В самых ранних китайских источниках Ташкент фигурирует как Ши, Чжэши. Поскольку «ши» может означать по-китайски «камень», то после заселения региона тюркскими племенами эти названия могли трансформироваться в созвучное слово с той смысловой нагрузкой в тюркских языках «таш» (камень). За годы своего становления город несколько раз менял название (Шаштепа, Чач, Бинкент, Ташкент), входил в состав великих империй и ханств (Карахониды и Хорезмшахи, Темуриды, Шейбаниды, Кокандское ханство).

Достопримечательности Ташкента поражают своим разнообразием: это и археологические памятники времен зороастризма, которым уже более 2200 лет, и архитектурные шедевры Средневековья, и монументальные дворцы конца XIX в., и не менее грациозные постройки современности.

Площадь Независимости не просто центральная достопримечательность Ташкента, это своеобразный символ города. У подножия **Монумента Независимости**, перед пьедесталом располагается **памятник Счастливой матери**,

路枢纽。上合组织常设机构——"地区反恐机构"总部也设在这里。

塔什干位于东南部奇尔奇克河河谷一片肥沃的绿洲上，海拔440—480米。

塔什干已经有2000多年的历史，从一个偏远的小村庄逐渐蜕变成中亚最大最美的城市之一。从11世纪起，塔什干就是一座名城，意思是"石头之城"。据中国早期史料记载，塔什干过去被称作"石""赭石"。因为"石"即中文的"石头"，突厥人定居后，将该词义转换为具有同义且发音相近的突厥语"塔什"（石头）。塔什干建城的过程中，几易其名（沙什泰帕、恰奇、宾肯特、塔什干），它曾是喀喇汗国、花拉子模王国、帖木儿帝国、昔班尼王朝、浩罕国等许多国家的属地。

塔什干名胜古迹众多，各有特色：有2200多年的祆教考古遗迹、中世纪建筑杰作，也有19世纪宫廷院落、现代宏伟建筑。

独立广场不仅是塔什干的重要名胜，也是城市的地标。独立纪念碑旁矗立着幸福母亲像，即祖国母亲纪念碑（2006）（一位母亲怀

Родина-Мать (2006 г.) – фигура женщины с ребенком на руках. Женщина-Мать символизирует Родину и мудрость, хранилище вековых традиций, а ребенок – светлое будущее молодого государства.

Музей истории Тимуридов (его также называют Музеем Эмира Тимура) был открыт в Ташкенте в 2006 году и является важной достопримечательностью города. Грандиозное здание музея Эмира Тимура – образец прекрасной архитектуры, выдержанное в стиле восточного зодчества: круглое в плане, оно увенчано огромным голубым куполом. В музее Эмира Тимура собрано более трех тысяч экспонатов, рассказывающих о многовековой истории Узбекистана.

Ташкентская телебашня – самое высокое строение (375 метров) с открытой для посещения смотровой площадкой в Центральной Азии. **Ташкентское метро** начали строить в 1970-х годах, оно стало самой первой транспортной системой такого типа в Центральной Азии и одном из самых красивых в мире.

抱着婴儿）。母亲象征祖国和智慧，守护着数百年来的传统，孩子则代表年轻国家灿烂的未来。

帖木儿家族史博物馆（即埃米尔·帖木儿博物馆）于2006年开放，是市内主要景点之一。宏伟的阿米尔·帖木儿博物馆堪称东方建筑艺术之典范：博物馆整体呈圆形，上方是巨大的天蓝色穹顶。馆内收藏了3000多种反映乌兹别克斯坦历史的展品。

塔什干电视塔作为开放的观光塔，号称中亚最高的建筑（375米）。中亚最早的塔什干地铁建于20世纪70年代，是世界上最美的地铁之一。

(2) Самарканд

Самарка́нд – второй по величине и численности населения город Узбекистана, административный центр Самаркандского вилоята (области). Он расположен в 275 км юго-западнее Ташкента на склонах Туркестанского хребта на высоте 700 м.

Самарканд – один из древнейших городов мира, его история насчитывает около 2750 лет. Древний Афросиаб, город Мараканда (столица легендарной Согдианы), Самарканд – все это разные имена одного великого города. Расцвет Самарканда пришёлся на времена правления эмира Тимура (XIV—XV века), когда Самарканд стал столицей его империи. Город известен архитектурными памятниками, относящимися к временам правления династии Тимуридов. Местные жители чтят эмира Тимура и его внука – астронома Улугбека, при которых Самарканд обрёл могущество. Самаркандская архитектура средних веков известна во всём мире: уникальные внешние глазурованные и позолоченные облицовки древних зданий являются визитной карточкой города. В 2001 году за свой неповторимый облик Самарканд был включён ЮНЕСКО в список Всемирного наследия.

（2）撒马尔罕

撒马尔罕是撒马尔罕州的行政中心，就面积和人口而言，是乌兹别克斯坦的第二大城市，位于塔什干西南275公里，地处海拔700米的突厥斯坦山的山坡上。

撒马尔罕是世界古城之一，已有近2750年的历史，古代的阿芙罗西阿布、马拉坎大（传奇的粟特首都）、撒马尔罕等其实都是这座名城曾经的名字。撒马尔罕繁荣鼎盛于帖木儿王朝（14—15世纪），当时撒马尔罕是帖木儿帝国首都，现在引以为豪的古建筑都是当时建造的。当地人民十分敬爱埃米尔·帖木儿及其孙子、天文学家兀鲁伯，他们统治的这段时期，撒马尔罕逐渐强盛。举世闻名的撒马尔罕古建筑都有独特的琉璃装饰和镶金外墙，是城市的亮丽名片。2001年，撒马尔罕因其独一无二的城市风貌被联合国教科文组织列入世界文化遗产名录。

Площадь Регистан. Все дороги Старого города Самарканда ведут к площади Регистан. Её ансамбль формировался в XV – XVII веках и включил в себя мечети, минареты и мавзолеи. Сегодня Регистан украшают такие древние здания, как **медресе Улугбека** (начало XV века), где сам Улукбек читал лекции по математике и астрономии, **медресе Шер-Дор** (начало XVII века), название которого переводится как «Здание со львами», являющаяся копией медресе Улугбека и стоящий напротив, и в середине между ними **медресе Тиля-Кари** (середина XVII века), означающий «отделанное золотом». Восточнее медресе Тилля-Кари стоит **Мавзолей Шейбанидов**, где можно увидеть множество надгробий. Шейбаниды, которые стояли во главе кочевых узбеков, в XV веке завоевали ослабевшую империю Тимуридов.

Мечеть Биби-Ханым. В окрестностях площади Регистан интересны остатки огромной соборной мечети Биби-Ханым. Её строительство началось в 1399 году при эмире Тимуре. После своего похода в Индию великий полководец желал возвести самую грандиозную мечеть в исламском мире. Самые лучшие архитекторы государства трудились над этим проектом. Однако, в 1405 году скончался эмир Тимур и мечеть так и не была завершена. До наших дней от мечети сохранились внешние стены, портал и некоторые здания.

Мавзолей Гур-Эмир. Недалеко от мечети Биби-Ханым находится древнее городище Афросиаб, где некогда располагалась столица государства Согдиана. Здесь сохранился загадочный погребальный комплекс Шахи-Зинда. Неподалеку

列吉斯坦广场。撒马尔罕老城条条道路通往列吉斯坦广场，广场建筑群建于15—17世纪，包括清真寺、尖塔和陵墓。现在，列吉斯坦的古老建筑有兀鲁伯经学院（15世纪初），兀鲁伯曾经在此做过数学和天文学讲座；舍尔—朵儿经学院（17世纪初）又称藏狮楼，与兀鲁伯经学院的建筑一模一样，位于其对面；两个经学院之间有一座迪利亚—卡里（17世纪中叶）经学院，意为"镶金"，它的东边有一座昔班尼汗陵墓，那里有很多墓碑。15世纪昔班尼汗率领游牧民族乌兹别克人，征服了衰落的帖木儿帝国。

比比·哈内姆清真寺。列吉斯坦广场附近有一处遗迹十分引人注目，这就是比比·哈内姆清真寺。清真寺于1399年在埃米尔·帖木儿时期开始建造。伟大的帖木儿远征印度归来，希望建造最宏伟的清真寺，派遣全国最好的建筑师来此修建。但1405年，帖木儿去世，清真寺建造中断。清真寺外墙、大门和一些屋舍还保留至今。

古尔埃米尔陵墓。比比·哈内姆清真寺附近还有一座阿芙罗西阿布古城，它是粟特国的首都。这里保留了神秘的沙赫金达陵墓群，

от комплекса Шахи-Зинда находится и мавзолей самого Тимура и его потомков – Гур-Эмир. Мавзолей стал местом погребения Тимура, его сыновей и ещё одного его внука – Улугбека и т.д.

Обсерватория Улугбека. В 2 км северо-восточнее Самарканда на холме Кухак в 1908 году были обнаружены остатки обсерватории Улугбека 1428 года. В средние века она являлась одной из самых грандиозных обсерваторий Востока.

(3) Бухара

Бухара́ – областной центр Бухарской области Республики Узбекистан. Он является одним из известнейших городов Узбекистана, через который проходил знаменитый Великий Шелковый Путь. Возраст Бухары превышает 2500 лет.

Бухара – один из главных центров Ислама не только в Центральной Азии, но и во всем мусульманском мире. В средневековье на территории Бухары находилось более 350 мечетей и 80 медресе, многие из которых прекрасно сохранились до наших дней. Помимо грандиозных ансамблей, медресе, мечетей, в Бухаре отлично сохранилась древнейшая крепость Арк, знаменитый минарет Калян, действующие средневековые бани и торговые купола – всего более 140 памятников архитектуры!

Летняя резиденция бухарского эмира. Летняя резиденция бухарского эмира – это загородная резиденция бухарских эмиров с поэтичным названием Ситораи Мохи-Хоса (Дворец между звездами и луной). Возведение дворцового комплекса начато при Абдулахад-хане – отце бухарского эмира Саида Алимхана.

Резиденция имеет две части: старый дворец

离此不远是古尔埃米尔陵墓，埋葬着帖木儿和他的儿子们及孙子兀鲁伯等。

兀鲁伯天文台。撒马尔罕东北2公里处的库哈克丘陵上有一座1428年建的兀鲁伯天文台遗址，1908年被发现，它是中世纪时期东方最大的天文台之一。

（3）布哈拉

布哈拉是乌兹别克斯坦布哈拉州的行政中心，丝绸之路乌兹别克斯坦境内最著名的城市之一，已有2500多年的历史。

布哈拉不仅是中亚地区也是整个伊斯兰世界的重要中心之一，中世纪时期布哈拉有350多座清真寺和80多个经学院，其中大部分都完好保留至今。除宏伟的建筑群、经学院、清真寺之外，这里还有保存十分完好的阿尔卡古堡、著名的卡良宣礼塔、还在使用的中世纪浴池、商业中心等共140多个古文物建筑。

布哈拉埃米尔夏宫。布哈拉埃米尔夏宫是布哈拉埃米尔的宫殿，名字诗情画意，叫做西塔拉伊·摩希霍萨（意思是星月宫）。宫殿始建于阿布杜罕汗时期，阿布杜罕是萨伊德·阿里木汗之父。

宫殿分为两部分：旧宫

и новый дворец. Старый дворец представляет собой памятник старого дворцового быта, с традиционной планировкой и убранством. В художественной отделке проявлен старый узбекский национальный стиль. Дошедший до наших дней новый дворец Ситораи Мохи-Хоса был построен в 1912 – 1918 гг. по приказу последнего эмира Бухары Мир Сайида Алимхана. В строительстве нового дворца принимали участие лучшие бухарские мастера того времени, а также русские инженеры. Очевидно, что на архитектуру нового дворца повлияли европейские традиции, именно здесь можно получить представление о бухарском дворцовом интерьере, об устройстве и быте царского двора.

Летняя резиденция последнего сегодня находится практически в черте города, окруженный санаториями и жилыми постройками.

Мавзолей Саманидов. Мавзолей Саманидов является самым древним памятником исламской архитектуры, а также единственным дошедшим до наших дней памятником времен правления этой династии во всей Центральной Азии. Он находится в парке Саманидов, разбитом на месте древнего кладбища и представляет собой квадратное здание. Принято считать, что он был построен в конце X в. Исмаилом Самани – основоположником династии Саманидов (династия правила с 875 по 999 гг.). Мавзолей Саманидов сочетает в себе практически все традиции зороастрийских храмов огня. Впоследствии это сооружение стало классикой среднеазиатского архитектурного стиля. Мавзолей Саманидов олицетворяет собой наступление новой эпохи в возрождении и развитии среднеазиатской культуры после арабских завоеваний.

(4) Хива

Город Хива́, которому больше 2500 лет, можно назвать одной большой достопримечательностью Узбекистана. Ведь даже в список объектов Всемирного наследия ЮНЕСКО в 1990 году попал не отдельный памятник, а вся **Ичан-Кала** («внутренний город») – историческая часть города, которая вместе с пригородом – Дишан-Калой – издревле составляла территорию Хивы. Древняя цитадель, обнесенная могучей городской стеной, представлена в облике живого средневекового города из Восточной сказки, каждое строение которого – архитектурный памятник и отдельная достопримечательность. Тем не менее, в этом историческом «музее» продолжают жить люди.

Здесь можно часами гулять по каменной мостовой и рассматривать искусную резьбу на деревянных колоннах Джума-мечети, попасть в самое сердце Ичан-Калы – крепость Куня-Арк. Там есть превосходная смотровая площадка, а можно подняться по узкой винтовой лестнице на самый верх минарета Ислам Ходжа, откуда открывается потрясающая панорама древнего

形，建于10世纪末。伊斯梅尔·索莫尼（又译为萨玛尼）是萨曼王朝（875—999年）的奠基人。萨曼陵墓不仅体现了火祆教建筑的传统，还体现了中亚典型的建筑风格，开启了阿拉伯人入侵之后中亚文化复兴与发展的新时期。

（4）希瓦

希瓦已有2500多年的历史，可以称之为乌兹别克斯坦最大的景点之一。1990年，联合国教科文组织将这里的整个伊钦古城（内城）（而并非一处古迹）列入世界遗产名录。自古以来，伊钦内城与吉尚—喀拉外城共同组成希瓦城。坚固的城墙环绕内城，如同中世纪东方童话里梦幻般的城市，城内每座建筑都是一处古迹和独立的景点，而在这个历史"博物馆"内依旧生活着当地居民。

人们可以数小时地漫步在石路上，细细品味朱玛清真寺木柱上的雕刻，观赏伊钦古城的中心——库尼亚—阿尔克要塞。这里还有最好的观景台，沿着狭窄的旋转楼梯拾阶而上可登上伊斯兰·霍扎宣礼塔最高处，

города, раскинувшегося по соседству с огромной пустыней Кызыл-Кум.

Куня-Арк. Куня-Арк (в переводе «старая крепость») это цитадель правителя, которая была в каждом крупном городе. С конца XVIII века крепость представляла собой охраняемый «город в городе» и скрывалась за двойными зубчатыми глиняными стенами – собственными и стенами Ичан-Калы, которые составляли до 10 метров в высоту и 5-6 метров в толщину. Если хан принимал послов кочевых племён, то с целью оказания им уважения для встречи использовалась юрта, стоящая на круглом возвышении в центре двора. Вся великолепная отделка, а также искусная резьба по дереву, украшающая двери, колонны, балконы сохранившихся в крепости Куня-Арк зданий позволяют почувствовать себя внутри драгоценной шкатулки. А особый местный колорит и дух истории, витающий в глиняных стенах цитадели, помогают лучше понять этот загадочный Восточный край.

(5) Шахрисабз

В км 80 к югу от Самарканда расположен город Шахриса́бз. С персидского языка название переводится, как «зелёный город». Шахрисабз

Урок 5   Узбекистан

известен, как родина великого полководца эмира Тимура. В XIV – XV веках город имел название Кеш. Исторический центр Шахрисабза включён в список объектов Всемирного наследия ЮНЕСКО.

Шахрисабз – один из самых красивых и колоритных городов Узбекистана. Независимо от того, в какое время ехать в этот древний город, он предстает перед путешественниками как огромный зеленый сад.

Глядя на его ухоженный современный вид, не скажешь, что этому небольшому городку 2700 лет, и что он играл значительную роль в истории среднеазиатского региона. А ведь когда-то Шахрисабз был столицей древнего государства Согд, а его слава как центра культуры, торговли и ремесел распространялась далеко за границы государства. В 329 году до нашей эры Александр Македонский захватил город и вскоре в городе прижилась эллинистическая культура, появились культы греческих богов. На протяжении тысячелетия Шахрисабз был под влиянием различных династий.

Но сегодня этот прекрасный город известен по большей части благодаря Эмиру Тимуру. Когда

沙赫里萨布兹因帖木儿故乡而闻名。14—15世纪时，该城市叫做渴石。现在沙赫里萨布兹的历史中心被联合国教科文组织列入世界遗产名录。

沙赫里萨布兹是乌兹别克斯坦最美丽和最具有情调的城市之一。任何时候来到这座城市都犹如置身于巨大的绿色花园。

城市的现代化风貌很难让人想到这是一个已经有2700年历史的小城。它在中亚地区的历史发展中起了非常重要的作用。沙赫里萨布兹是古代粟特国的首都，它作为文化、贸易和手工业中心，名声传播千里，闻名国外。公元329年，亚历山大·马其顿攻下该城，并带来了希腊文化，城中出现了希腊诸神像。在千年的历史长河中沙赫里萨布兹刻下了各个朝代的烙印。

今天城市魅力的焕发主要归功于埃米尔·帖木儿，

же он стал правителем, то незамедлительно сделал Шахрисабз своей резиденцией и приказал построить для себя дворец, известный сегодня как Ак-Сарай. Ныне в городе находится большое количество архитектурных достопримечательностей, мемориальные комплексы.

(6) Фергана и Каракалпакстан

Слово Фергана понимается как и город Фергана, так и Ферганская долина.

Город Фергана – один из самых молодых городов Узбекистана, расположенный на юге Ферганской долины, относится к числу самых юных городов Узбекистана. Он образован в 1876 году, после присоединения Кокандского ханства к Российской империи. Тогда, в 12 километрах от Маргилана, был выстроен город, получивший название Новый Маргилан и ставший центром Ферганской области.

Ферганская долина – обширная котловина, замкнутая с трех сторон мощными хребтами Тянь-Шаньской и Памиро-Алайской горных систем. Длина ее с запада на восток более 350 км, ширина до 150 км. Вдоль долины течет вторая по величине река Центральной Азии – Сырдарья. Параллельно Сырдарье, южнее протекает Большой Ферганский канал Фергана – как отдельное государственное объединение упоминается в древнейших китайских источниках. Китайский посол Чжань Цзань еще в 104 г до н.э. насчитал здесь 70 больших и малых городов. По долине проходил один из маршрутов Великого Шелкового пути. Поэтому декоративноприкладное искусство Ферганской долины с древности испытывало влияние культур Китая, Индии, Персии. Раскопки показали, что здесь были и буддийские храмы, и несторианские

церкви.

Автономная республика Каракалпакста́н (Каракалпа́кия) расположена на северо-западе Узбекистана. На юге граничит с районами Туркменистана, на западе, севере и северо-востоке – с областями Казахстана, на юго-востоке – с Хорезмской и Бухарской областями, на востоке – с Навоийской областью.

В 1993 году подписан межгосударственный договор сроком на 20 лет о вхождении Республики Каракалпакстан в состав Узбекистана. В договоре оговорено право выхода автономной республики из Узбекистана путём проведения референдума. Каракалпакстан имеет свою государственную символику: герб, флаг, гимн, конституцию и правительство. Республика Каракалпакстан самостоятельно решает вопросы своего административно-территориального устройства.

Каракалпакстан находится на Туранской низменности. Пустыни занимают более 80 % территории. Территория Каракалпакстана включает также южную половину Аральского моря.

В древности территория современной Республики Каракалпакстан наряду с современной

卡拉卡尔帕克斯坦自治共和国（卡拉卡尔帕基亚）位于乌兹别克斯坦西北部，南与土库曼斯坦地区接壤，西、北和东北与哈萨克斯坦毗邻，东南紧邻乌兹别克斯坦的花拉子模州、布哈拉州，而东部则是纳沃伊州。

1993年，卡拉卡尔帕克斯坦自治共和国与乌兹别克斯坦签署了一项为期20年的协议，规定卡拉卡尔帕克斯坦是乌兹别克斯坦的自治共和国，该共和国有权通过公民投票决定是否退出乌兹别克斯坦。卡拉卡尔帕克斯坦拥有自己的共和国标志：国徽、国旗、国歌、宪法和政府，并独立解决其行政区划问题。

卡拉卡尔帕克斯坦位于图兰低地，沙漠占据了其80%以上的领土，咸海南半部也在卡拉卡尔帕克斯坦。

在古代，今天的卡拉卡尔帕克斯坦共和国、花拉子

Хорезмской областью и прилегающими районами Туркменистана составляла Хорезм. На данной территории сегодня насчитывается свыше 300 археологических объектов и является своего рода «археологическим заповедником».

Основными отраслями сельского хозяйства Республики Каракалпакстан является зерноводство, хлопководство, животноводство и шелководство. С 2016 года начал работать Устюртский газохимический комплекс, который является одним из крупнейших в мире проектов в нефтегазовой сфере.

Каракалпакский язык – официальный язык Республики Каракалпакстан.

(7) Аральское море

Озер на территории Узбекистана мало. Ара́льское – самое крупное из них, поскольку оно занимает довольно большую площадь, его стали называть морем. Аральское море – бессточное солёное озеро.

Аральское море расположено на границе Казахстана и Узбекистана. Первые исследования Аральского моря были проведены русской экспедицией. В 1950-х годах Аральское море занимало около 68 тыс. кв. км. Аральское море начало высыхать в 60-е гг., когда вода из

模州和土库曼斯坦的相邻近地区共同构成古花拉子模王国。这里出现了300多个考古遗址，是名副其实的"考古保护区"。

卡拉卡尔帕克斯坦共和国支柱产业是粮食、棉花、畜牧业和蚕业。自2016年以来，乌斯秋尔特天然气化工厂开始运营，它是世界上最大的石油和天然气项目之一。

卡拉卡尔帕克语是该共和国的官方语言。

（7）咸海

乌兹别克斯坦境内的湖泊较少，咸海是其中最大的湖泊之一，因为其占地面积较大，所以叫做海，咸海属内陆咸水湖。

咸海位于哈萨克斯坦和乌兹别克斯坦两国的边境，俄罗斯学者对咸海进行过早期考察。20世纪50年代咸海占地将近6.8万平方公里，60年代起，流入咸

впадающих в него основных питающих рек Амударья и Сырдарья стала использоваться для орошения полей.

В 1989 году Аральское море распалось на два изолированных водоёма – Малое Аральское море на территории Казахстана и Большое Аральское море на территории Узбекистана. В 2003 году площадь поверхности Аральского моря составляла около четверти первоначальной, а объём воды— около 10%. Сегодня на месте некогда глубоководного моря образуется новая песчано-солончаковая пустыня Аралкум, площадь которой уже составляет 38 тыс. кв. км.

海的阿姆河与锡尔河的支流开始用于灌溉，于是湖水逐渐干涸。

1989年，咸海形成两个独立的水域——哈萨克斯坦境内的小咸海和乌兹别克斯坦境内的大咸海。2003年，咸海面积只有当初的四分之一左右，水量也仅为以前的10%。以前的深水湖现在已变成阿拉尔库姆沙漠盐碱地，面积达3.8万平方公里。

5.5 История Узбекистана
乌兹别克斯坦历史

Задание 8. Прочитайте текст и выразите согласие или несогласие по содержанию текста («Да»/«Нет»).

1) В истории Узбекистана первая могущественная империя – Ахемниды. _____

2) В VI веке на территории Узбекистана возникли три первых древних государства: Бактрия, Согд, Хорезм. _____

3) К X веку население области, расположенной между Сырдарьей и Амударьей приняло буддизм. _____

4) Столица первого феодального государства Саманидов была в Бухаре. _____

5) В XIV веке город Самарканд превратился в столицу огромной империи Тимура. _____

6) Узбекская ССР просуществовала до 1991 года. _____

(1) История Узбекистана

Веками на территории Междуречья жили люди, возводились прекраснейшие города: Самарканд, Бухара, Хива и др. Эта земля была местом переплетения дорог Великого Шёлкового Пути, соединяя Азию и Европу.

Богата история Узбекистана, уходящая своими корнями вглубь тысячелетий. В Бронзовую эпоху в истории Узбекистана возникла первая религия в Центральной Азии – зороастризм и первая могущественная империя Ахеменидов (персидская держава). В VI веке до н. э. три из среднеазиатских сатрапий – Бактрия, Согд, Хорезм были первыми древнейшими государствами, которые полностью или частично находились на территории современного Узбекистана.

Крушение персидской державы произошло в IV в. до н.э., когда греческий полководец Александр Македонский одержал победу над персами. Выгодное территориальное расположение городов делало их привлекательными для различных завоевателей. Территория современного Узбекистана была завоевана десятки раз различными завоевателями.

В 323 г. до н.э. после смерти Александра Согд вошел в состав государства Селевкидов. В середине II в. до н.э. было основано Кушанское государство. Она включала в себя Центральную Азию, часть современного Афганистана и Северную Индию.

На территории Центральной Азии кочевники эфталиты создали в V веке огромную империю, протянувшуюся от Каспийского моря до Кашгара и от Аральского моря до Индии. Эфталиты вели активную внешнеэкономическую деятельность

（1）乌兹别克斯坦历史

河中地区（又称为马韦兰纳赫勒）自古以来是人口聚集地区，这里诞生了撒马尔罕、布哈拉、希瓦等著名的城市，这片土地贯通欧亚，地处丝绸之路的交叉口。

乌兹别克斯坦历史可以追溯到数千年之前。青铜器时期，乌兹别克斯坦出现了中亚第一个宗教——拜火教（祆教、火祆教）和第一个强大的阿契美尼德帝国（波斯）。公元前6世纪，中亚的巴克特里亚（大夏）、粟特、花拉子模是当时最古老的王国，几乎全部或部分位于今乌兹别克斯坦境内。

公元前4世纪，希腊统帅亚历山大·马其顿战胜波斯人，波斯帝国灭亡。优越的地理位置使乌兹别克斯坦这片土地成为兵家必争之地，战火不断。

公元前323年，亚历山大去世之后，粟特归属塞琉古王朝管辖。公元前2世纪中叶，贵霜王国建立，它的疆域包括中亚、部分阿富汗和北印度地区。

5世纪，中亚地区出现了游牧民族嚈哒（yè dā）人，他们建立了从里海到喀什、从咸海到印度的强大帝国。嚈哒人通过丝绸之路积极与

через Великий Шелковый путь. Они сотрудничали с Китаем, Индией и Византией. Торговали шелком, драгоценными камнями, пряностями.

В VI в. государство эфталитов было разгромлено могущественным государством раннего средневековья, Тюркским каганатом.

В 709 – 712 г. арабы завоевали главные центры – Самарканд, Бухару и Хорезм. Так земли Узбекистана и практически вся Центральная Азия в период раннего средневековья оказались в составе Арабского халифата. Арабы принесли с собой ислам и к X веку население Мавераннахра (область между Сырдарьей и Амударьей) приняло ислам.

В начале IX века Саманиды стали основателями первого в Мавераннахре централизованного феодального государства со столицей в Бухаре. Их правление продолжалось до 999 года. Достижения династии Саманидов были значительными и выдающимися. Саманиды способствовали небывалому подъему культурной жизни. Бухара, Мерв, Самарканд, Ургенч приобрели славу мировых центров науки и культуры эпохи раннего средневековья.

В 999 году династия Караханидов заняла место Саманидов в Самарканде и Бухаре. Государство Караханидов правило почти до монгольского нашествия 20-х годов XIII в., т.е. более 200 лет.

В эпоху сельджукского господства территорию нынешнего Узбекистана украсили многие замечательные дворцы и сооружения. Процветала архитектура, ремесла, культура и искусство.

В 1220 – 1221 годах монголы полностью разрушили Самарканд и столицу государства Гургандж (Ургенч), были уничтожены многие

中国、印度和拜占庭开展对外贸易，买卖丝绸、宝石和香料。

6世纪，嚈哒国被中世纪早期强盛的突厥汗国所灭。

709—712年阿拉伯人占领了中心城市撒马尔罕、布哈拉和花拉子模。乌兹别克斯坦和整个中亚在中世纪早期都成为阿拉伯哈里发的领土，阿拉伯人带来了伊斯兰教，在10世纪初，马韦兰纳赫勒地区（锡尔河和阿姆河之间）接受了伊斯兰教。

9世纪初，萨曼王朝在马韦兰纳赫勒地区建立了第一个中央集权的封建国家，定都布哈拉，王朝统治持续至999年。萨曼王朝取得的成就巨大，令人瞩目，极大地促进了文化的繁荣。布哈拉、梅尔夫、撒马尔罕、乌尔根奇享有中世纪世界科学和文化中心的美誉。

999年，喀喇汗王朝将萨曼王朝取代，占领了撒马尔罕和布哈拉，其统治持续了将近200年，直到13世纪20年代蒙古人入侵。

塞尔柱国时期，乌兹别克斯坦的大地上建有众多华丽的宫殿和楼宇，建筑、手工艺、文化和艺术十分繁荣。

1220—1221年，蒙古人彻底摧毁了撒马尔罕和首都玉龙杰赤（乌尔根奇），很

памятники древней культуры Центральной Азии.

В 1363 г. воинственный завоеватель Эмир Тимур (Тамерлан) завладел Самаркандом, который впоследствии превратил в столицу своей огромной империи Тимуридов.

С середины XVIII в. в Бухаре устанавливается власть Бухарского эмирата. Среднеазиатские ханства в середине XIX века были типично феодальными государствами. В 60-е годы XIX века Кокандское ханство было ликвидировано российскими войсками. 11 июля 1867 образовано Туркестанское генерал-губернаторство. Осенью 1917 в Ташкенте была провозглашена Советская власть. В 1924 г. было образовано пять новых республик в составе СССР. В их числе Узбекская ССР.

В связи с распадом СССР, 31 августа 1991 года была провозглашена независимость Узбекистана.

(2) Узбеки

Узбеки – тюркоязычный народ, являются основным и коренным населением Узбекистана. Узбеки как национальность сформировались в XV – XVI веках. В постсоветской Центральной Азии узбеки представляют самую многочисленную из этнических групп. Количество этнических узбеков в стране составляет около 80%. Достаточно большое количество узбеков живут в Афганистане, Таджикистане, в Казахстане, Кыргызстане, Туркменистане и т.д.

В антропологическом отношении узбеки – народ смешанного происхождения, включивший как европеоидные, так и монголоидные компоненты. Человек узбекской национальности – узбек или узбечка.

多中亚古代文物都被毁坏。

1363年，埃米尔·帖木儿征服了撒马尔罕，并将其定为自己庞大帝国的首都。

18世纪中叶，布哈拉埃米尔王国定都布哈拉城。19世纪中叶，中亚各个汗国已经是典型的封建制国家。19世纪60年代，浩罕国被俄国军队消灭。1867年7月11日，突厥斯坦总督府在此成立。1917年，塔什干宣布成立苏维埃政权。1924年，有5个新的共和国加入苏联，其中包括乌兹别克苏维埃联邦共和国。

苏联解体过程中，1991年8月31日，乌兹别克斯坦宣布独立。

（2）乌兹别克人

乌兹别克人原属于突厥民族，是乌兹别克斯坦的原住居民和主体民族，形成于15—16世纪。苏联解体后，乌兹别克族是中亚人口最多的民族，占乌兹别克斯坦人口的80%。阿富汗、塔吉克斯坦、哈萨克斯坦、吉尔吉斯斯坦、土库曼斯坦等地区也居住着为数不少的乌兹别克人。

乌兹别克人属于欧罗巴、蒙古人的混合人种。

5.6 Культура Узбекистана

乌兹别克斯坦文化

> **Задание 9. Переведите подчеркнутые фразы с русского на китайский язык.**

(1) Исторический герой – Тимур

<u>Тамерла́н (Тиму́р, 1336-1405) – выдающийся полководец XIV века, создатель крупной державы Тимуридов со столицей в Самарканде. Тимур сыграл заметную роль в истории Центральной Азии и Кавказа, и являлся великим героем после Чингисхана.</u>

Тимур родился в 1336 году в городе Кеш в Центральной Азии. Во время одной стычки в Сеистане Тимур лишился двух пальцев на правой руке и был тяжело ранен в правую ногу, отчего стал хромым (прозвание «хромой Тимур»).

К началу XV века Тимур создал одну из величайших империй в истории человечества. В числе его ратных подвигов – разгром Золотой Орды; уничтожение османского войска у Анкары и пленение султана Баязета, что отсрочило падение Византийской империи на пятьдесят лет; поход в Индию и взятие Дели.

Изречение Тимура: «все пространство населённой части мира не стоит того, чтобы иметь двух царей». В западную часть Персии и прилегающие к ней области Тимур совершил три больших похода— так называемые «трёхлетний», «пятилетний» и «семилетний».

（1）历史英雄——帖木儿①

1336年，帖木儿生于中亚乌兹别克斯坦的渴石。在锡斯坦的一次战争中帖木儿失去两个右手手指，右腿受重伤，故得名"跛子帖木儿"。

15世纪初，帖木儿创建了人类历史上最大的帝国之一——帖木儿帝国。他消灭了金帐汗国，摧毁安卡拉的奥斯曼军队，俘虏苏丹拜牙即，造成拜占庭帝国再次衰落了50年；他攻打印度，占领德里。

帖木儿有一句名言："人们生活的世界不能同时存在两个皇帝。"帖木儿向波斯西部及其周围地区发动了三次远征：三年远征、五年远征、七年远征。

---

① 帖木儿（1336—1405）——14世纪著名统帅，缔造了以撒马尔罕为都的伟大帝国，在中亚和高加索历史中发挥了重要的作用，成为仅次于成吉思汗的一代枭雄。

В 1404 г. Тимур вернулся в Самарканд и тогда же предпринял поход в Китай. Тимур собрал войско и в январе 1405 г. прибыл в г. Отрар, где заболел и умер.

Самарканд, который Тимур сделал своей столицей, стал крупнейшим и богатейшим городом Востока, на его фоне некогда блистательные Багдад или Дамаск выглядели как захолустье. Тимур также построил десятки монументальных зданий, разработал свод законов и способствовал развитию искусств.

В Узбекистане Тимур стал национальным символом. Памятники Тимуру были открыты в Ташкенте, также в Самарканде и Шахрисабзе. В 1996 году отмечался 660-летний юбилей эмира, в честь которого в Ташкенте был открыт Национальный музей истории Тимуридов, учреждён орден Тимура и выпущена почтовая марка, посвящённая Тимуру. В честь Тимура было названо множество улиц, районов во многих областях республики.

(2) Выдающийся поэт Алишер Навои

Алише́р Навои́ (1441–1501) – узбекский гениальный поэт и мыслитель, музыкант и художник, педагог и учёный, крупный государственный деятель и один из культурнейших людей своего времени.

Алишер Навои родился в 1441 году в городе Герате, в столице Хоросанского государства (совр. Афганистан) в семье тимуридского

① 阿里舍尔·纳沃伊（1441—1501），乌兹别克斯坦天才诗人、思想家、音乐家、画家、教育家、学者，著名的社会活动家，15世纪文化名人之一。

чиновника, дом которого был центром общения поэтов и людей искусства. В связи с этим, с детства Алишер увлекся чтением произведений классиков персидско-таджикской литературы. В 15 лет Алишер писал стихи на фарси и чагатайском языке (тюрки). Он учился в медресе Герата, Мехеда и Самарканда. Навои учился у образованнейших людей своего времени, принимал участие в их высокоинтеллектуальных и глубоко поучительных беседах.

Навои был известен своими широкими взглядами как гуманный, справедливый правитель, выступавший против злоупотреблений вельмож. Но его позиция вызывала недовольство при дворе, и в качестве правителя его выслали в отдаленную провинцию Астрабад. Отчаявшись в своих надеждах на переустройство, Навои в 1488 оставлял службу, возвращался в Герат и посвящал себя науке и литературе.

Не имея не семьи, ни детей, ни наследников, поэт значительную часть своего огромного состояния тратил на благотворительные дела. Он построил немало учебных заведений, больниц, караван-сараев, каналов, мостов и дорог.

В 1501 году в Герате Навои скончался. Весь Герат провожал в последний путь своего любимого поэта и мудрого деятеля. Так велика была любовь к человеку, посвятившему весь свой талант и дарования бесконечно любимому им народу.

Наследие Навои – это около 30 поэтических сборников, большие поэмы, проза и научные трактаты. Он писал на фарси, но в основном на средневековом варианте тюркского языка.

Вершина творчества Навои – «Пятерица»

王朝宫廷官员之家，家中常有诗人和艺术家交流攀谈。受其影响，童年时，阿里舍尔就酷爱阅读波斯—塔吉克文学经典名著，15岁已经能用波斯语和察合台语（突厥语）写诗。他曾在赫拉特、灭赫达和撒马尔罕经学院学习，并向同时代博学多才的学者求教，参与他们学识渊博和充满智慧的谈话。

纳沃伊也是眼界开阔、讲人道、论公平的地方长官，反对贵族滥用职权，但因其与宫廷立场不同而引起宫廷不满，被贬到偏远省份阿斯特拉巴德任职。对变革心灰意冷后，1488年，他辞官返回故里，专心投入科学研究和文学创作之中。

无家、无子嗣、无徒弟——纳沃伊在这种情况下倾尽所有财产做慈善活动：建学校、医院、驼队驿站、运河、桥梁、道路。

1501年，纳沃伊在赫拉特去世，全城人都来向最敬爱的诗人和智者告别。人们无限热爱这位诗人，因为他将自己的全部才华献给了他所爱的人民。

纳沃伊的遗作有将近30部诗集、长诗、散文、科学研究著作。他曾用波斯语写作，但主要还是用中亚突厥语创作。

纳沃伊的创作高峰是

(1483–1485). Это пять поэм: «Смятение праведных», «Лейла и Меджнун», «Фархад и Ширин», «Семь планет», «Искандарова стена». Ещё и крупное поэтическое произведение Навои – свод из 4-х поэтических сборников-диванов под общим названием Сокровищница мыслей. Исторические труды Навои «История иранских царей и История пророков и мудрецов» содержат сведения о легендарных и исторических деятелях Центральной Азии и Ирана, о зороастрийской и коранической мифологии.

《五部长诗集》（1483—1485），分别是《守教义者的混乱》《雷拉和蔑支农》《法尔哈德和希林》《七颗行星》《伊斯坎达罗夫的墙》。纳沃伊还创作了诗歌四卷集《思想之瑰宝》。他的历史著作《波斯国王史和先知与智者史》讲述了中亚和波斯的传奇之士和历史人物，以及琐罗亚斯德教和古兰经的神话。

Духовное наследие замечательного сына узбекского народа в наше время приобретает международное звучание, становится достоянием всех народов. Рукописи Навои хранятся в крупнейших библиотеках мира – в Узбекистане, России, Великобритании, Турции, Иране и др.

纳沃伊是乌兹别克人民优秀的儿子，其思想遗产在当代国际社会获得共鸣，是世界人民共同的财富。乌兹别克斯坦、俄罗斯、英国、土耳其、伊朗等很多大型图书馆都珍藏有纳沃伊的手稿。

Считаться лучшим средь народа может тот,
Кто больше людям пользы принесет.
Народа боль считай всегда своей,
И вечно будешь жить в сердцах людей.
фрагмент из стихов о народе

那些为人民谋利的人，
才是人民眼中的好人。
分担人民疾苦的人，
才能被人民永远铭记。
——摘自其关于人民的诗歌片段

5.7 Традиции и культурное наследие Узбекистана

乌兹别克斯坦传统与文化遗产

Задание 10. Какие обычаи и традиции узбекского народа вы знаете? Назовите материальные и нематериальные объекты Узбекистана.

(1) Обычаи и традиции узбекского народа

Узбекистан – взращенный солнцем край тепла и света. Здесь солнечное тепло переплетается с теплотой и гостеприимством людских душ. В основе узбекских традиций – **гостеприимство**, **почитание старших и коллективизм**, особенно ярко проявляемый в махаллях (узбекских кварталах) – хранительницах вековых национальных устоев.

В Узбекистане обычно уважаемых гостей хозяева встречают у ворот, здороваются. Здороваются за руку, как правило, только с мужчинами. Во время рукопожатия взаимно интересуются здоровьем и состоянием дел. Женщин принято приветствовать легким поклоном, прижав правую руку к сердцу.

По старинному обычаю мужчины и женщины должны сидеть за разными столами, но в полной мере он сохранился только на селе. Глава семьи сам усаживает гостей, сажают на самое почетное место за стол – дастархан. Причем для самых уважаемых людей отводятся места вдали от входа. При входе в жилое помещение снимается обувь.

Традиции и обычаи узбекского народа складывались веками. **Махалля** – это целая система отношений между жителями одного квартала, которая существовала в Узбекистане на протяжении многих веков и значительно повлияла на развитие узбекских традиций, быта. В некотором роде, это форма общины, объединенной на небольшой территории. Центром махалли считается мечеть или чайхана. Когда-то размер махалли определялся по голосу муэдзина, который звал с минарета жителей на молитву: те дома, куда доносился его голос считалось территорией махалли. Чайхана является местом, где собираются мужчины, чтобы обсудить

（1）乌兹别克民族传统及民俗

乌兹别克斯坦是一个日照丰富的国度。充足的阳光与当地居民的温暖好客相得益彰。乌兹别克人民的基本传统是好客、尊敬长辈和集体，特别是在玛哈拉（乌兹别克斯坦社区）——对民族传统的守护更为强大。

乌兹别克斯坦主人通常在大门口迎接和问候客人，一般只和男人握手，并问候对方的健康和生活，对女士问候时应该身体略倾，并将右手放到心脏处。

按照古老的习俗，男士和女士应分席就座，这种传统在乡村仍然保留。主人邀请客人进屋，安排至餐席的雅位就座。尊贵客人的座位通常离门很远，入席时需要脱鞋。

乌兹别克人民的风俗与传统历史悠久。**玛哈拉**是同一居民区的居民关系体系，在乌兹别克斯坦已经有数百年的历史，对当地生活影响十分显著，从某种程度上说，这是一种社区形式。清真寺或茶馆是玛哈拉中心，以前玛哈拉规模大小可根据宣礼塔上呼唤祈祷的声音判断，声音能传到的地方都是这个玛哈拉的范围。茶馆是男人们聚集的地方，

новости и внутреннюю жизнь своего квартала. Здесь же решаются вопросы быта, так как махалля считается самоуправляемой административной единицей. Сеть из более 10 000 махаллей охватывает всю территорию республики и являются важным звеном в укреплении гражданского общества. Все население Узбекистана воспринимает их как эффективную форму организации общественной жизни.

В Узбекистане широко празднуются мусульманские и национальные праздники. **Курбан-хайит** является одним из самых значительных мусульманских праздников. В этот день после положенных ритуалов верующие идут в гости или принимают гостей у себя, помогают больным, одиноким, проявляют милосердие к ближним.

Во все времена среди самых радостных событий в жизни людей был приход весны. По-разному отмечали его разные народы. Существующий поныне на древней узбекской земле прекрасный весенний праздник **Навруз**, отмечаемый 21 марта как всенародный. Навруз в переводе с фарси означает новый день – самый большой из всех праздников поклонения Солнцу и огню, отмечавшийся три тысячелетия назад по солнечному календарю марта, – в день весеннего равноденствия.

Важнейший государственный праздник **День Независимости** торжественно отмечается 1 сентября. Ежегодно 8 декабря отмечается **День Конституции** в ознаменование принятия новой Конституции независимого Узбекистана в 1992 году. Как и во многих других странах 9 мая отмечается **День памяти и почестей**.

他们在此讨论社区新闻和生活，还解决日常生活问题，这是因为玛哈拉是自治的行政单位。全国约有一万多玛哈拉，它们是加强社会联系的重要纽带，属于居民社会生活行之有效的组织形式。

乌兹别克斯坦主要庆祝穆斯林节日和国家节日。**古尔邦节**是穆斯林人民最重要的节日之一，当天穆斯林做完礼拜之后会去做客或者在家招待客人、帮助病人和孤独老人、关心亲人。

在所有节日中人们最开心的就是迎接春天的到来，各地人们庆祝的方式各不相同。乌兹别克斯坦这片古老的大地上至今还保留着春天的节日——**纳乌鲁兹节**。3月21日这一天成为全民族的节日，纳乌鲁兹节波斯语的意思为"新的一天"——这是所有崇拜阳光和火的节日当中最隆重的日子。3000年前起依照太阳历，纳乌鲁兹节就是在3月春分那一天庆祝的。

另一个全国最重要的国家节日是9月1日**独立日**，此外还有每年12月8日**宪法日**——纪念1992年乌兹别克斯坦独立后新宪法诞生。同其他很多俄语国家一样，5月9日是纪念与荣誉日。

(2) Афанди

Ходжа́ Насредди́н Афанди́ – персонаж анекдотов, легенд и мифов мусульманских стран, известен на территории всей Центральной Азии, Ближнего Востока, Балканах в Китае, и Закавказье. Ходжа Афанди в Узбекистане также пользуются большой любовью среди народа. В День смеха (1 апреля) в Бухаре проходят фестивали «Насриддин Афанди» и «Восточные Блюда».

Главной характерной чертой, присущей ему, является то, что он из любой ситуации найдет выход в свою пользу посредством острого слова. Дополнением к его образу можно отнести неизменного осла, на котором он путешествует по миру и являющимся его спутником во всех его приключениях. Недаром в Турции, Казахстане, Узбекистане, России и Украине во многих городах установлены памятники этому легендарному персонажу. Каждая история или анекдот о нем – это «шкатулка». Она наполнена драгоценными жизненными мудростями, знанием о том, кто есть человек и какой у каждого путь и предназначение.

（2）阿凡提

霍扎·纳斯列丁·阿凡提是穆斯林笑话、传说和神话故事中的人物，在中亚、中东、中国、巴尔干半岛和外高加索都十分著名。纳斯列丁·阿凡提也深受乌兹别克斯坦人民的喜爱，愚人节当天人们在布哈拉举办纳斯列丁·阿凡提和东方美食节。

阿凡提性格鲜明，在任何情况下都能找到解决问题的方法而自己却毫发无损。毛驴是阿凡提忠实的朋友，陪伴他周游世界，游历探险。土耳其、哈萨克斯坦、乌兹别克斯坦、俄罗斯和乌克兰很多城市都建有这个传奇人物的纪念碑。他的每个故事都是一个充满生活智慧的宝盒，告诉人们生活的真谛和使命。

(3) Всемирное наследие и нематериальное культурное наследие в Узбекистане

В настоящее время в Список объектов всемирного наследия ЮНЕСКО от Узбекистана включены четыре культурно-исторических объекта – **Ичан-Кала в Хиве** (1991 год), **исторические центры Бухары** (1993 год) и **Шахрисабза** (2000 год), **Самарканд** (2001 год).

Бесценные сокровища народа Узбекистана – **Навруз, Катта ашула**, классическая музыка **Шашмаком** и **культурное пространство района Байсун** внесены в Список нематериального культурного наследия ЮНЕСКО.

（3）乌兹别克斯坦世界遗产及非物质文化遗产

乌兹别克斯坦共有4处历史文化遗产被联合国教科文组织列入世界遗产名录：希瓦伊钦—喀拉内城（1991年）、布哈拉城中心（1993年）、沙赫里萨布兹（2000年）、撒马尔罕（2001年）。

乌兹别克斯坦的瑰宝——纳乌鲁兹节、卡塔阿舒拉赞歌演唱、沙什马阔姆古典音乐、白颂区文化空间被列入联合国教科文组织的非物质文化遗产。

5.8 Узбекская кухня
乌兹别克美食

> Задание 11. Каковы главные особенности узбекской кухни?

В отличие от кочевых соседей, узбекский народ имел прочную и оседлую цивилизацию в течение многих столетий. Особенно отличительный и развитый аспект узбекской культуры – ее кухня.

与其他游牧民族不同的是，数百年来乌兹别克文化属于定居文化，它的饮食文化独具特色，种类也十分

Между пустынями и горами, в оазисах и плодородных долинах, люди выращивали зерно и приручали скот. В результате изобилие продуктов позволило узбекскому народу выразить свою уникальную традицию гостеприимства.

Как земледелец, узбек употребляет и мучную пищу, молочную и мясную пищу. В основном, баранина - предпочтительный источник белка в узбекской кухне. Говядина и конина также употребляются в еду в существенных количествах. Верблюжье мясо и мясо козла менее распространены.

В Репрезентативный список нематериального культурного наследия ЮНЕСКО включен **узбекский плов** - традиция и культура плова. Согласно узбекской поговорке, гостям не разрешается уходить до тех пор, пока хозяева дома не предложили им отведать плов. Главным национальным узбекским блюдом является плов. Обычно праздничный плов готовится из баранины и риса с добавлением большого количества моркови и лука, а также специй. Плов готовится по старинным рецептам и имеет массу разновидностей. Согласно древней традиции плов едят руками с общего блюда, однако сейчас все чаще, особенно в городах, можно видеть, что плов едят ложками, а иногда и вилками. К плову всегда подаются лепешки.

После плова манты являются самым распространенным и излюбленным блюдом узбеков, поэтому во многих районах их подают в завершение трапезы. В Ферганской долине, Самарканде, Ташкенте и Бухаре манты являются одним из важнейших компонентов рациона местного населения, в других местах их готовят реже. Но самсу готовят во всех районах Узбекистана с различными фаршами: мясом,

丰富。在沙漠与群山、绿洲和沃谷之间，人们种植粮食，饲养牲畜。大自然的造化为乌兹别克人民带来丰富的食物及热情好客的传统。

作为农耕者，乌兹别克人常做面食、奶制品、肉类。羊肉是摄取蛋白质的重要食物，牛肉和马肉也会大量食用，而驼肉和山羊肉相对较少。

乌兹别克手抓饭传统和文化也是世界非物质文化遗产的代表作。乌兹别克俗话常说，没尝主人做的手抓饭，客人不能离席。手抓饭是乌兹别克斯坦重要的菜肴，节日手抓饭是用羊肉、米、大量的胡萝卜和洋葱、香料做成。按照古老传统，手抓饭有无数种做法。以前手抓饭是大家从一个盘子里用手抓饭吃，而现在城里使用勺子，有时候也用叉子。吃手抓饭时通常会就着饼。

手抓饭之后会端上包子，这是乌兹别克最受欢迎的主食，通常正餐即将结束时可以品尝到。费尔干纳谷地、撒马尔罕、塔什干和布哈拉包子是最重要的当地饮食，在其他地区则较少食用。烤包子在乌兹别克斯坦各个地区都有，包子馅是用肉、

тыквой, зеленью и др.

В узбекской национальной кухне важное место занимают **различные виды шурпы и мастава**. Основу их составляет бульон из жирного мяса. Шурпу и маставу приготавливают из свежего или предварительно обжаренного мяса – чаще всего свежей баранины. **Чучвара** – наиболее распространенное национальное кушанье, иногда встречается под названием варак-чучвара (пельмени). Узбекские блюда не являются особо острыми на вкус, хотя, конечно, пикантны.

Множество разновидностей хлеба является основным элементом в еде для большинства населения. Плоский хлеб, или нон (лепёшка), обычно печется в глиняных печах (тандырах), и подаётся с чаем. Обряд чаепития в узбекской кухне также включает в себя употребление таких блюд, как самса, лепёшки, халва и всевозможные жареные и печеные продукты, сладости, сухофрукты и орешки, фрукты. Фрукты в Узбекистане растут в изобилии – виноград, дыни, арбузы, абрикосы, груши, яблоки, айва, хурма, персики, вишня, гранаты, лимоны и инжир.

南瓜等做成的。

乌兹别克美食中不可忽略的还有舒尔巴和马斯塔瓦肉汤，它们的底汤是肉汤，通常使用新鲜羊肉或油煎羊肉做成羊肉汤。小饺子是最普遍的民族美食，也叫瓦拉克小饺子。乌兹别克饮食有香辛味道，但不是特别辣。

种类繁多的烤饼也是乌兹别克斯坦大部分人的基本主食，扁平饼或馕是在馕坑中烤熟的，和茶一起食用。在乌兹别克斯坦，人们饮茶时经常会吃烤面包、馕、酥糖及油炸和烤制食品、甜点、干果、核桃、水果。乌兹别克斯坦的水果丰盛，有葡萄、香瓜、西瓜、杏、梨、苹果、木瓜、柿子、桃、樱桃、石榴、柠檬和无花果。

5.9 Экономика Узбекистана
乌兹别克斯坦经济

> Задание 12. Прочитайте текст и перечислите ведущие секторы экономики Узбекистана. Назовите национальную денежную единицу и разменную монету.

(1) Экономика Узбекистана

Узбекистан имеет большую площадь земель, пригодных для орошаемого земледелия, значительные разнообразные виды минерального сырья. Соответственно развивается добыча топливно-энергетического (Ферганская долина) и рудного сырья (Алмалик), усиливается значение таких отраслей промышленности, как газовая, химическая, нефтехимическая, золотодобывающая и цветная металлургия.

В предгорных и горных районах преобладающим занятием населения является скотоводство. В земледелии, кроме хлопководческой специализации, занимаются выращиванием овощей, бахчевых культур, риса и пшеницы.

Кроме того, Узбекистан занимает 11 место в мире по добыче природного газа, и шестое место по производству хлопка, по общим запасам золота Узбекистан стоит на четвертом месте в мире, а по уровню добычи золота – на седьмом.

Узбекистан занимает второе место по объёму ВВП в странах Центральной Азии.

(2) Национальная валюта Узбекистана

Национальная валюта Узбекистана **сум** (UZS) введена в Узбекистане с 1994 года. В Республике Узбекистан имеют обращение банкноты – сумы, и монеты – **тийи́н** и сум. Один узбекский сум равен 100 тийинам. В активном обращении находятся банкноты номиналом 100, 200, 500, 1000, 5000, 10000, 50000 сумов. Почти все купюры одного размера и отличаются только по цветовой гамме. На банкнотах изображены памятники культуры и искусства Узбекистана.

（1）乌兹别克斯坦经济

乌兹别克斯坦可灌溉耕地面积大，拥有各种矿物原料，燃料和能源开采（费尔干纳）、矿石开采工业（阿尔马利克）发展较好，同时国家大力发展天然气、化工、石油化工、黄金开采、有色金属冶炼等工业。

在山区丘陵地带居民主要从事畜牧业。农业方面除了棉花业之外，还种植蔬菜、瓜类、大米、小麦。

乌兹别克斯坦天然气开采在世界排名第十一位，棉花生产居第六位，黄金储量世界第四位，黄金开采居第七位。

乌兹别克斯坦国民生产总值居中亚第二位。

（2）乌兹别克斯坦货币

1994年，乌兹别克斯坦开始发行国家货币**苏姆**（UZS），通用的纸币为苏姆，硬币为蒂因，1苏姆等于100蒂因。当前流通的纸币面额有 100、200、500、1000、5000、10000、50000 苏姆，不同面额的纸币大小相等，只是颜色不同，纸币印有乌兹别克斯坦各种文化和艺术的象征。

5.10 Международные отношения
国际关系

> Задание 13. Что вы знаете о двусторонних отношениях между Узбекистаном и КНР, Узбекистаном и РФ.

Отношения с Китаем. Китай и Узбекистан установили дипотношения 2 января 1992 года. Со времени установления дипломатических отношений между Китаем и Узбекистаном двусторонние отношения дружбы и сотрудничества развиваются успешно. Сотрудничество охватывает все направления: политику, экономику, торговлю, промышленность, строительство, науку, образование, культуру. В 2016 году отношения между Китаем и Узбекистаном повысились до уровня всестороннего стратегического партнерства. В настоящее время отношения между двумя странами переживают самый лучший период развития в своей истории и их характеризует высокое политическое взаимопонимание, высокая плодотворность взаимовыгодного сотрудничества и эффективность тесного взаимодействия на международной арене.

Отношения с Россией. Узбекистан – стратегический партнер и надежный союзник

与中国的关系。中国和乌兹别克斯坦于1992年1月2日建立外交关系，自此中乌两国之间的友谊和合作关系发展良好。双方合作领域包括政治、经济、商贸、工业、建筑、科学、教育和文化。2016年，两国关系提升至全面战略伙伴关系。当前两国处于历史上最好的发展时期，两国互信互利、合作高效、国际合作紧密。

与俄罗斯关系。乌兹别克斯坦是俄罗斯战略伙伴和值

России. Сотрудничество стремится упрочить эти отношения взаимной поддержки.

Стратегическое партнерство двух стран нацелено на обеспечение взаимной безопасности, противодействие глобальным угрозам и вызовам, укрепление региональной стабильности, расширение сотрудничества в политической, экономической и гуманитарной сферах, формирует прочную основу долгосрочного и всестороннего развития отношений между Российской Федерацией и Республикой Узбекистан.

Хорошо развивается военно-техническое сотрудничество двух стран. Россия также является главным торговым партнером Узбекистана, для России же по размеру товарооборота Узбекистан занимает передние места среди стран СНГ.

得信赖的盟友。两国合作有利于加强两国相互间的支持。

两国的战略伙伴关系旨在确保相互安全，应对全球威胁和挑战，加强区域稳定，扩大政治、经济和人道主义领域的合作。这些为俄罗斯联邦和乌兹别克斯坦共和国之间长期、全面发展奠定了坚实的基础。

乌兹别克斯坦与俄罗斯之间军事技术合作发展良好。俄罗斯是乌兹别克斯坦重要的贸易伙伴。在俄罗斯对外贸易中，与乌兹别克斯坦的贸易额居独联体国家前列。

Узнаем больше! 更多信息！

Узбекский язык 乌兹别克语

Узбекский язык относится к карлукской группе тюркских языков алтайской языковой семьи. Это государственный язык Республики Узбекистан, региональный язык в северных провинциях (вилоятах) Афганистана. Кроме того, узбекский язык распространён в Таджикистане, Кыргызстане, Казахстане, Туркменистане, России, Турции и других странах.

Современный литературный узбекский язык, основанный на диалектах Ферганской долины. С 1940 по 1991 годы в СССР применялась кириллица. В 1992 году узбекский язык в Узбекистане был вновь переведён на латиницу. В настоящее время продолжается параллельное использование кириллицы и латиницы.

乌兹别克语属于阿尔泰语系突厥语族葛逻禄语组，是乌兹别克斯坦的国家语言以及阿富汗北部省份的地区语言。除此之外，该语言也在塔吉克斯坦、吉尔吉斯斯坦、哈萨克斯坦、土库曼斯坦、俄罗斯、土耳其等国部分民族中使用。

当代乌兹别克语以费尔干纳方言为基础，苏联时期，从 1940 年至 1991 年间均使用基里尔字母拼写。1992 年，乌兹别克语重新改用拉丁字母。目前，两种字母的文字并行使用。

Учимся говорить по-узбекски 学说乌兹别克语

Узбекские слова латинскими буквами

по-русски	по-узбекски
1) Здравствуйте	Salom
2) Спасибо ·	Raxmat
3) пожалуйста	iltimos
4) До свидания	Ko'rishguncha
5) хорошо	yaxshi
6) плохо	yomon
7) Извините	Kechirasiz
8) Меня зовут ...	Meni ismim...
9) Да	ha
10) Нет	yo'q

Урок 5　Узбекистан

Узбекские пословицы　乌兹别克谚语

* Где тебя покормили хоть раз, поклонись сорок раз.
受款待一次，需感恩无数（滴水之恩当涌泉相报）。

* Птица делает то, чему научилась в своём гнезде.
鸟只会做巢穴（井底之蛙）。

* С неба лепёшки не сыплются.
天上不会掉馅饼。

КИТАЙСКИЕ ЭЛЕМЕНТЫ

第六课　中国元素

6.1　Разминка перед уроком
课前热身

国情知识提示牌：

1. **哈萨克斯坦**：冼星海大街
2. **吉尔吉斯斯坦**：李白出生地；首都比什凯克邓小平大街；
3. **土库曼斯坦**：中国少数民族中的撒拉族与土库曼原撒鲁尔部落有亲缘关系；
4. **哈萨克斯坦、吉尔吉斯斯坦、乌兹别克斯坦**：中国回族后裔——东干人（陕西村、甘肃村）。

6.2　Родина китайского поэта Ли Бо
传说中中国诗人李白的出生地

> **Задание 1. Ответьте на следующие вопросы:**
>
> 1) В каком городе родился Ли Бо по одной из версий?
> 2) Можно перевести стихи Ли Бо в тексте на китайский язык?

Урок 6 Китайские элементы

Выдающийся китайский поэт Ли Бо (современное произношение Ли Бай) (701 – 762) жил и творил во времена правления Танской империи, когда китайская культура достигла высокого расцвета.

Ли Бо, известный как бессмертный гений поэзии Китая, считается одним из крупнейших мировых поэтов, стоящий в одном ряду с именами Данте и Петрарки, Низами и Фирдоуси, Пушкина и Шекспира. Он оставил после себя около 1100 произведений (включая около 900 стихотворений).

Достоверных сведений о жизни Ли Бо очень немного. Согласно китайским источникам, существуют две версии места рождения поэта. Первая гласит, что он родился в Китае, провинции Сычуань. Вторая, к которой склоняется большинство современных ученых, свидетельствует в пользу того, Ли Бо родился в Кыргызстане, недалеко от современного Токмака, который в древности назывался Суябом.

В творчестве Ли Бо мы видим нежную любовь к родине. Как писал поэт, когда он поднимает взгляд вверх, он видит ее небо, когда опускает глаза вниз – видит землю, и думает о ней непрестанно. Ли Бо признан и своими современниками и поздними литературоведами как реформатор стиха, уничтоживший дворцовый стиль поэзии, и внесший в него красоту и глубокий смысл, воплотившиеся в реалистической форме.

Мысли тихой ночью

Свет от ясной луны перед кроватью,
Как будто иней на земле.
Поднимешь голову и видишь светлую луну,
Опустишь голову – грустишь о стороне родной.

中国杰出诗人李白（701—762年）生平与创作恰逢中国文化发展的历史鼎盛时期——唐朝。

李白被誉为诗仙，与但丁、彼特拉克、尼扎米、菲尔多西、普希金和莎士比亚齐名，创作了近1100部作品（含900多首诗歌）。

李白的出生地尚无确说。据中国史料记载，主要有两种说法。其一，李白出生于中国四川；其二，李白出生于吉尔吉斯斯坦境内，距托克马克不远的碎叶城，这也是很多学者的观点。

李白很多作品反映了对故土的眷恋，如他写道："举头望明月，低头思故乡。"李白被当时及后来的文学家大加赞誉，称其打破了宫廷诗作固有模式，使诗歌达到了优美深邃、浪漫多姿的境界。

Храм на вершине горы

На горной вершине
Ночую в покинутом храме.
К мерцающим звездам
Могу прикоснуться рукой.
Боюсь разговаривать громко:
Земными словами
Я жителей неба
Не смею тревожить покой.

6.3 Дунгане в Центральной Азии
中亚的东干人

> **Задание 2. Ответьте на следующие вопросы:**
>
> 1) Кто по происхождению дугане?
> 2) Как они попали в Центральную Азию?
> 3) С какой кухней имеет сходство дунганская еда?

В Казахстане, Кыргызстане, Узбекистане проживает народ, известный под русским названием дунгане. Дунга́не (дунганин, дунганка) – китайская диаспора, малый народ в Центральной Азии. У

在哈萨克斯坦、吉尔吉斯斯坦和乌兹别克斯坦境内居住着"东干人"，他们是中国海外华侨，中亚的少数

дунган и народности хуэйцев, живущих в Китае, имеется единый и общий исторический корень.

Самоназвание дунган в записи современной дунганской кириллической письменностью – хуэймин, или жун-ян жын. Свой язык они именуют соответственно «языком народности хуэй» или «языком Центральной равнины». Это шэньсий-гансуский диалект китайского языка. Они исповедуют ислам.

В СССР в процессе национально-государственного размежевания в Центральной Азии, инициированного в 1924 г., в качестве официального наименования для китаеязычных мусульман был выбран использовавшийся и ранее в русской литературе этноним «дунгане». В китайской литературе слова дунгане, национальность дунган употребляется только по отношению к дунганам стран СНГ.

Под подавлением династии Цин в 1862 – 1877 годах шэньси-гансуские мусульмане неоднократно участвовали в народных восстаниях, самым крупным из которых было восстание китайских мусульман годов в 1877 г. Участники восстания потерпели поражение в войне с цинским правительством. Около 10 тыс. повстанцев во главе с предводителем Быый Янху из провинции Шэньси были вынуждены бежать на запад, преодолевая горные перевалы Тяньшаня. Путь их был нелегким, и несколько тысяч человек погибли, в живых осталось немногим более 3 тысяч. Наконец они переселились главным образом на территорию Российской империи, т.е. современные Южный Казахстан и Северный Кыргызстан вдоль чуйской долины во второй половине XIX века.

По статистике общее население дунган стран СНГ насчитывает более 130 тысяч. В настоящее время дунгане наиболее широко представлены

民族。东干人和中国回族实际是同根同源。

据使用基里尔字母的东干文字记载，东干人称呼自己是"回民"或者"中原人"。他们将自己的语言称作"回族话"或"中原话"，其语言属于汉语的陕甘方言，信仰伊斯兰教。

1924年，苏联时期开始实施中亚民族混居政策，俄罗斯文献中"东干人"用来专指中亚说汉语的穆斯林，而中国文献中的"东干人"一词或"东干族"则指居住在独联体讲汉语的穆斯林华侨。

1862—1877年，迫于清政府镇压，陕甘回族人民多次起义，最大规模的一次发生在1877年。起义失败后，约一万起义军在首领白彦虎带领下被迫向西逃跑，他们翻越天山的崇山峻岭，历尽艰难险阻，一路上数千人牺牲，最后只有3000多人存活下来。最终，他们逃至沙俄领地，即今哈萨克斯坦南部和吉尔吉斯斯坦北部境内楚河河谷，并在此定居下来。

据统计，独联体国家的东干人约有13万人之多。东干人主要聚集地区是哈萨

в населении Жамбыльской области Казахстана, а также на севере Кыргызстана. На территории Казахстана большинство дунганских предков переехали из провинции Шэньси. Большинство киргизских дунган являются потомками переселенцев из китайской провинции Гансу. И соответственно по привычке их села в Казахстане и Кыргызстане называют Шэньсицун и Гансуцун.

Дунганская национальная кухня является составной частью китайской кухни, которая издавна пользуется большой популярностью во всем мире. Кулинария дунганского народа отличается своеобразной пикантностью и разнообразием вкусовых ощущений блюд, что имеет сходство с шэньсийской и ганьсуской кулинарией. В 1897 году член Парижского географического общества Лаббе, путешествуя по Семиреченской области, отмечал, что «... нигде не встречал обедов, вкуснее дунганских».

В дунганской кулинарии используется широкое разнообразие пряностей. Умение пользоваться ими, считают дунганские кулинары, - это большое искусство. Используются в основном следующие специи: гвоздика, бадьян, кориандр, имбирь, корица, красный стручковый перец, укроп и др. Для мясных блюд готовят специальную смесь из пяти специй – тёхуэ. Приправы служат дополнением к готовым блюдам, а некоторые из них, как, например, ю пэ лазы, подают ко всем блюдам. Наиболее употребляют из приправ уксус.

Овощные блюда в повседневной пище дунган имеют очень большое значение. Без них не обходится приготовление фактически ни одного блюда. Так, жареные зеленые стручки фасоли и сушеные баклажаны служат деликатесными подливами к рису, а квашеная капуста является основным

克斯坦江布尔州和吉尔吉斯斯坦北部。哈萨克斯坦地区大多数东干人来自陕西，而吉尔吉斯斯坦的东干人则大部分由甘肃迁来，所以他们所居住的村庄习惯上分别叫作"陕西村"和"甘肃村"。

东干饮食是享誉世界的中国美食大家庭的组成部分，饮食种类多样，风味独特，与陕菜、甘菜十分相近。1897年，巴黎地质协会会员拉韦在七河州旅行时说"……从未发现还有比东干餐更好吃的美食了。"

东干民族的餐饮香辛料使用较多。能学会使用佐料是一门艺术。东干佐料主要有：丁香、八角、香菜、姜、肉桂、红辣椒、茴香等。烹制肉类菜肴时，一般用五种香料的混合调料——"角胡"（五香粉）。调料经常是作为主食的补充，有些调料，比如"油泼辣子"适合调各种菜，而最常用的则是醋。

日常生活中蔬菜的意义非比寻常，正所谓无菜不成席，炒豆角、茄子干都是与米饭相配的美味，腌白菜是东干人冬季常备的蔬菜。东干人的色拉一定会拌上植

повседневным овощем зимнего дунганского стола. Характерной особенностью дунганских салатов является то, что нарезают их из свежих овощей и непосредственно перед подачей. Дунганские салаты обязательно заправляют растительным маслом, добавляют красный стручковый перец, поэтому они обычно острые на вкус.

Различные блюда, приготовленные из муки и риса, в дунганской кулинарии называются фан. Кроме этого, слово фан означает также пищу вообще. **В семье дунган почти ежедневно едят лапшу**. Одно из самых распространенных и любимых блюд из муки у дунган – это лёмян. В кухне многих среднеазиатских народов это блюдо известно под названием лагман.

Большое место в дунганской кулинарии занимают различные печеные, жареные, мучные сладости. Они служат неотъемлемой частью традиционного чайного стола. Из известных сладостей можно назвать тон мэмэ (сладкие слоеные пироги с начинкой), тон бянши (слоеные пирожки, жаренные в масле), санзы (жгуты из теста, жаренные во фритюре).

Дунганская национальная одежда. Нужно отметить, что в культуре дуганской народности сохранилась китайская шэньси-ганьсуская традиция в более чем 100 лет назад. Это даже встречается в одежде дунган. Национальная одежда дунган, в особенности женщин, по покрою и материалу близка к одежде населения северных районов Китая в Циньскую династию. Мужчины носили платье смешанного типа, в котором сочетались северокитайский элементы.

物油，加上干辣椒，所以有辣味。

各种面食和米饭，东干人都称之为"饭"，"饭"是其总称。东干人家里天天吃面。最受欢迎的东干家常饭是拉面，许多中亚人都将该主食叫作拌面。

烤制和油炸面食、甜点也是东干民族饮食中必不可缺的。它们经常作为茶点摆放在餐桌上，最有名的是墩馍馍（音译）（多层带馅的大馅饼）、墩扁食（音译）（多层油炸小馅饼）、馓子（油炸面绳）。

东干文化一直保留着100多年前陕西、甘肃的传统，从东干民族服装中也可见一斑。东干女装式样和布料与中国清朝北方女子的服装相同，男装则是清朝北方男子的长袍。

Спустя 100 лет дунгане заняты в земледелии, торговле на рынках, общественном питании. Во всех крупных городах региона популярны рестораны дунганской кухни. И они до сих пор хранят обычаи китаеязычных мусульман-хуэйцев «исторической Родины» Шэньси и Ганьсу.

经过100多年的发展，东干人主要从事种植业、零售、餐饮业，在一些大城市都能看到东干餐馆，他们至今仍保留着陕、甘回族祖先的传统。

6.4 Китайские туркмены – салары
中国的土库曼人——撒拉族

Задание 3. Ответьте на следующие вопросы:

1) Какую народность называют китайскими туркменами?
2) В каких районах они проживают?
3) Китайские туркмены понимают туркменский язык?

Сала́ры (салыры), тюркоязычный народ в Китае. Салары живут в Сюньхуа-Саларском автономном районе и других районах провинции Цинхай, а также в провинциях Ганьсу и Синьцзян. Численность больше ста тысяч человек. Сейчас большинство саларов живут в Туркменистане, Ахалском велаяте, Серахском этрапе. В Туркменистане китайских саларов также называют туркменской диаспорой.

Согласно преданиям, салары жили около Самарканда. Салары оторвались от сельджуков и мигрировали на восток в XIV веке. И так предки саларов мигрировали из среднеазиатского Самарканда в восточную часть провинции Цинхай Китая и поселились в районе Сюньхуа. В процессе длительного развития салары непрерывно смешивались с ханьцами, тибетцами, хуэйцами, постепенно формируя народность салар. В

撒拉族是中国的突厥语民族。中国境内的撒拉族人居住在青海省循化撒拉族自治县以及甘肃、新疆个别地方，人口超10万。目前，大部分撒拉人居住在土库曼斯坦的阿哈尔省塞拉赫区，土库曼斯坦将中国的撒拉族视为土库曼侨民。

传说，撒拉人很早以前住在撒马尔罕附近。撒拉人脱离塞尔柱王朝统治后，于14世纪向东迁移，这样，撒拉人的祖先从中亚撒马尔罕来到青海省东部，定居至循化县。经过长期发展，撒拉人不断地与中国汉族、藏族、回族融合形成撒拉族。

китайских исторических летописях саларов называли "шала", "салахуэй" и другими названиями по звучанию самоназвания народности – "салыр". После образования КНР, в 1954 году в провинции Цинхай Сюньхуа получил статус автономного уезда саларской национальности, в 1980 году в провинции Ганьсу был основан Цзиши-баоань-дунсян-саларский автономный уезд. В полной мере используя права национальной автономии, салары прилагают усилия для развития хозяйственного производства, добиваются непреклонно поднятия экономики, образования, культуры, здравоохранения, а также улучшения уровня жизни народа. Основные традиционные занятия саларов – пашенное земледелие, скотоводство, приусадебное садоводство и огородничество, кузнечное и гончарное ремёсла.

Салары исповедуют ислам. Китайские хроники упоминают о переселении саларов в китайские пределы в первые годы правления династии Мин (1368–1644). Салары верят, что в беспокойном XIV в. два брата-прародителя, Ахман и Караман впервые переселись сюда из Самарканда. В различных версиях сказания сохраняется неизменной дата поселения сорока саларских семей на новом месте – 1370 г. Белая верблюдица, спасшая братьев и обратившаяся в камень, стала национальным символом. Рукопись Корана, принесенная, по преданию, братьями, – другая важнейшая святыня саларов. Ее считают старейшим кораническим списком в Китае.

Саларский язык как и туркменский язык относится к огузской группе. Туркмены и салары почти понимают друг друга. Большинство саларов владеют китайским языком. Саларский

中国史料记载的撒拉族还有"沙剌""撒拉回"等其他对自己的称谓。1954年在青海省成立了循化撒拉族自治县。1980年，甘肃省成立"积石山保安族东乡族撒拉族自治县"。撒拉族人民充分享受自治的同时，大力发展生产，经济、文化、健康和生活水平也不断提高。撒拉族传统上主要从事农耕、畜牧、园艺园圃、打铁和制陶手艺。

撒拉族信仰伊斯兰教。中国文献记载撒拉人在明朝初年抵达中国。撒拉人认为，14世纪的动荡时期，阿哈莽和尕勒莽两兄弟最先从撒马尔罕迁至这里。关于"撒拉族迁移"各种不同的说法中都保留了共同点——1370年40户撒拉人家庭在新地方安家。随之而来的单峰白骆驼曾经救过阿哈莽和尕勒莽兄弟两人，后来白骆驼化作石头，成为民族象征。兄弟俩手抄的古兰经是撒拉族最为珍贵的圣物，也是中国最古老的手抄古兰经。

撒拉语与土库曼语都属于乌古斯语组。土库曼人与撒拉人语言几乎相通。大部分撒拉族人都会讲汉语，

язык испытал значительное влияние китайского и тибетского языков. Собственная национальная письменность отсутствует, используется китайская письменность.

撒拉语受汉语、藏语的影响很大，撒拉族无文字，使用汉族文字。

6.5 Памятники китайцам
中国人的纪念碑

Задание 4. Ответьте на следующие вопросы:

1) Почему проспект в Бишкеке назван именем Дэн Сяопина?
2) В честь кого снят казахстанско-китайский фильм «Композитор»?

(1) Проспект Дэн Сяопина

В западной части столицы Кыргызстана города Бишкек находится проспект, названный в честь великого китайского реформатора Дэн Сяопина. Его протяженность с востока на запад составляет 3,5 километра. В начале проспекта установлена каменная стела с рельефом головы китайского реформатора. Ниже на трех языках – кыргызском, русском и китайском – написано: «Проспект назван в честь великого сына китайского народа Дэн Сяопина».

Раньше эта улица именовалась проспектом XXII партсъезда. В 1996 году решением местного самоуправления названа именем вождя китайской

（1）邓小平大街

吉尔吉斯斯坦首都比什凯克西部有一条大街，以中国伟大的改革家邓小平的名字命名，该街东西长3.5公里，街头竖立着一块石碑，碑上雕刻着邓小平的浮雕头像。石碑下方有吉、俄、中三种文字——"该街以中国卓越的社会和政治活动家邓小平的名字命名"。

以前，这条街叫作"第22届党代会街"。1996年当地市政府决定为纪念中吉

революции Дэн Сяопина в знак дружеских отношений Кыргызстана и Китая.

Проспект является связующей улицей между городом и загородными поселками, а также началом стратегической автотрассы Бишкек-Ош, соединяющей север и юг Кыргызстана. Часть города, где расположен проспект Дэн Сяопина, считается самым оживленным местом. Недалеко расположен самый большой продуктовый базар, по обе стороны проспекта размещено много магазинов, торговых точек, развлекательных заведений, кафе, ресторанов.

Символично то, что проспект Дэн Сяопина, говорит о том, что дружба между Кыргызстаном и Китаем и добрососедские отношения постоянно развиваются.

(2) Китайский композитор Сянь Синхай

7 октября 1998 года по указу мэра Алматы Казахстана было решено переименовать

之间的友谊，以中国改革领袖邓小平的名字命名此街。

这条大街从城市通往郊区，是比什凯克通往奥什的南北战略要道。邓小平大街周围属于繁华地区，街两边有大型的食品集市、商店、娱乐中心、咖啡馆和餐馆。

邓小平大街是中吉友谊的象征，它见证着两国睦邻友好关系的不断发展。

（2）中国作曲家冼星海

1998年10月7日，哈萨克斯坦阿拉木图市市长签

Владимирскую улицу в улицу Сянь Синхая, также на улице было решено установить памятник китайскому музыканту. Примерно через год – 16 ноября 1999 года – состоялась церемония открытия памятника и улицы.

В Алмате Сянь Синхай провел здесь последние годы жизни. На памятнике музыканту на китайском, казахском и русском языках выгравирована надпись: «Памяти выдающегося китайского композитора, посланца китайско-казахстанской дружбы и культурного обмена – Сянь Синхая». На обелиске также представлена краткая биография композитора и первая нотная строка симфонической поэмы «Амангельды», созданной им о казахском национальном герое.

Сянь Синхай, которого звали народным музыкантом, – знаменитый китайский композитор и пианист, – он родился в 1905 году в Аомэне. С 1926 года он сначала учился в институте традиционной музыки при Пекинском университете, а затем – в 1928 году – в Шанхайской консерватории. В 1929 году Сянь Синхай уехал на учебу в Париж. В 1935 году он вернулся в Китай, где принял активное участие в антияпонском патриотическом движении. В

署命令将弗拉基米尔大街改名为冼星海大街，该街的起点处竖立着这位中国音乐家的纪念碑。一年后，1999年11月16日举行了冼星海纪念碑和冼星海大街的揭幕仪式。

在阿拉木图市，冼星海度过了生命的最后时期。纪念碑上用中、哈、俄三国文字刻着"纪念中国杰出作曲家，中哈人民友谊和文化交流使者——冼星海"。石碑上刻有他的生平，以及他创作的哈萨克民族英雄交响乐《阿曼格尔德》的第一行乐谱。

冼星海被誉为人民音乐家，他是中国著名作曲家和钢琴家。1905年，他出生于澳门，1926年在北京大学学习民族音乐，1928年赴上海音乐学院学习，1929年又前往巴黎学习音乐。1935年，他返回中国，积极投身于抗日爱国运动之中。1939年6月，冼星海

июне 1939 года он вступил в Компартию Китая. В это время он написал свои знаменитые кантаты «Желтая река».

加入中国共产党，这期间创作了著名的《黄河大合唱》。

В мае 1940 года Сянь Синхай был направлен в Советский Союз. В 1941 году война помешала его работе, и Сянь Синхай попытался вернуться на родину через Синьцзян, но местные военачальники блокировали пути и композитор остался в эвакуации в Алмате. Там он прожил последние два с половиной года своей жизни.

В тот период Сянь Синхай сочинил первую симфонию «Национальное освобождение», вторую симфонию «Священная война», симфонические произведения – «Китайская рапсодия», «Амангельды» и другие. Кроме того, он собрал и переработал многие казахские народные песни, став посланцем китайско-казахстанской дружбы.

В 2017 году в Астане состоялась презентация по поводу начала съёмок казахско-китайского фильма «Композитор». Это биографическая лента, посвящённая известному композитору Сянь Синхаю.

1940年5月，冼星海被派往苏联。1941年，由于第二次战界大战影响了他的创作，他打算经新疆回到中原地区，但当时的军阀封锁了道路，冼星海被迫羁留于阿拉木图，在那里度过了生命最后的两年半时间。

当时，冼星海相继写出了《民族解放交响乐》（"第一交响乐"）、《神圣之战》（"第二交响乐"）、管弦乐组曲《中国狂想曲》、交响诗《阿曼格尔德》等。此外，他收集并改编了很多哈萨克民族歌曲，是中哈友谊的使者。

2017年，阿斯塔纳举行了中哈联合摄制的电影《音乐家》的启动仪式，电影讲述了著名音乐家冼星海在哈萨克斯坦的经历。

УРОК 7

ЦЕНТРАЛЬНАЯ АЗИЯ И ВЕЛИКИЙ ШЁЛКОВЫЙ ПУТЬ

第七课　中亚与丝绸之路

国情知识提示牌：

1. **中亚五国**：哈萨克斯坦、吉尔吉斯斯坦、塔吉克斯坦、土库曼斯坦、乌兹别克斯坦；
2. **中亚人口**：超过 7000 万；
3. **中亚面积**：400 多万平方公里；
4. **中亚文化**：突厥文化、波斯文化及历史上的多重文化圈（摩尼教、佛教、伊斯兰教，蒙古、汉、俄罗斯文化等）；
5. **丝绸之路与"一带一路"**：中亚五国历史与现今的繁荣之路。

Задание 1. Коротко расскажите о Центральной Азии.

Задание 2. Перечислите известные древние города или места на территории пяти стран Центральной Азии вдоль Великого Шёлкового пути.

1) Казахстан: _____ _____ _____
2) Кыргызстан: _____ _____ _____

3) Таджикистан: _____ _____ _____
4) Туркменистан: _____ _____ _____
5) Узбекистан: _____ _____ _____

7.1 Центральная Азия

中亚

Термин «Средняя Азия» в СССР понимался не только как республики Киргизия, Таджикистан, Туркмения, Узбекистан, но и центральный и южный Казахстан. А «Средняя Азия и Казахстан» обычно упоминались вместе, означали два экономических района: Среднеазиатский и Казахстанский.

В то же время, в СССР использовалось и понятие «Центральная Азия», в которое включались территории и за пределами СССР – Монголия, Внутренняя Монголия, Синьцзян, Тибет и т.д.

В 1992 году президент Казахстана Нурсултан Назарбаев на саммите государств Средней Азии предложил отказаться от определения «Средняя Азия и Казахстан» в пользу понятия «Центральная Азия», охватывающего все постсоветские государства этого региона. Такое определение нередко используется ныне в СМИ.

В современном контексте Центральная Азия, главным образом, имеет два понимания в мире. В широком понимании, Центральная Азия – это термин географической науки. В Центральную Азию

苏联时期，"中亚"（亚洲中部）的范围不仅包括吉尔吉斯斯坦、塔吉克斯坦、土库曼斯坦、乌兹别克斯坦，还有哈萨克斯坦中部与南部地区。"中亚与哈萨克斯坦"两个词经常被放在一起，表示两个相互关联的经济区——中亚和哈萨克斯坦经济区。

当时，苏联还有一个术语"中亚"（亚洲中央），它还包括蒙古以及中国的内蒙古、新疆、西藏等地。

1992年，哈萨克斯坦总统努尔苏丹·纳扎尔巴耶夫在中亚元首会议中建议不再使用"中亚与哈萨克斯坦"这一术语，而改用"中亚"（亚洲中央）一词，它专指这一地区后苏联时代的所有国家，这一术语至今仍得到媒体的广泛使用。

世界上目前对"中亚"一词主要有两种理解，广义上指地理概念：中亚河间地区、蒙古、中国北方，及伊朗、

включаются такие области, как Среднеазиатское междуречье, территории Монголии, Северного Китая, части Ирана, Афганистана, Пакистана, Индии. В узком понимании Центральная Азия (центральная часть Азии), как политкорректный термин «постсоветская Центральная Азия», состоит из пяти бывших советских республик – Казахстана, Кыргызстана, Таджикистана, Туркменистана и Узбекистана.

Все пять стран Центральной Азии являются членами Содружества Независимых Государств (СНГ), Организации по безопасности и сотрудничеству в Европе (ОБСЕ), Организации Исламского сотрудничества (ОИС). Две из пяти (Казахстан и Кыргызстан) входят в Евразийский экономический союз (ЕАЭС). Три из пяти (Казахстан, Кыргызстан, Таджикистан) в числе членов Организации договора о коллективной безопасности (ОДКБ), а вместе с Узбекистаном являются членами Шанхайской организации сотрудничества (ШОС) и Совещания по взаимодействию и мерам доверия в Азии (СВМДА).

阿富汗、巴基斯坦、印度等部分地区；狭义则可理解为政治术语"后苏联的中亚"，由五个前苏联共和国——哈萨克斯坦、吉尔吉斯斯坦、塔吉克斯坦、土库曼斯坦和乌兹别克斯坦组成。

上述五个国家都是独联体、欧安组织、伊斯兰合作组织成员国，其中的哈、吉两国加入欧亚经济联盟，而哈、吉、塔三国是集体安全条约组织成员国，加上乌兹别克斯坦，上述四国都是上合组织和亚信会议的成员国。

7.2 Великий шёлковый путь

丝绸之路

Урок 7 Центральная Азия и Великий шёлковый путь

Великий Шелковый путь считается одним из замечательных достижений древних цивилизаций. Впервые в истории человечества на гигантских просторах от Средиземноморья до Тихого океана он соединил различные страны и народы, связал их материальную, художественную и духовную культуры.

Понятие "Великий Шелковый путь" связано с драгоценным в то время товаром - шелком. Впервые этот термин употребил в 1877 г. немецкий ученый Фердинанд Рихтгофен в своем классическом научном труде «Китай». Так он назвал систему дорог, связывавших различные части обширного евразийского материка.

Начало возникновения Великого Шелкового пути относится ко второй половине II века до н. э., когда дипломат Чжан Цзян впервые открыл для китайцев Западный Край – страны Средней Азии. Торговый караван начинал свое движение в Чанъане (Сиане), шел через всю Среднюю Азию и Индию до берегов Черного и Средиземного морей.

Главная дорога проходила через Дуньхуан, Хами, Турфан, Кашгар, Узген, Ош, Хиву, Андижан, Коканд, Самарканд, Бухару и Мерв. В Мерве (современный город Мары в Туркменистане) Великий Шелковый Путь разветвлялся. Одна ветвь вела через Хорезм на Волгу, в Восточную Европу. Таким образом, товары из Китая, Центральной Азии достигали Руси: Киева, Новгорода, а позже и Москвы. Другая ветвь шла через Балх и земли современного Афганистана в Индию. Третья направлялась к Багдаду и далее к Средиземному морю. Здесь товары перегружались на корабли и попадали в Египет, Византию, Италию.

丝绸之路是人类古代文明的杰出成就之一。从太平洋到地中海的广袤大地上，丝绸之路成为各个国家和人民的纽带，将不同的物质文明、艺术文明和精神文明联系在了一起。

丝绸之路的概念与当时最为珍贵的商品——丝绸息息相关。1877年，该术语由德国学者费迪南·李希霍芬在《中国》的论著中提出，他将连接欧亚大陆各地区的道路系统称之为"丝绸之路"。

丝绸之路开创于公元前2世纪下半叶。中国外交使者张骞首次开辟以长安（今西安）为起点的商路，经中亚和印度抵黑海、地中海沿岸。

丝绸之路主干线经过敦煌、哈密、吐鲁番、喀什、乌兹根、奥什、希瓦、安集延、浩罕、撒马尔罕、布哈拉、梅尔夫古城。在梅尔夫（即土库曼斯坦马雷市）丝绸之路分为几路支线，一路经花拉子模通向伏尔加河、东欧，这样，来自中国、中亚的货物可以运送到古罗斯的基辅、诺夫哥罗德，最后至莫斯科；另一路经巴尔赫及阿富汗抵达印度；第三路则是通向巴格达直至地中海，在这里货物转至货船发往埃及、拜占庭、意大利。

Согласно древним источникам, Великий Шёлковый путь проходил через Центральную Азию несколькими отрезками.

В Таджикистане Памир, Бадахшан, охваченный со всех сторон непрерывной цепью высочайших гор. Помимо торговых караванов и военных отрядов по памирским трассам Великого Шелкового Пути проходили миссионеры и паломники, что позволяет называть эту дорогу «дорогой идеологий». Об увиденных в Вахане в VII веке буддийских монастырях писал путешественник Сюань Цзань.

На территории средневекового Кыргызстана пересекло три ветви Великого шелкового пути. Это Памиро-Алайский путь, трудный путь в Центральный Тянь-Шань, и чуйский путь. В раннем средневековье чуйский путь был самым оживленным.

По территории Казахстана пролегала основная трасса Великого Шелкового пути через юг страны, от границы Китая торговые караваны двигались через города Тараз, Отрар, Сайрам, Яссы, далее в Центральную Азию, Персию, на Кавказ и оттуда в Европу.

Благодаря выгодному расположению в живописном оазисе, Узбекистан практически в центре сети дорог Великого Шелкового пути. На этой пути подобно рассыпанным жемчужинам сверкают под ярким солнцем такие древние города современного Узбекистана, как Самарканд, Бухара, Хива, Ташкент, Термез, Ургенч, и Фергана. Цветущие города-оазисы, выраставшие вдоль Шелкового пути, становились международными перевалочными пунктами для товаров, являлись жизненно важными центрами торговли, ремесел, распространения различных культур.

据史料记载，穿过中亚境内的丝绸之路分为若干支线。

塔吉克斯坦的丝绸之路是一条穿梭在帕米尔、巴达赫尚崇山峻岭之间的路，这条路不仅行走过商队和军队，也留下过传教士和朝拜者的足迹，所以该支线又被誉为"思想之路"。旅行家玄奘记录过有关7世纪在瓦罕佛教寺院的所见所闻。

吉尔吉斯斯坦境内有三条丝绸之路支线：帕米尔—阿赖线、行走艰难的天山中部线、楚河线。中世纪早期，楚河线最为活跃。

哈萨克斯坦境内的丝绸之路干线穿越本国南部。该线从中国边境出发经塔拉兹、雅西、奥特拉尔、萨伊拉姆，前往中亚、波斯、高加索，继而前往欧洲。

乌兹别克斯坦地处风景如画的河谷，地理位置优越。古老城市撒马尔罕、布哈拉、希瓦、塔什干、铁尔梅兹、乌尔根奇和费尔干纳像一颗颗璀璨的明珠在丝绸之路古道上熠熠生辉。这些繁华的绿洲城市是当时国际货物转运站，也是贸易、手工业和各种文化交流的重要中心。

Урок 7 Центральная Азия и Великий шёлковый путь

На территории Туркменистана древний туркменский город Мерв (Мары) в давние времена служил так называемыми воротами в Центральную Азию. Важное политическое и торговое значение он приобрел в IX – X вв. В Мерв путешественники приходили из Самарканада, Бухары, Амуля (Чарджоу, Туркменистан) и других торговых центров. На территории современного Туркменистана находятся 29 уникальных городищ и отдельных сооружений «Великого Шелкового пути».

Вдоль всех маршрутов возникали крупные и малые торговые города и поселения, и особенно испещренной караванными путями была Центральная Азия. Этот регион пересекали десятки торговых маршрутов. Здесь происходили важнейшие этнические процессы, активное взаимодействие культур, осуществлялись масштабные торговые операции, заключались дипломатические договоры и военные союзы. Шелковый путь оказал огромное влияние на формирование политического, экономического, культурного устройства стран, через которые он проходил.

Великий Шелковый Путь представляет уникальную культурную ценность для человечества. Поэтому ЮНЕСКО уделяет особое внимание не только изучению, но и сохранению огромного наследия, оставленного древними народами нынешним поколениям.

В 21-веке возобновляется тысячелетний диалог цивилизаций вдоль Шёлкового пути, это международная инициатива Китая «Один пояс, один путь», которая улучшает взаимоотношение и укрепляет экономическую связь между многочисленными народами. Именно в этом и заключается новый феномен Великого Шелкового Пути, внесшего уникальный вклад в мировое процветание.

土库曼斯坦古城梅尔夫（马雷）在古代曾是通往中亚的大门。9—10世纪，梅尔夫具有重要的政治和贸易地位，旅行者从阿木尔（土库曼斯坦查尔舟）、布哈拉、撒马尔罕等其他贸易中心向西来到梅尔夫。丝绸之路沿线土库曼斯坦境内现存29个特色古城和建筑。

丝绸之路沿线诞生了无数闻名遐迩的大型贸易中心和小型城镇，特别是在中亚，曾经留下无数驼队的足迹。这里逐渐形成了一些新的民族，不同的文化互相交融，商业贸易十分繁荣，外交合作及军事同盟也日益紧密。丝绸之路对沿线国家的政治、经济、文化产生了深远的影响。

丝绸之路具有珍贵的文化价值，因此联合国教科文组织十分重视丝路研究，重视这个人类重要遗产的保留及传承。

21世纪，丝绸之路千年文明的对话得以恢复。中国提出了"一带一路"倡议，该倡议是改善众多民族之间关系和加强经济联系之路。这条为世界繁荣做出卓越贡献的丝绸之路将焕发出新的光彩。

"Один пояс" – это Экономический пояс Шелкового пути (ЭПШП), в котором предложены пять необходимых для этого мер: политическая координация, взаимосвязь инфраструктуры, либерализация торговли, свободное передвижение капитала и укрепление взаимопонимания между народами. "Один путь" – Морской Шелковый путь XXI века (МШП). Обе инициативы – ЭПШП и МШП – были объединены в общую концепцию Китая под названием «Один пояс – один путь», которая является открытой для всех стран, международных и региональных организаций. Проект «Один пояс – один путь» направлен на совершенствование существующих и создание новых торговых путей, транспортных, а также экономических коридоров, связывающих более чем 60 стран Центральной Азии, Европы и Африки, также будет способствовать развитию экономическому сотрудничеству между ними и Китаем.

"一带"是指"丝绸之路经济带"，它需要实现五通：政策沟通、设施联通、贸易畅通、资金融通和民心相通；"一路"指"21世纪海上丝绸之路"。二者形成"一带一路"构想，对所有国家、国际和区域组织开放。它将中亚、欧洲、非洲等60多个国家与中国联系起来，共同完善和创造一条新的贸易、交通要道及经济走廊，为中国与这些国家经贸关系发展助一臂之力。

ПРИЛОЖЕНИЕ 1

附录一

Ключи к заданиям

练习答案

Урок 1   Казахстан

Задание 1. 请回答下列问题。

1) 俄语地位相当于官方语言。
2) 鹰。
3) 哈萨克斯坦是世界最大的内陆国，国土面积四分之一是草原，东南部与天山山脉相连，与中国接壤。
4) 塔拉兹；中国唐朝。
5) 哈萨克斯坦拜科努尔航天发射场。
6) 努尔苏丹、阿拉木图等。
7) 东干族；中国哈萨克族与哈萨克斯坦哈萨克族属于同一个民族，他们主要居住在中国新疆、青海、甘肃等地。
8) 哈萨克斯坦货币是坚戈；与中国的汇率比值参看实时动态（如 2018 年 7 月 26 日：1 元 ≈ 51.05 坚戈）。

Задание 2. Завершите начатые фразы.

1) Касым-Жомарт Токаев (2019);
2) морю;
3) 14;
4) Навруз; независимости;
5) больше 18 миллионов человек (на 1 января 2019 года);
6) казах; казашка

Задание 3. Прочитайте текст, найдите флаг и герб Казахстана в следующих картинках.

A; B

Задание 4. С какой провинцией Китая можно сравнить Казахстан по площади?

Г

Задание 5. Прочитайте текст и заполните пропущенные слова, покажите на карте соседние страны.

Россией; Туркменистаном, Узбекистаном, Кыргызстаном; Китаем

Задание 6. Прочитайте текст и вставьте пропущенные слова.

1) Нур-Султан； 2) Шымкент； 3) Тараз； 4) Шымкента；
5) Байконура； 6) Алматы； 7) Восточно-Казахстанская； 8) Балхаш

Задание 7. Назовите казахстанские города или места по картинкам.

Алматы； Балхаш；

Байконур； Нур-Султан

Задание 8. Прочитайте текст и выразите согласие или несогласие по содержанию текста («Да»/ «Нет»).

1) Да　　2) Да　　3) Да　　4) Нет　　5) Нет　　6) Нет

Задание 9. Переведите выделенные фразы с русского на китайский.

阿布莱汗（1711—1781）——哈萨克汗国大汗，受到三个玉兹共同拥戴。他是喀尔克姆·乌阿里苏丹的儿子，"嗜血"阿布莱汗之孙，巴拉克汗第九代孙。阿布莱汗率军战胜了准噶尔部落，统一了三个玉兹。

阿拜·库南巴耶夫（1845—1904）是哈萨克斯坦诗人、哲学家、教育家和社会活动家，是哈萨克斯坦杰出代表人物之一。

Задание 10. Какие обычаи и традиции казахского народа вам нужно особенно отметить? Назовите материальные и нематериальные объекты.

Гостеприимство, уважение к старшим, конаккаде, Навуруз (Наурыз)...

3 объекта по культурным критериям: «мавзолей Ходжа Ахмеда Яссави», «комплекс петроглифов Тамгалы», и совместный с Китаем и Кыргызстаном объект – «Великий Шёлковый путь в Чанъань-Тянь-Шанском коридоре». 2 объекта природного наследия: «Сарыарка» – Степи и озёра Северного Казахстана, и также совместный с Узбекистаном и Кыргызстаном объект «Западного Тянь-Шаня».

Объектами нематериальным культурным наследием человечества

Казахстана признаны искусство исполнения традиционного казахского домбрового кюя и навыки изготовления кыргызской и казахской юрт, также и многонациональные номинации «Наурыз», «Охота с ловчими птицами», «Традиция изготовления тонкого хлеба: лаваш, катырма, жупка, юфка» и национальная борьба «курес».

Задание 11. Каковы главные особенности казахской кухни?

Среди мясных блюд казахского народа широко используются баранина, говядина, конина, реже верблюжатина. Существуют разные виды хлебов. Разнообразны молочные блюда и напитки. Самый любимый напиток – чай.

Задание 12. Прочитайте текст и перечислите ведущие секторы в области экономики Казахстана. Назовите национальные денежные единицы и разменную монету.

Главные отрасли Казахстана – сельское хозяйство, промышленность. Ведущие секторы, это зерно, овощеводство, бахчеводство, садоводство, животноводство, добыча и переработка природных ресурсов.

Тенге и Тиын. Разменная монета Тиын практически не используется в наличном обращении.

Задание 13. Что вы знаете о двусторонних отношениях между Казахстаном и КНР, Казахстаном и РФ?

Казахстан и КНР – всестороннее стратегическое партнёрство.

Между Казахстаном и Россией очень близкие отношения, которые могут быть образцом межгосударственного сотрудничества двух стран.

Урок 2   Кыргызстан

Задание 1. 请回答下列问题。

1) 俄语是吉尔吉斯斯坦的官方语言。

2) 太阳，鹰，帐篷。

3) 吉尔吉斯斯坦与中国相邻，国土面积90%在海拔1500米以上。三分之一的地区在海拔3000米至4000米之间，五分之四是层峦叠嶂的山地。群山之中有雪山谷地，风景如画，被誉为中亚山国。

4) 比什凯克、奥什、托克马克等丝路古城和天山廊道风景区。

5) 伊塞克湖。

6) 李白。

7) 东干族；柯尔克孜族；主要居住在新疆。

8) 吉尔吉斯斯坦货币是索姆；与中国的汇率比值参看实时动态（如 2018 年 7 月 26 日：1 元 ≈ 10.05 索姆）。

Задание 2. Завершите начатые фразы.

1) Сооронбай Жээнбеков (2017);

2) морю;

3) 7, 2;

4) Навруз; независимости;

5) больше 6 миллионов человек (на 2018 год);

6) киргиз; киргизка

Задание 3. Прочитайте текст, найдите флаг и герб Кыргызстана в следующих картинках.

В; Б

Задание 4. С какой провинцией Китая можно сравнить Кыргызстан по площади?

В

Задание 5. Прочитайте текст и заполните пропущенные слова, покажите на карте соседние страны.

Казахстаном; Узбекистаном; Таджикистаном; Китаем

Задание 6. Прочитайте текст и вставьте пропущенные слова.

1) Бишкек, Фрунзе; 2) Ош; 3) Таласе; 4) Нарын;

5) Нарын; 6) Ош, Джалал-Абад; 7) Чуйской; 8) Иссык-Куль

Задание 7. Назовите киргизские города или места по картинкам.

Иссык-Куль; Нарын;

Бишкек; Ош

Задание 8. Прочитайте текст и выразите согласие или несогласие по содержанию текста («Да»/ «Нет»).

1) Да   2) Да   3) Да   4) Нет   5) Да   6) Да

ПРИЛОЖЕНИЕ 1

Задание 9. Переведите выделенные фразы с русского на китайский.

《玛纳斯》是吉尔吉斯大型史诗，也是统一吉尔吉斯各部落的英雄勇士的名字。《玛纳斯》是世界最长的史诗，已被列入吉尼斯世界纪录，联合国教科文组织将其列入非物质文化遗产。《玛纳斯》故事波澜起伏，是一部真正的百科全书，它将吉尔吉斯的历史事件、社会信息、民风民俗全都纳入其中。

玉素甫·巴拉沙衮尼（全名：玉素甫·哈斯·哈吉甫·巴拉沙衮尼）（1018—1070）是著名的哲学家、百科全书式学者，杰出的阿拉伯、波斯诗人和突厥语民间诗人。

Задание 10. Какие обычаи и традиции киргизского народа вам нужно особенно отметить? Назовите материальные и нематериальные объекты.

Очень популярен праздник «Нооруз» или «Навруз». Традиционное жилище киргизского народа – юрта. Понедельник считается у киргизов наиболее счастливым днём. У киргизов ни один национальный праздник или торжество не обходятся без спортивных состязаний.

В списке Всемирного наследия ЮНЕСКО в Кыргызстане значится 3 наименования в основном списке. 2 объекта включены по культурным критериям и 1 – по природным: национальный историко-археологический музей-комплекс «Сулайман-Тоо», Начальный участок и сеть маршрутов *Тянь-Шаньского коридора* (Китай, Казахстан, Кыргызстан), Западный Тянь-Шань (Совместно с Узбекистаном и Казахстаном).

В список нематериального культурного наследия Кыргызстана входит искусство акынов, искусство изготовления войлочных ковров, эпос Манас, праздник Навруз, юрта и т.д.

Задание 11. Каковы главные особенности киргизской кухни?

В культуру народа уже давно плотно вошли и пловы, и манты, и чучвара и многие другие блюда из кухонь Узбекистана, Таджикистана и Турции, а также уйгурские блюда. В национальной киргизской кухне популярны кисломолочные напитки: кумыс, тан, айран и хлебный напиток «Бозо». В киргизской пище особо ценятся баранина и конина, мёд, яблоки с Иссык-Куля, тыква.

Задание 12. Прочитайте текст и перечислите ведущие секторы в области экономики Кыргызстана. Назовите национальные денежные единицы и разменную монету.

Экономика Кыргызстана главным образом зависит от сельского хозяйства. Ведущие секторы – животноводство. В республике ограниченные запасы нефти и природного газа.

Национальная валюта Кыргызстана – сом. Разменная монета – тыйын. Один сом равен ста тыйынам.

Задание 13. Что вы знаете о двусторонних отношениях между Кыргызстаном и КНР, Кыргызстаном и РФ?

Отношения между Кыргызстаном и КНР – всестороннее стратегическое партнёрство.

Кыргызстан и Россия – стратегическое партнёрство.

Урок 3   Таджикистан

Задание 1. 请回答下列问题。

1) 俄语是塔吉克斯坦的族际语言。
2) 王冠；7。
3) 塔吉克斯坦号称中亚高山之国，几乎 93% 的面积是山地。最高峰索莫尼峰，海拔 7495 米。境内山峦叠嶂，河流众多，沟壑纵横，东部山地分布着冰川。
4) 帕米尔高原。
5) 首都杜尚别、苦盏（胡占德）等城市及戈尔诺—巴达赫尚自治州。
6) 塔吉克语属于印欧语系伊朗语族，而其他四国的语言属于阿尔泰语系突厥语族。
7) 中国境内的塔吉克族属于高山塔吉克族。他们主要聚居于新疆塔什库尔干塔吉克自治县，其语言是塔吉克语。
8) 塔吉克斯坦货币是索莫尼；与中国的汇率比值参看实时动态（如 2018 年 7 月 26 日：1 元≈ 1.385 索莫尼）。

Задание 2. Завершите начатые фразы.

1) Эмомали Рахмон；
2) морю；
3) 3；центрального подчинения；
4) Навруз；независимости；

ПРИЛОЖЕНИЕ 1

5) 9 миллионов человек (на май 2018 год);

6) таджик; таджичка

Задание 3. Прочитайте текст, найдите флаг и герб Таджикистана в следующих картинках.

Б; В

Задание 4. С какой провинцией Китая можно сравнить Таджикистан по площади?

В

Задание 5. Прочитайте текст и заполните пропущенные слова, покажите на карте соседние страны.

Афганистаном; Китаем; Кыргызстаном; Узбекистаном

Задание 6. Прочитайте текст и вставьте пропущенные слова.

1) Душанбе; понедельник; 2) Худжанд; 3) Пенджикент;

4) Пенджикент; 5) Курган-Тюбе; 6) Куляб;

7) Горно-Бадахшанская автономная; 8) Каракуль

Задание 7. Назовите таджикистанские города или места по картинкам.

Душанбе; Худжанд;

Каракуль; Горно-Бадахшанская автономная область

Задание 8. Прочитайте текст и выразите согласие или несогласие по содержанию текста («Да»/ «Нет»).

1) Да   2) Да   3) Да   4) Да   5) Да   6) Да

Задание 9. Переведите выделенные фразы с русского на китайский.

伊斯梅尔·索莫尼（849—907）——萨曼王朝的伟大领袖，王朝的缔造者。索莫尼是塔吉克民族之父和所有波斯语族人民的骄傲。

萨曼王朝时期形成了塔吉克民族。

阿布—阿卜杜拉·鲁达基是波斯文学、塔吉克斯坦民族诗歌及诗歌体裁的奠基人。

Задание 10. Какие обычаи и традиции таджикского народа вам нужно особенно отметить? Назовите материальные и нематериальные объекты.

Особенно отметить мусульманский праздник Курбан-хайит, праздник Навруз, и праздник тюльпанов Сайри лола.

Объекты Всемирного культурного и природного наследия – Саразм и национальный парк (Памирские горы). Нематериальные объекты – Оши-палав, праздник Навруз.

Задание 11. Каковы главные особенности таджикской кухни?

Таджикская кухня отличается большим разнообразием. В ней имеется особое отношение хлебобулочным изделиям. Оши-палав (плов) – представитель национальной кухни. В Таджикистане специи добавляют чуть больше, чем в соседних странах. А в больших количествах употребляются фрукты.

Задание 12. Прочитайте текст и перечислите ведущие секторы в области экономики Таджикистана. Назовите национальные денежные единицы и разменную монету.

Таджикистан – аграрно-индустриальная страна. Самой значительной отраслью – сельское хозяйство. Кроме этого, важные отрасли экономики страны – добыча ископаемых и их обработка, лёгкая промышленность.

Национальная валюта Таджикистан – сомони. Разменная монета – дирам. Один сомони равен ста дирамам.

Задание 13. Что вы знаете о двусторонних отношениях между Таджикистаном и КНР, Таджикистаном и РФ?

Отношения между Таджикистаном и КНР – всестороннее стратегическое партнёрство.

Таджикистан и Россия – стратегическое партнёрство.

Урок 4   Туркменистан

Задание 1. 请回答下列问题。

1) 俄语是土库曼斯坦的族际交流语言。

2) 马。

3) 土库曼斯坦全境大部分地区是图兰低地，卡拉库姆沙漠位于全国中部，南部边境绵延着科佩特山脉，全国最高峰——阿里巴巴峰或称土库曼巴希峰（3139米）。

4) 土库曼斯坦。

5) 首都阿什哈巴德、马雷、库尼亚—乌尔根奇、里海。

6) 阿拉拜犬、阿哈尔捷金马、地毯；是。

7) 中国的撒拉族居住在青海省循化撒拉族自治县等地，据说撒拉人的祖先是从中亚撒马尔罕来到青海省东部定居的，土库曼人与撒拉人语言几乎相通，土库曼斯坦将中国的撒拉族视为土库曼侨民。

8) 土库曼斯坦货币是马纳特；与中国的汇率比值参看实时动态（如 2018 年 7 月 26 日：1 元≈ 0.52 马纳特）。

Задание 2. Завершите начатые фразы.

1) Гурбангулы Бердымухамедов；

2) морю；

3) 5；

4) Навруз；Нейтралитета；

5) больше 7 миллионов человек；

6) туркмен；туркменка

Задание 3. Прочитайте текст, найдите флаг и герб Туркменистана в следующих картинках.

В；Г

Задание 4. С какой провинцией Китая можно сравнить Туркменистан по площади?

А

Задание 5. Прочитайте текст и заполните пропущенные слова, покажите на карте соседние страны.

Узбекистаном, Казахстаном, Афганистаном；Ираном；

Задание 6. Прочитайте текст и вставьте пропущенные слова.

1) Ашхабад；город любви；2) Балканабат；3) Туркменбаши；

4) Туркменбаши；5) Куня-Ургенч；6) Мары；7) Мерв；

8) Каспийское море

Задание 7. Назовите туркменские города или места по картинкам.

Ашхабад；Каспийское море；

Аваза (Туркменбаши)；Мерв (Мары)

Задание 8. Прочитайте текст и выразите согласие или несогласие по содержанию текста («Да»/ «Нет»).

1) Да   2) Да   3) Да   4) Да   5) Да   6) Нет

Задание 9. Переведите выделенные фразы с русского на китайский.

奥古兹汗是奥古兹人的传奇先祖。奥古兹人自11世纪起自称为土库曼人，他们是居住在乌兹别克斯坦、土库曼斯坦、阿塞拜疆、伊朗、伊拉克、土耳其、中国、巴尔干国家和摩尔多瓦的突厥人祖先。

土库曼人的历史可追溯到5000年前的土库曼人奥古兹汗。其形象具有文化英雄人物色彩。

马赫图姆库里（1724—约1807）是土库曼诗人、哲学家、经典作家，他以弗拉吉作为自己的笔名。

Задание 10. Какие обычаи и традиции туркменского народа вам нужно особенно отметить? Назовите материальные и нематериальные объекты.

Гостеприимство, благородство, честность, душевная щедрость, скромность, смелость.

Три сокровища Туркменистана – ахалтекинцы, алабаи и ковры.

В списке Всемирного наследия ЮНЕСКО в Туркменистане значится 3 наименования исторических объектов: это Древний Мерв, Куня-Ургенч и парфянские крепости Нисы. В 2015 году Туркменский эпос «Гёроглы» внесен в список ЮНЕСКО нематериального культурного наследия человечества.

Задание 11. Каковы главные особенности туркменской кухни?

В туркменской кухне много видов супов. Очень обращают внимание на баланс овощей и мяса. В Туркменистане применение в кулинарии морепродуктов гораздо более развито, чем в остальных странах региона. Кулинарным отличием страны стала любимая во всем регионе туркменская выпечка и молочные продукты.

Задание 12. Прочитайте текст и перечислите ведущие секторы в области экономики Туркменистана. Назовите национальные денежные единицы и разменную монету.

Структура ВВП Туркменистана по отраслям состоит из промышленности, строительства, сельского хозяйства. Основой экономики Туркменистана в настоящее время является топливно-энергетический комплекс, в состав которого входят нефте- и газодобывающая, а также нефтеперерабатывающая отрасли.

Национальная денежная единица Туркменистана – Туркменский манат. Разменная монета – тенге. Один манат приравнивается 100 тенге.

Задание 13. Что вы знаете о двусторонних отношениях между Туркменистаном и КНР, Туркменистаном и РФ?

Китай и Туркменистан установили стратегическое партнёрство.

Между Россией и Туркменистаном установлены отношения стратегического партнерства.

Урок 5   Узбекистан

Задание 1. 请回答下列问题。

1) 俄语是乌兹别克斯坦的族际交流语言。

2) 麦、棉。

3) 乌兹别克斯坦属于双重内陆国家，西北与咸海相连。中亚两条主要河流——阿姆河和锡尔河流经该国，其大部分领土是平原，山脉和丘陵占全国面积五分之一。

4) 乌兹别克斯坦。

5) 塔什干、撒马尔罕、布哈拉、希瓦等城市。

6) 希瓦。

7) 乌孜别克族；中国乌孜别克族与乌兹别克斯坦的乌兹别克族属于同一个民族，他们主要居住在中国新疆。

8) 乌兹别克斯坦货币是苏姆；与中国的汇率比值参看实时动态（如 2018 年 7 月 26 日：1 元≈ 1147.94 苏姆）。

Задание 2. Завершите начатые фразы.

1) Шавкат Мирзиёев;

2) морю;

3) 12；1；1；

4) Навруз；День независимости；

5) почти 33 миллиона человек；

6) узбек；узбечка

Задание 3. Прочитайте текст, найдите флаг и герб Узбекистана в следующих картинках.

Г；А

Задание 4. С какой провинцией Китая можно сравнить Узбекистан по площади?

А

Задание 5. Прочитайте текст и заполните пропущенные слова, покажите на карте соседние страны.

Туркменистаном；Афганистаном；Таджикистаном；Кыргызстаном；

Задание 6. Прочитайте текст и вставьте пропущенные слова.

1) Ташкент；Каменный город；2) Самарканд；3) Шахрисабзе；

4) Каракалпакстан；5) Хивы；6) Бухаре；7) Ташкенте；

8) Аральское море；

Задание 7. Назовите узбекистанские города или места по картинкам.

Самарканд；Ташкент；

Хива；Бухара

Задание 8. Прочитайте текст и выразите согласие или несогласие по содержанию текста («Да»/ «Нет»).

1) Да 2) Нет 3) Нет 4) Да 5) Да 6) Да

Задание 9. Переведите выделенные фразы с русского на китайский.

帖木儿（1336—1405）——14世纪著名统帅，缔造了以撒马尔罕为都的伟大帝国，在中亚和高加索历史中发挥了重要的作用，成为仅次于成吉思汗的一代枭雄。

乌兹别克斯坦帖木儿成为国家的象征。在塔什干、撒马尔罕和沙赫里萨布兹都建有帖木儿的纪念碑。

阿里舍尔·纳沃伊（1441—1501），乌兹别克斯坦天才诗人、思想家、音乐家、画家、教育家、学者，著名的社会活动家、15世纪文化名人之一。

纳沃伊是乌兹别克人民优秀的儿子，其思想在当代国际社会获得共鸣，成为世界人民共同的财富。乌兹别克斯坦、俄罗斯、英国、土耳其、伊朗等很多国家的大型图书馆都珍藏有纳沃伊的手稿。

Задание 10. Какие обычаи и традиции узбекского народа вам нужно особенно отметить? Назовите материальные и нематериальные объекты.

В основе узбекских традиций – гостеприимство, почитание старших и коллективизм, особенно ярко проявляемый в махаллях (узбекских кварталах) – хранительницах вековых национальных устоев.

В Узбекистане широко празднуются мусульманские и национальные праздники. Курбан-хайит, Навруз, День Независимости, День Конституции, День памяти и почестей.

Ходжа Насреддин Афанди – персонаж анекдотов, легенд и мифов мусульманских стран, популярен в узбекистане.

В Список объектов всемирного наследия ЮНЕСКО от Узбекистана включены четыре культурно-исторических объекта – Ичан-Кала в Хиве (1991 год), исторические центры Бухары (1993 год) и Шахрисабза (2000 год), Самарканд (2001 год). В Список нематериального культурного наследия ЮНЕСКО внесены Навруз, Катта ашула, классическая музыка Шашмаком и культурное пространство района Байсун.

Задание 11. Каковы главные особенности узбекской кухни?

Узбеки употребляют мучную, молочную и мясную пищу. В пище более популярны баранина, говядина и конина. Распространённые национальные кушанья – узбекский плов, манты, чучвара. Жареные и печеные продукты, сладости, сухофрукты и орешки, фрукты являются основным элементом в еде для большинства населения.

Задание 12. Прочитайте текст и перечислите ведущие секторы в области экономики Узбекистана. Назовите национальные денежные единицы и разменную монету.

Ведущие секторы в Узбекистане – земледелие, выращивание овощей, производство хлопка, газовая, химическая, нефтехимическая, золотодобывающая отрасль, и отрасль цветной металлургии.

Национальная денежная единица Узбекистана – узбекский сум. Разменная монета – тийин. Один сум приравнивается 100 тийинам.

Задание 13. Что вы знаете о двусторонних отношениях между Узбекистаном и КНР, Узбекистаном и РФ?

Отношения между Китаем и Узбекистаном повысились до уровня всестороннего стратегического партнерства.

Узбекистан – стратегический партнер и надежный союзник России.

Урок 6   Китайские элементы

Задание 1. Ответьте на следующие вопросы:

1) Ли Бо родился в Токмаке.

2) 《静夜思》床前明月光，疑是地上霜。举头望明月，低头思故乡。

《夜宿山寺》危楼高百尺，手可摘星辰。不敢高声语，恐惊天上人。

Задание 2. Ответьте на следующие вопросы:

1) Дунга́не – китайская диаспора, малый народ в Центральной Азии.

2) Они переселились главным образом из провинций Шэньси и Ганьсу во время восстания мусульман во второй половине XVIII века.

3) С шэньсийской и ганьсуской.

Задание 3. Ответьте на следующие вопросы:

1) Салары.

2) В Цинхае, а также в провинциях Ганьсу и Синьцзян.

3) Да. Саларский язык как и туркменский язык относится к огузской группе. Туркмены и салары почти понимают друг друга.

Задание 4. Ответьте на следующие вопросы:

1) Проспект назван именем вождя китайской революции Дэн Сяопина в знак дружеских отношений Кыргызстана и Китая.

2) Сянь Синхая.

Урок 7   Центральная азия и великий шёлковый путь

Задание 1. Коротко расскажите о Центральной Азии.

答案略。

Задание 2. Перечислите известные древние города или места на территории пяти стран Центральной Азии вдоль Великого Шёлкового пути.

1) Казахстан: Сайрам, Отрар, Тараз…

2) Кыргызстан: Тяньшань, Чу, Суяб…

3) Таджикистан: Памир, Вахань, Пенджикент…

4) Туркменистан: Мерв, Чарджоу, Старая Ниса…

5) Узбекистан: Самарканд, Бухара, Хива…

Задание 3. Что вы знаете о сопряжении проектов стран Центральной Азии и концепции ОПОП?

答案略。

ПРИЛОЖЕНИЕ 2

附录二

Экзаменационный билет
测试题

(1)

1. Соедините название страны

(1) со столицей и важным городом;

Таджикистан	Ашхабад	Худжанд
Кыргызстан	Нур-Султан	Туркменбаши
Казахстан	Бишкек	Алматы
Узбекистан	Душанбе	Бухара
Туркменистан	Ташкент	Ош

(2) с доменом страны;

Узбекистан	.KG
Казахстан	.TJ
Кыргызстан	.KZ
Туркменистан	.TM
Таджикистан	.UZ

(3) с важным историческим периодом;

Казахстан	Хан Касым
Кыргызстан	империя Тимура
Таджикистан	Саманиды
Туркменистан	Парфия
Узбекистан	Киргизский каганат

(4) с именем известных поэтов;

Таджикистан	Махтумкули
Туркменистан	Рудаки
Узбекистан	Баласагуни
Казахстан	Абай
Кыргызстан	Навои

2. Выполните задания по картинкам

(1) Напишите название народности Центральной Азии; (слова для употребления: казахи, узбеки, туркмены, таджики, киргизы)

А. _____ Б. _____ В. _____
Г. _____ Д. _____

(2) **Назовите блюда Центральной Азии;** (слова для выбора: *плов, самса, нан, чучвара, манты, шурва/шурпа*)

ПРИЛОЖЕНИЕ 2

| Г | Д | Е |

А. _____   Б. _____   В. _____
Г. _____   Д. _____   Е. _____

(3) Назовите страны

А. _____   Б. _____

В. _____   Г. _____

(4) Напишите название монеты и страны;

А. _____   Б. _____   В. _____

(5) Назовите страну, где находятся следующие исторические памятники;

А _____   Б _____

В_____ Г_____

(6) Отметьте страну, где сохранились следующие объекты нематериального культурного наследия Центральной Азии, если можно, назовите объекты на русском языке.

А_____ Б_____

В_____ Г_____

3. Угадайте страны по словам гимнов.

(1) Солнечный, мой свободный край, счастье и спасение народа, /Ты сам— попутчик и милосерден для друзей! /Пусть расцветают вечно знание, наука и творчество, /Пусть слава твоя сияет вечно, пока стоит мир! _____

(2) В золотом небе солнце, /В золотых степях зерно. Её легендарное мужество /Посмотри на эту страну! В седой древности /Родилась наша слава. Никогда не терявший (тюркской) чести /Горд и силён мой казахский народ!

_____

(3) Высокие горы, долины, поля /Родная, заветная наша земля. / Отцы наши жили среди Ала-Тоо, /Всегда свою родину свято храня. /Вперед,

кыргызский народ, /Путем свободы вперед! /Взрастай, народ, расцветай, /Свою судьбу созидай! _____

4. Узнайте географический тип ландшафта по карте, и вствьте пропущенные слова.

(1) Главные реки Центральной Азии _____, _____.

(2) Известные озёра на территории центральной Азии: _____, _____, _____.

(3) В Центральной Азии многие реки впадают в _____ и _____ море.

(4) Самая большая пустыня в Центральной Азии _____.

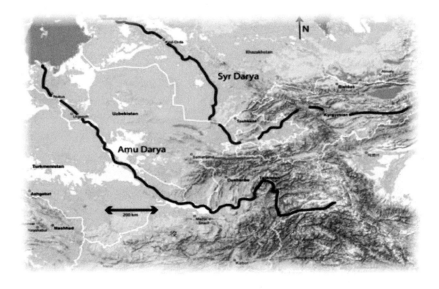

5. К какой международной организации относятся или какой концепции развития придерживаются страны, представленные на картинках?

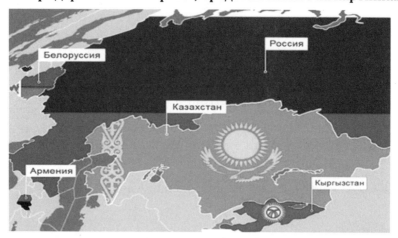

(1) _____

(2) _____

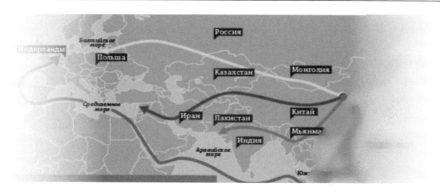

(3) _____

ПРИЛОЖЕНИЕ 2

(4)_____

6. Ответьте на следующие вопросы.

(1) Как называют китайских мусульман, живущих на территории Центральной Азии?

(2) К какой народности принадлежат китайские туркмены?

(2)

1. 请完成填空题。

（1）世界最大的内陆国家是 _____。

（2）世界最大的湖泊是 _____。

（3）中亚明珠指的是 _____。

（4）中亚沙漠占国土面积最多的国家是 _____。

（5）中亚的两大母亲河是 _____、_____。

（6）_____ 是中国在中亚最大的贸易伙伴国。

（7）跨越欧亚边界的中亚国家是 _____。

（8）俄语被列为官方语言的中亚国家有 _____、_____。

（9）中亚的高山国是 _____。

（10）_____ 天然气产量居中亚首位。

（11）中亚 _____ 语与其他国家不属于同一语系。

（12）马纳特是 _____ 的货币。

（13）中国 56 个民族中 _____、_____、_____、_____、_____ 族与中亚五国的主体民族同为一个民族。

（14）阿拉拜犬是 _____ 的国宝。

（15）上合组织地区反恐机构设在 _____ 的首都。

（16）_____ 是该国独立后建设速度最快的新首都。

（17）_____ 是中亚经济领头羊。

（18）_____、_____ 是中亚水力资源最丰富的两个国家。

（19）_____ 被誉为中亚"最虔诚的伊斯兰国家"。

（20）_____、_____ 是中亚国家最普遍的主食。

（21）中亚五国共同庆祝的节日是 _____，被列入世界非物质文化遗产。

2. 请连线。

（1）指出下列词语的涵义。

казах	突厥人的领地
киргиз	红色
таджик	我们的领袖
туркмен	王冠
узбек	自由、无拘无束

（2）请指出在下列国家旅游的标志性特色。

　　Казахстан　　　　　　　　民族地毯

　　Кыргызстан　　　　　　　蜂蜜

　　Таджикистан　　　　　　 汗血宝马

　　Туркменистан　　　　　　中亚美食之国

　　Узбекистан　　　　　　　波斯美食

（3）指出下列国家的丝绸之路古城。

　　Казахстан　　　　　　　　梅尔夫

　　Кыргызстан　　　　　　　希瓦

　　Таджикистан　　　　　　 胡占德

　　Туркменистан　　　　　　塔拉兹

　　Узбекистан　　　　　　　碎叶

（4）请指出下列文化与自然遗产所属国家。

　　萨拉则城区遗址 (Саразм)　　　　　　Казахстан

　　尼撒古城 (Ниса)　　　　　　　　　　Кыргызстан

　　沙赫里萨布兹 (Шахрисабз)　　　　　 Таджикистан

　　西部天山（Западный Тянь-шань）　　Туркменистан

　　苏莱曼山 (Сулайман-Тоо)　　　　　　Узбекистан

3. 请将下列名词译为俄语并指出属于哪个国家。

（1）奥古兹汗＿＿＿＿＿＿（　　）；

（2）玛纳斯＿＿＿＿＿＿（　　）；

（3）索莫尼＿＿＿＿＿＿（　　）；

（4）帖木儿＿＿＿＿＿＿（　　）；

（5）阿布莱汗＿＿＿＿＿＿（　　）；

4. 请按要求指出下列俄语单词并译为汉语。

（1）乌兹别克斯坦传统村社民族自治组织：＿＿＿＿＿＿（махалля, жуз, мечеть, медресе）；

（2）土库曼斯坦历史上的统治王朝是：＿＿＿＿＿＿（Памира, Парфия, Пяндж, Помпея）；

（3）古代信仰伊斯兰教国家的国王、酋长等的尊称：＿＿＿＿＿＿（эмир, шаньюй, хан, князь）；

（4）中亚崇拜火的宗教：＿＿＿＿＿＿（буддизм, ислам, зороастризм, несторианство）；

（5）属于中亚古城遗址的是：＿＿＿＿＿＿（Ак-Бешим, Ала-Тоо, Афанди, Ахеменид）；

5. 请选择任何一个专题（如地理、旅游、历史、文化、文学、经济、语言等）论述中亚五国的共性与差异。

ПРИЛОЖЕНИЕ 3

附录三

Ключи к экзаменационному билету

测试题答案

(1)

1. Соедините название страны

(1) со столицей и важным городом;

Таджикистан – Душанбе – Худжанд

Кыргызстан – Бишкек – Ош

Казахстан – Нур-Султан – Алматы

Узбекистан – Ташкент – Бухара

Туркменистан – Ашхабад – Туркменбаши

(2) с доменом страны;

Узбекистан – .UZ   Казахстан – .KZ   Кыргызстан – .KG

Туркменистан – .TM   Таджикистан – .TJ

(3) с важным историческим периодом;

Казахстан – Хан Касым;   Кыргызстан – Киргизский каганат;

Таджикистан – Саманиды;   Узбекистан – империя Тимура;

Туркменистан – Парфия

(4) с именем известных поэтов.

Таджикистан – Рудаки   Туркменистан – Махтумкули

Узбекистан – Навои   Казахстан – Абай

Кыргызстан – Баласагуни

2. Выполните задания по картинкам

(1) Напишите название народности Центральной Азии;

А. узбеки   Б. таджики   В. туркмены   Г. казахи   Д. киргизы

(2) Назовите кушанья Центральной Азии;

А. манты   Б. шурва/ шурпа   В. чучвара

Г. плов   Д. самса   Е. нан

(3) Назовите страны по картам;
  А. Кыргызстан   Б. Таджикистан   В. Казахстан   Г. Туркменистан

(4) Напишите название монеты и страны;
  А. сом – Кыргызстан   Б. сум – Узбекистан   В. Тенге – Казахстан

(5) Назовите страну, где находятся следующие исторические памятники;
  А. Казахстан   Б. Узбекистан   В. Кыргызстан   Г. Таджикистан

(6) Отметьте страну, где сохранились следующие объекты нематериального культурного наследия Центральной Азии.
  А. Казахстан, Кыргызстан, Таджикистан, Туркменистан, Узбекистан (Навруз)
  Б. Казахстан (домбровый кюй)
  В. Узбекистан (ката-ашула)
  Г. Кыргызстан, Казахстан (юрта)

3. Угадайте какой страны гимны.
  (1) Узбекистан   (2) Казахстан   (3) Кыргызстан

4. Узнайте географический тип ландшафта по карте, и вствьте пропущенные слова.
  (1) Амударья, Сырдарья   (2) Балхаш, Иссык-Куль, Каракуль
  (3) Каспийское, Аральское   (4) Каракумы

5. К какой международной организации или стратегии развития относятся намеченные страны в картинках?
  (1) ЕАЭС   (2) ОДКБ   (3) Пояс и путь   (4) ШОС

6. Ответьте на следующие вопросы.
  (1) дунгане   (2) салары

(2)

1. 填空题：
  （1）哈萨克斯坦
  （2）里海
  （3）伊塞克湖
  （4）土库曼斯坦

（5）阿姆河、锡尔河

（6）哈萨克斯坦

（7）哈萨克斯坦

（8）哈萨克斯坦　吉尔吉斯斯坦

（9）塔吉克斯坦

（10）土库曼斯坦

（11）塔吉克

（12）土库曼斯坦

（13）哈萨克族　乌孜别克族　撒拉族　塔吉克族　柯尔克孜族

（14）土库曼斯坦

（15）乌兹别克斯坦

（16）努尔苏丹

（17）哈萨克斯坦

（18）塔吉克斯坦　吉尔吉斯斯坦

（19）乌兹别克斯坦

（20）手抓饭　馕

（21）纳乌鲁兹节

2. 请连线。

（1）指出下列国家名的涵义；

казах——自由、无拘无束；киргиз——红色；туркмен——突厥人的领地；
таджик——王冠；узбек——我们的领袖

（2）请指出在下列国家旅游的标志性特色；

Казахстан——手抓肉；Кыргызстан——蜂蜜；
Таджикистан——波斯美食；Туркменистан——民族地毯；
Узбекистан——中亚美食之国

（3）指出下列国家的丝绸之路古城；

Казахстан——塔拉兹；Кыргызстан——碎叶；
Туркменистан——梅尔夫；Таджикистан——苦盏（胡占德）；
Узбекистан——希瓦

（4）请指出下列文化与自然遗产的所属国家

萨拉则城区遗址 (Саразм)——Таджикистан；

尼撒古城 (Ниса)——Туркменистан；

沙赫里萨布兹 (Шахрисабз)——Узбекистан；

西部天山 (Западный Тянь-шань)——Казахстан, Кыргызстан, Узбекистан；

苏莱曼山 (Сулайман-Тоо)——Кыргызстан；

3. 请将下列历史人物译为俄语并指出属于哪个国家。

（1）Огуз-хан（土库曼斯坦）

（2）Манас（吉尔吉斯斯坦）

（3）Самани（塔吉克斯坦）

（4）Тимур（乌兹别克斯坦）

（5）Абылай-хан（哈萨克斯坦）

4. 请按要求指出下列俄语单词并译为汉语。

（1）玛哈拉（махалля）

（2）安息国（Парфия）

（3）埃米尔（эмир）

（4）拜火教（зороастризм）

（5）阿克贝西姆古城（Ак-Бешим）

5. 请选择任何一个专题（如地理、旅游、历史、文化、文学、经济、语言等）论述中亚五国的共性与差异。

答案略。

ПРИЛОЖЕНИЕ 4

附录四

СЛОВАРЬ

词汇表

А

Абай 阿拜（哈萨克文学奠基人）

Абу Абдаллах Рудаки 阿卜杜拉·鲁达基（波斯诗人，塔吉克古典文学奠基人）

Абылай-хан 阿布莱汗

айван 中亚拱顶建筑（三面为墙体，一面敞开作为入口）

Айдаркуль 艾达尔库尔湖

айтыс/айтыш 即兴说唱艺术

Ак-Бешим 阿克贝西姆（遗址）

Ак-Орда（哈萨克斯坦）总统府

аксакал 长老

акын 民间即兴诗人和歌手

алабай 阿拉拜牧羊犬

Ала-Тоо 阿拉套

Александр Македонский 亚历山大·马其顿

Амударья 阿姆河

античный 古希腊、罗马的，古代的

аппликация 贴花

Аральское море 咸海

арийская народность 雅利安族

арочный проём 拱形门口，拱形通道

артефакт 艺术品

Астана 阿斯塔纳（哈萨克斯坦原首都）

Афанди 阿凡提

ахалтекинский конь 阿哈尔捷金马

Ахемениды 阿契美尼德王朝（前550—前330年，波斯第一帝国）

Ашхабад 阿什哈巴德（土库曼斯坦首都）

Б

базилик 罗勒

Байтерек 拜捷列克塔（努尔苏丹市地标）

Бактрия 巴克特里亚王国（古称"大夏"，前 250—前 135 年）

Балхаш 巴尔喀什湖

баурсак 油炸果子

бек 伯克（封号）

бекство 布哈拉汗国东南偏远地区的行政省（位于阿姆河上游喷赤河两岸）

беркут 金雕

бессточное озеро 内陆湖

бешбармак 手抓肉面

Бишкек 比什凯克（吉尔吉斯斯坦首都）

бойница 炮眼

буддизм 佛教

Бурана 布拉纳（遗址）

Бухара 布哈拉（乌兹别克斯坦丝路名城）

В

вал（要塞的）围墙

Вахшская долина 瓦赫什谷地

велаят 省（土库曼行政区划，分为 5 个省）

верблюжатина 骆驼肉

верблюжье молоко 骆驼奶

Византия 拜占庭

вилоят 州（乌兹别克斯坦行政区划）

водохранилище 水库

выкуп 赎金

вышивка 刺绣

Г

Газневиды 哥疾宁王朝（961—1186 年）

гёль (гуль) 花朵，团花

Гёроглы 格奥拉格雷（土库曼斯坦英雄史诗）

Гиссарская крепость 吉萨尔要塞

голец 鳅鱼

Горно-Бадахшанская автономная область 戈尔诺—巴达赫尚自治州

горный массив 高原，山岭，山地

городище 古城遗址

гранат 石榴

гунн 匈奴人

гэгунь 鬲昆 / 隔昆（中国对吉尔吉斯斯坦的古称）

Д

дари 达里语（阿富汗官方语言之一，属波斯语方言）

Даши 大食

Джалал-Абад 贾拉拉巴德（市）

Джамбульская область 江布尔州（哈萨克斯坦）

джунгар 准噶尔人

домбра 冬不拉（乐器）

достархан 低矮的餐桌，餐席

дунганин 东干人（中亚的中国回族后裔）

Душанбе 杜尚别（塔吉克斯坦首都）

Е

европеоидная раса 欧罗巴人种

Ж

жал 马脖肉

жуз 玉兹

Жусуп Баласагуни 玉素甫·巴拉沙衮尼（吉尔吉斯诗人）

З

залив 湾

захоронение 埋葬地

зороастризм 祆教，拜火教

И

Иран 伊朗

Иртыш 额尔齐斯河

Исмаил Самани 伊斯梅尔·索莫尼 / 萨玛尼（塔吉克民族之父）

испаряемость 蒸发量

Иссык-Куль 伊塞克湖

Ичан-Кала 伊钦（内城）

К

каганат 突厥国家

казы 熏马肠

караван 驼队

караван-сарай 商队旅馆

карагач 榆木

Карадарья 卡拉河

Каракол 卡拉科尔（市）

Каракуль 喀拉湖

Каракумы 卡拉库姆沙漠

Караханид 喀拉汗王朝（840—1212 年）

Карлук 葛逻禄人（活跃期 6—13 世纪）

Каспийское море 里海

Катта ашула 赞歌演唱（歌手通常手持盘子）

Кимеки 基马克汗国（约 734—1050 年）

Киргизия / Кыргызстан 吉尔吉斯 / 吉尔吉斯斯坦

кириллица 基里尔字母

кислинка 酸味

кишлак 村庄（中亚）

Книга рекордов Гиннеса 吉尼斯世界纪录

ковёр 地毯

ковурма лагман (лагмон) 拌面

козлятина 山羊肉

Коканд / Кокандское ханство 浩罕汗国（18—19 世纪）

колесо обозрения 摩天轮

конина 马肉

Копетдаг 可佩特山

Коран 古兰经

корона 王冠

котловина 凹地，盆地

крепость 城堡

кроша 面包屑

Куня-Ургенч 库尼亚—乌尔根奇市（现名吉奥涅乌尔根奇市）

купюра 面额

Курбан-хайит 古尔邦节

курт 咸奶干肉汤

Кушанское царство 贵霜王国（1—3 世纪）

Кыпчаки 钦察汗国（金帐汗国、克普恰克汗国）（1219—1502 年）

кюй 哈萨克斯坦、吉尔吉斯斯坦的乐器演奏

Л

латиница 拉丁字母

ледниково-тектоническое озеро 冰川构造湖

лежащий Будда 卧佛

лепёшка-кульча 烧饼

М

Мавераннахр 马韦兰纳赫勒

Манас 玛纳斯（吉尔吉斯史诗，史诗主人公英雄人物）

манты 薄皮包子

махалля 玛哈拉（乌兹别克传统村社居民自治组织）

медресе 伊斯兰学校

медь 铜

Мерв 梅尔夫（城市）

металл 金属

мечеть Биби-Ханым 比比·哈内姆清真寺（撒马尔罕市）

мечеть Парау-биби 帕拉乌比比清真寺（土库曼巴希市）

минарет 清真寺尖塔

мирабилит 芒硝

мрамор 大理石

мулла 毛拉，阿訇

мучные блюда 面食

муэдзин 宣礼员

мыс 岬，海角

Н

набег 侵袭

Навруз 纳乌鲁兹节（Наврус）（又叫诺鲁兹节 Нооруз）

наместник 总督，地方长官

нарын 捞面

Нарын 纳伦（河），纳伦（州），纳伦（市）

наскальный рисунок (петроглиф) 岩画

нейтралитет 中立

нематериальное культурное наследие 非物质文化遗产

несторианство 聂斯托利教

нирван 涅槃

O

оазис 绿洲

обсерватория Улугбека 兀鲁伯天文台

овец 绵羊

Огузы 奥古兹（огузы 奥古兹人）

олово 锡

остатки поселений 村落遗址

отрог 支脉，山岔

очаг 炉灶

П

палеолит 旧石器时代

паломничество 朝圣

Памир 帕米尔高原

папаха 毛皮高帽

Парфия 帕提亚，安息国（前 247—224 年）

пастбище 牧场

перевал 隘口

перс 波斯人

пирожок 小馅饼

письменность 文字

племя 部落

плов 手抓饭

подданство 国籍

Помпеи 庞贝城（意大利）

похлёбка 汤，粥

предводитель 首领

предгорье 山麓

приправа 调料

пролив 海峡，水道

пророк 先知

просо 黍

пряный аромат 辛香味

Р

рамазан-хайит 斋月节

ритон 牛角杯

ров 沟，壕沟

ртуть 汞，水银

ружьё 枪

Саманиды 萨曼王朝

Самарканд 撒马尔罕（乌兹别克斯坦丝路名城）

самодержавие 专制制度

самса 烤包子

Саразм 萨拉则（又译为萨拉子目）

Сасаниды, государство Сасанидов 萨珊王朝（224—651 年）

сдоба 花式面包

Селевкиды 塞琉古王朝

Семиречье 七河州

скакун 赛马

скиф 斯基泰人，塞族人

скотовод 畜牧专家

Согдиана, Согд 粟特（古称康居），粟特（城）

сом 索姆（吉尔吉斯斯坦货币单位）

Сомони 索莫尼峰（7495 米），索莫尼（塔吉克斯坦货币）

специя 香料

сум 苏姆（乌兹别克斯坦货币）

сумаляк 纳乌鲁兹节麦芽粥

суннит 逊尼派（穆斯林）

Суяб 碎叶城

Сырдарья 锡尔河

Т

таба-нан 塔巴馕

Талас 塔拉斯（河）、塔拉斯（市）

тандыр 泥炉，馕坑

Ташкент 塔什干（乌兹别克斯坦首都）

Ташкурган 塔什库尔干塔吉克自治县（中国）

Таш-Рабат (караван сарай) 塔什拉巴特（商队旅馆）

тенге 坚戈（哈萨克斯坦货币，土库曼斯坦辅币）

термальный источник 温泉

тийин 蒂因（乌兹别克斯坦辅币）

тиын 泰因（哈萨克斯阿坦辅币）

Токмок 托克马克（市）

Тоо 套（山）

Тохаристан 吐火罗斯坦

Туркменбаши 土库曼巴希（土库曼人的领袖）

тыйын 提因（吉尔吉斯斯坦辅币）

тюбетейка 绣花小圆帽

Тюльпановая революция 郁金香革命

Тюргешский каганат 突骑施国（中国唐朝）

тюрк (тюрок) 突厥人

Тян-Шань 天山

У

уйгур 维吾尔族人

улус 汗国，乌鲁斯（中亚村庄或行政单位）

Урал 乌拉尔河

усыпальница 陵寝

Ф

фарси 波斯语

Ферганская долина 费尔干纳盆地

Фирдавси (Фирдоуси) 菲尔多西（10—11 世纪萨曼王朝诗人）

флагшток 旗杆

фонарь 灯笼

форпост 前哨

Х

хадис 圣训（伊斯兰教）

Хан-Шатыр 沙特尔汗购物中心（努尔苏丹）

Хатлонская область 哈特隆州

Хива 希瓦

Хорезм 花拉子模（1077—1231 年）

Хорсан 呼罗珊

Хумо 幸福与自由鸟

хунну 匈奴

Ц

цитадель 城堡，堡垒

Ч

чайхана 中亚茶馆

чак-чак 萨其马

Чарынский каньон 恰伦河谷

Чу 楚河

чучвара 小饺子

Ш

шанырак 帐篷的圆顶

шашмаком（乌兹别克斯坦、塔吉克斯坦的）古典弹奏音乐

Шейбаниды 昔班尼王朝（1500—1598 年）

шелыпек 煎饼

шерсть 毛皮

шурва, шурпа 肉汤

Э

экспансия 扩张

эмир 埃米尔（古代信仰伊斯兰教国家的国王、酋长等的尊称）

эпос 史诗

эфталит 嚈哒（yè dā）人，俗称白匈奴（出现于 5—6 世纪）

Ю

юрта 帐篷

Я

як 牦牛

ячмень 大麦

参考文献

1. （英）彼得·弗兰科潘著，邵旭东、孙芳译，徐文堪审校，《丝绸之路：一部全新的世界史》[M]，杭州：浙江大学出版社，2016。
2. 传奇翰墨编委会，《丝绸之路神秘古国（帝国贸易）》[M]，北京：北京理工大学出版社，2011。
3. 顾玉林，《俄语通用国家概况》[M]，兰州：甘肃人民出版社，2007。
4. 林梅村，《世界历史（第16册）：中亚民族与宗教》[M]，南昌：江西人民出版社，2012。
5. 林梅村，《丝绸之路考古十五讲》[M]，北京：北京大学出版社，2006。
6. 刘庚岑、徐小云，《列国志：吉尔吉斯斯坦》[M]，北京：社会科学文献出版社，2005。
7. 刘启芸，《塔吉克斯坦》[M]，北京：社会科学文献出版社，2006。
8. （法）鲁保罗著，耿昇译，《西域的历史与文明》[M]，乌鲁木齐：新疆人民出版社，2006。
9. （俄）罗伊·麦德维杰夫著，王敏俭等译，《无可替代的总统纳扎尔巴耶夫》[M]，北京：社会科学文献出版社，2009。
10. 施玉宇，《土库曼斯坦》[M]，北京：社会科学文献出版社，2005。
11. 孙壮志、苏畅、吴宏伟，《乌兹别克斯坦》[M]，北京：社会科学文献出版社，2版，2016。
12. 王国杰，《东干族形成发展史》[M]，西安：陕西人民出版社，1997。
13. 王四海等，《金色的土库曼斯坦》[M]，武汉：中国地质大学出版社，2011。
14. 王新青、郭卫东，《中亚历史语言文化研究》[M]，北京：人民出版社，2013。
15. 王治来，《中亚史》[M]，北京：人民出版社，2010。
16. 西仁·库尔班、阿布都许库尔·肉孜、高雪，《中国塔吉克族》[M]，银川：宁夏人民出版社，2012。
17. 许序雅，《唐代丝绸之路与中亚史地丛考——以唐代文献为研究中心》[M]，北京：商务印书馆，2015。
18. 玄奘、辩机撰，董志翘译注，《大唐西域记》[M]，北京：中华书局，2012。
19. （哈）叶尔兰·巴塔舍维奇·赛德科夫著，李喜长译，《哈萨克草原之魂：沙卡里姆评传》[M]，北京：中国社会科学出版社，2017。
20. 赵常庆，《哈萨克斯坦》[M]，北京：社会科学文献出版社，2004。

Интернет-ресурсы

（访问时间：2018 年 7 月 26 日）

哈萨克斯坦

https://kazakhstan.orexca.com/rus/kazakhstan_history.shtml

http://strategy2050.kz/ru/book/post/id/74

http://www.akorda.kz/ru/state_symbols/kazakhstan_flag

http://www.mfa.gov.kz/ru/beijing

吉尔吉斯斯坦

http://www.easttime.ru/kg

http://www.gov.kg/?lang=ru

http://www.for.kg/ru/kyrgyzstan_history/77

http://www.president.kg/ru/kyrgyzstan/gosudarstvennye_simvoly

塔吉克斯坦

http://asia-travel.uz/tajikistan/history

http://tajikistan.orexca.com/rus/silk_road.shtml

http://www.president.tj/ru

http://www.tajik-gateway.org/wp/?page_id=30818

土库曼斯坦

http://ogni.kz/rubrika/kultura/makhtumkuli-fragi-poet-sblizhayushchiy-kultury.html

http://infoabad.com/novosti-turkmenistana/istoriko-kulturnoe-nasledie-turkmenistana-emu-posvjaschen-2016-
 god.html

http://www.advantour.com/rus/turkmenistan/index.htm

http://www.turkmenistan.gov.tm/

乌兹别克斯坦

https://www.gov.uz/ru

http://www.studfiles.ru/preview/2618545/

http://www.advantour.com/rus/uzbekistan/great-silk-road.htm

http://www.embassy-uz.cn/russian/Frameset-ru.htm